Miriam Fritsche / Maren Schreier
»... und es kommen Menschen!«

Schriftenreihe Band 10102

Miriam Fritsche / Maren Schreier

»... und es kommen Menschen!«
Eine Orientierungshilfe für die Unterstützung geflüchteter Menschen

bpb: Bundeszentrale für
politische Bildung

Miriam Fritsche, Dr., Dipl. Politikwissenschaftlerin, wissenschaftliche Mitarbeiterin im Kompetenz-Zentrum Pflegekinder e.V., Mitglied im Bremer Institut für Soziale Arbeit und Entwicklung e.V., Lehrbeauftragte im Fachbereich Sozialwesen der Hochschule Fulda. Arbeitsschwerpunkte: Schnittstellen von Praxisforschung und kritisch-reflexiver Praxisberatung, sozialwissenschaftliche Ungleichheitsforschung, Theorie(n) und Praxis von Partizipation, Versorgung und Begleitung von Jugendlichen mit Fluchterfahrungen.

Maren Schreier, M.A. Social Work/Dipl. Sozialarbeiterin und Sozialpädagogin, Dozentin am Fachbereich Soziale Arbeit der FHS St. Gallen (CH), Gründungs- und Vorstandsmitglied Bremer Institut für Soziale Arbeit und Entwicklung e.V. Arbeitsschwerpunkte: Theoretische, methodologische und praktische Ansätze Sozialer Arbeit und Gemeinwesenarbeit, Fokus: macht- und diskriminierungskritisches Zusammenspiel von Wissenschaft, Praxis, (fach-)politischen und gesellschaftlichen Entwicklungen.

Bonn 2017
© Bundeszentrale für politische Bildung
   Adenauerallee 86, 53113 Bonn

Projektleitung: Hildegard Bremer
Lektorat: Yvonne Paris, Bad Neuenahr

Umschlagfoto: picture alliance/dpa, Fotograf: Patrick Pleul
Umschlaggestaltung, Satzherstellung und Layout:
Naumilkat – Agentur für Kommunikation und Design, Düsseldorf
Druck: Druck und Verlagshaus Zarbock GmbH & Co. KG, Frankfurt/Main

ISBN: 978-3-7425-0102-8

www.bpb.de

Inhalt

»Wir fangen etwas an; wir schlagen unseren Faden in ein Netz der Beziehungen. Was daraus wird, wissen wir nie (…). Das ist ein Wagnis. Und nun würde ich sagen, dass dieses Wagnis nur möglich ist im Vertrauen auf die Menschen. Das heißt, in einem – schwer genau zu fassenden, aber grundsätzlichen – Vertrauen auf das Menschliche aller Menschen. Anders könnte man es nicht.«

Hannah Arendt im Gespräch mit Günter Gaus, 1964

Einleitung

Im Jahr 2015 sind mehr als eine Million flüchtender Menschen nach Deutschland gekommen. Im »langen Sommer der Migration« (Kasparek/ Speer 2015) nahm die Hilfe für Geflüchtete eine zuvor kaum zu erahnende Dimension an. Zu Hunderten und Tausenden fühlten Menschen sich aufgerufen, angesichts der erschütternden Zustände auf den Fluchtrouten und dem sichtbaren Leid der in Europa Schutz Suchenden etwas zu tun. An vielen Orten entstanden Willkommensinitiativen: Menschen begrüßten im September 2015 an Bahnhöfen die mit Zügen aus Ungarn und Österreich Ankommenden. Sie versorgten sie mit Wasserflaschen, Essen und anderen überlebensnotwendigen Dingen, organisierten medizinische Ersthilfe und Dolmetscher*innen, unterstützten bei der Suche nach vermissten Angehörigen oder waren einfach da – zuhörend, mitfühlend, zupackend.

Aber nicht nur das: Helfende aus unterschiedlichen sozialen Zusammenhängen, teilweise zuvor kaum organisiert, setzten unter dem Slogan »Refugees welcome« ein Zeichen. Sie schlossen sich zusammen, skandalisierten diskriminierende Verhältnisse im Zusammenhang mit Flucht und Asyl und forderten konkrete Veränderungen – häufig über Ländergrenzen hinweg, in globaler Perspektive. Hunderte bereits vorhandener, erweiterter oder neu entstandener Initiativen wurden aktiv. Während staatliche Institutionen offenkundig damit überfordert waren, eine elementare Versorgung der Geflüchteten mit Kleidung, Schlafplätzen und Nahrung zu gewährleisten, reagierten die zivilgesellschaftlichen Unterstützungsnetzwerke mit konkreter und unbürokratischer Hilfe.

Es blieb aber nicht nur bei dem privaten Engagement helfender Hände. Auch viele Verbände, Organisationen und Akteur*innen – bei Weitem nicht alle in der originären Flüchtlingshilfe verwurzelt – spezialisierten ihre Angebote oder weiteten sie aus, indem sie sie auf die Bedarfe Geflüchteter und ihrer Unterstützer*innen ausrichteten. Eine Vielzahl von Webseiten, Wegweisern, Handreichungen und Publikationen, die eine Erstorientierung für ehrenamtlich Helfende bieten, wurde seitdem veröffentlicht.[1]

Mittlerweile geht es nicht mehr in erster Linie um die Frage, ob »wir das schaffen«. Dies scheint rückblickend das Gebot der Stunde in der ersten Phase der Hilfe und Unterstützung gewesen zu sein, als innerhalb kürzester Zeit die Aufnahme der ankommenden Menschen zu organisieren war, deren Zahl zunächst weiter stieg. Inzwischen ist die Balkanroute faktisch abgeriegelt, der Weg über das Mittelmeer bleibt weiterhin lebensgefährlich und die Kontrollen an den europäischen Außengrenzen haben abermals zugenommen. Infolgedessen ist die Zahl der bis nach Deutschland durchkommenden Menschen seit Februar 2016 deutlich gesunken. Der Bedarf an Erstversorgung und -orientierung rückt in den Hintergrund.

Zudem haben staatliche Institutionen im Vergleich zum »langen Sommer der Migration« in vielen Bereichen Handlungs- und Organisationskompetenz zurückgewonnen – nicht zuletzt mithilfe der 2015/16 eingeführten Verschärfungen des Asylrechts. In Deutschland Zuflucht zu finden und sich legal mit Bleibeperspektiven im Land aufzuhalten, ist seitdem schwer(er) oder gar unmöglich geworden. Flankiert werden diese Entwicklungen von einer beunruhigenden Zunahme menschenfeindlicher Äußerungen und Handlungen. Die Amadeu Antonio Stiftung spricht von »neuen Dimensionen des Hasses«: Gewalt gegen geflüchtete Menschen, Brandanschläge auf Asylunterkünfte oder Hetze in den Sozialen Medien (sowohl gegen Geflüchtete als auch gegen Menschen und Institutionen, die sich mit ihnen solidarisch zeigen) sind mittlerweile allgegenwärtig.[2]

Zwischenzeitlich hat eine zweite Phase begonnen, in der es zusätzlich zur Unterstützung bei der Erstversorgung und -orientierung auch um das Ankommen der geflüchteten Menschen in der Gesellschaft geht. Nun gilt es, für jene und vor allem *gemeinsam* mit jenen, die da sind, Perspektiven zu erschließen – unter Berücksichtigung ihres Aufenthaltsstatus und im

---

1 Eine Auswahl wird zu Beginn von Kapitel 4 vorgestellt.

2 Vgl. https://www.amadeu-antonio-stiftung.de/aktuelles/2016/neue-dimensionen-des-hasses/; demnach gab es in der ersten Jahreshälfte 2016 im Vergleich zum Vorjahreszeitraum bereits mehr als doppelt so viele Übergriffe auf Geflüchtete.

Bewusstsein um die strukturelle, körperliche und psychische Gewalt, der geflüchtete Menschen auch in Deutschland ausgesetzt sind.

Vor diesem Hintergrund will das vorliegende Buch gleichermaßen Orientierungshilfe, Ratgeber und Inspiration für konkretes Tun sein. Vorgestellt werden dazu in Kapitel 4 verschiedene Formen und Möglichkeiten der Hilfe und Unterstützung für Geflüchtete. Nach einer Darlegung unterschiedlicher Angebote zur ersten Orientierung in der konkreten Alltagsbegleitung wird ein weiter Bogen gespannt: von der Unterstützung bei Behördenterminen und Sprachbarrieren bis hin zu Patenschaften (die sich äußern können in gemeinsamer Freizeitgestaltung oder in Hilfestellungen bei Bildungs- und Qualifizierungsprozessen); von der Möglichkeit, Geld oder Gegenstände des täglichen Gebrauchs zu spenden, über Bürgschaften für einzelne Menschen oder Familien, Vormundschaften und andere dauerhafte Unterstützungen, die Bereitstellung von Wohnraum bis hin zu gemeinsamen Aktivitäten für die Belange von Geflüchteten und für gleichwertige Lebensbedingungen. Weiterführende Links und Literaturtipps sowie Beispiele gegenwärtigen Engagements ermöglichen jeweils sowohl einen ersten Überblick als auch vertiefende Recherchen.

Bei der konsequenten Weiterführung der Leitmotive des »Willkommens« und der Mitmenschlichkeit sind jedoch alle gesellschaftlichen Kräfte und Akteur*innen gefragt: Eine gerechte, diskriminierungssensible und gewaltfreie Gestaltung von Lebensverhältnissen für alle Menschen ist eine gesamtgesellschaftliche Aufgabe, die über den Bereich des unterstützenden Engagements hinausreicht. Sie zu bewältigen, wird Jahre dauern. Flucht und Migration verändern und wandeln Gesellschaften. Es hängt an uns allen, diese Prozesse aktiv mitzugestalten – Schritt für Schritt, auf der Basis gemeinsamer und gleichwertiger Menschlichkeit. In den Mittelpunkt rücken daher Anforderungen an die Umsetzung eines respektvollen, kooperativen und solidarischen Miteinanders aller, ganz gleich, ob sie seit Generationen in Deutschland leben oder ob sie eine Migrations- bzw. Fluchtgeschichte haben.

Dies zu bewältigen, erscheint komplex, insbesondere aus der Perspektive ehrenamtlich organisierter Unterstützungsarbeit. Nicht nur deshalb, weil die anstehenden Veränderungsprozesse auf vielen unterschiedlichen Ebenen ablaufen, sondern auch, weil es eine Aufforderung beinhaltet zur Auseinandersetzung mit der tiefgreifenden Frage nach der Gesellschaft, in der wir leben wollen. Komplex erscheint diese Phase zudem aufgrund der Tatsache, dass im Kontext der »neuen Willkommenskultur« verschiedene Problemfelder mitzudenken sind. Dazu gehört etwa die noch vielerorts fehlende Koordination der ehrenamtlich und privat organisierten Hilfe wie ebenso, dass es an Fortbildungsmöglichkeiten, an Ressourcen für die Unterstützer*innen selbst sowie an Räumen für deren Austausch und (selbst-)kritische Reflexion[3] mangelt. Kontrovers und emotional diskutiert wird des Weiteren die Frage, inwiefern privat erbrachte Spenden eine staatlich garantierte angemessene (Grund-)Versorgung ergänzen oder ersetzen sollen. Und nicht zuletzt bestimmen Prozesse der Auf- und Abwertung von Menschen die Unterstützung Geflüchteter in vielen Momenten: Welches Bild machen wir uns voneinander? Wie begegnen wir einander? Wem wird »wirkliche Bedürftigkeit« zugeschrieben, wer gilt als »unberechtigt Schutzsuchende*r«? Wer gibt die Richtung der Unterstützung vor, wer legt die Inhalte fest? Wann, wie und mit welcher Ernsthaftigkeit wird geflüchteten Menschen selbst Mitsprache, Mitgestaltung oder gar Selbstbestimmung zugestanden? Problematisiert werden zudem Versuche staatlicher Instanzen, ehrenamtliches Engagement zu vereinnahmen bzw. politisch zu instrumentalisieren; thematisiert wird aber auch die Selbstverortung sowohl vieler Initiativen als auch professionell Tätiger als »explizit unpolitisch« und ohne die Bereitschaft, die bundesdeutsche Asylpolitik oder das europäische Grenzregime[4] auch nur ansatzweise zu hinterfragen.

Doch ist es wirklich sinnvoll, all diese Aspekte in einem Buch wie diesem hervorzuheben, das eine »Orientierungshilfe« sein will? Ist es notwendig, so vieles in dieser Komplexität und Widersprüchlichkeit mitzu-

---

3 Vgl. als Beispiel für eine niedrigschwellige Reflexionsarbeit die multimedialen Materialien zur Unterstützungsarbeit unter http://www.rassismuskritik-bw.de/erklaer video/

4 Der Begriff »europäisches Grenzregime« ist nicht gleichzusetzen mit den Aktivitäten der Grenzschutzagentur Frontex. Obgleich Frontex ein zentraler Akteur ist, umfasst das europäische Grenzregime weit mehr, es geht um die europäische Einwanderungskontrollpolitik (auch »Grenzpolitik«): Einerseits wurden im sogenannten Schengen-Raum die Pass- und Personenkontrollen an den Binnengrenzen für Bürger*innen der Schengen-Staaten aufgehoben. Zugleich soll(t)en verstärkte Überwachungsmaßnahmen, insbesondere an den EU-Außengrenzen, unterstützt durch länderübergreifenden Datenaustausch der Polizeibehörden, einem befürchteten »Sicherheitsdefizit« entgegenwirken. Diese Maßnahmen zielen auf eine Verhinderung illegalisierter Migration. Das europäische Grenzregime betreibt also Grenzschutz und Grenzsicherung mithilfe von Kontrollen, Schutz- und Sicherungsmaßnahmen, maßgeblich unterstützt durch Überwachungssoftware und -hardware (vgl. Baumann 2014: 11). Die Kosten für diese Grenzsicherungspolitik sind hoch, die Folgen für Nicht-EU-Bürger*innen fatal: »Je dichter die Grenzen werden, je intensiver sie mit Technik und Personal geschützt werden, umso höher ist die Zahl der Migranten, die beim Versuch, diese Grenzen zu überschreiten, ums Leben kommen« (ebd.: 12).

denken – ist doch das »eigentliche« Engagement, also die direkte und konkrete Hilfe und Unterstützung geflüchteter Menschen, bereits zeitintensiv und anspruchsvoll genug? Wie kann es da praktikabel sein, zusätzlich noch über das eigene Tun und mögliche Verstrickungen in gesellschaftliche oder politische Entwicklungen nachdenken zu müssen?

Wir denken, dass es wichtig und weiterführend ist, Fragen wie diese aufzuwerfen. Im Sinne einer Gesellschaft, in der alle Menschen als gleichwertig anerkannt werden, kommt keine*r daran vorbei, einen Blick dafür zu entwickeln, wie ein Engagement für geflüchtete Menschen eben auch mit Ungleichheitsverhältnissen und Diskriminierungen zusammenhängen kann. Für alle, die sich dem Feld der Unterstützung geflüchteter Menschen entweder interessiert nähern oder hier bereits aktiv sind, kann es hilfreich, entlastend und bestärkend sein, sich hin und wieder mit unterschiedlichen Fragen zu beschäftigen wie etwa: In welchem Feld, in welchem Interessengeflecht bewege ich mich eigentlich, wenn ich Geflüchtete unterstütze? Wie und wo kann ich mich möglichst schnell, aber doch umfassend über wichtige Entwicklungen und Diskurse informieren? Wie erkenne ich, ob und wann mein Handeln oder das anderer sinnvoll und passend oder vielleicht veränderungsbedürftig ist? Wie kann ich auch in Phasen hoher Intensität und Belastung in regelmäßigen Abständen einen (selbst-) kritischen Blick auf mein eigenes Tun werfen? Wie und wo finde ich Menschen, mit denen ich dies gemeinsam machen kann? Das Buch enthält an verschiedenen Stellen Angebote, die bei der Beschäftigung mit Fragen wie den angeführten hilfreich sein können: Anregungen zum Hinterfragen von Vertrautem und scheinbar »Normalem«, Anstöße zum Weiterdenken und zum Austausch mit anderen Menschen.

Zu den einzelnen Kapiteln

Als grundsätzliche Öffnung für das Thema lädt Kapitel 2 zum Nachdenken ein, sowohl *über die* als auch *bei der* Unterstützung Geflüchteter. In Anlehnung an die Darstellungsform der Collage werden Ausschnitte aus Interviews, Erfahrungsberichten und Reportagen über tatsächliches Engagement miteinander verknüpft, sodass die Pluralität der Engagement-Wirklichkeiten umrissen wird. Abgebildet werden damit zugleich Hoffnungen und Erwartungen, Interessen und Anliegen sowie Positionen und Forderungen unterschiedlicher Akteur*innen. Ersichtlich wird, dass die Unterstützung Geflüchteter stets in Wechselwirkung mit gesetzlichen Rahmenbedingungen und gesellschaftlichen Diskursen zu Themen wie Flucht und Asyl, Hilfe und Unterstützung bzw. freiwilliges Engagement und staatliche Verantwortung steht. Auch Fragen nach Grenzen und Ambivalenzen von freiwillig organisierter, nicht staatlicher Hilfe tauchen in den aufgeführten Ausschnitten auf. Mehrere Exkurse widmen sich Begriffen bzw. Themen, die sich wie ein roter Faden durch das Feld der Unterstützung Geflüchteter ziehen, im Mainstream-Diskurs zur »Willkommenskultur« teilweise eher selten thematisiert werden, aber nicht minder wichtig sind.

Kapitel 3 nimmt einzelne Aspekte des Themenfelds Migration, Flucht und Asyl in den Blick, um so zu einem besseren Verständnis der gegenwärtigen Entwicklungen und Debatten beizutragen. Neben Ursachen, Umfang und Wegen von Flucht, Asyl in der EU und in Deutschland werden hier auch gesellschaftliche Umgangsweisen mit diesen Entwicklungen beleuchtet. So werden im Rahmen der Skizzierung von Asylverfahren in Deutschland auch zentrale Begriffe wie »Abschiebung« und »Duldung« erläutert. Zahlen und Fakten ergänzen die Darstellung ebenso wie separate Info-Kästen, beispielsweise zu Fluchtrouten oder aktuellen gesetzlichen Entwicklungen (z. B. Asylpaket I und II). In den letzten beiden Unterkapiteln geht es um unbegleitet geflüchtete Kinder und Jugendliche sowie die Situation von Menschen in der aufenthaltsrechtlichen Illegalität.

Kapitel 4 stellt konkrete Formen und Möglichkeiten der Unterstützung geflüchteter Menschen vor. Dazu gehören ausgewählte Beispiele ebenso wie weiterführende Links und Literaturtipps. Grundsätzliche Informationen und Hinweise für ehrenamtlich Engagierte komplettieren diesen »Wegweiser«.

Kapitel 5 greift Themenstränge der vorhergehenden Kapitel auf, um sie aus einer reflexiven Perspektive zu beleuchten. Anhand von Beispielen konkreten Engagements wird das Angebot entwickelt, sich mit Fragen zu beschäftigen, die zum Nachdenken und Diskutieren anregen: Wie lässt sich das eigene Tun bewusster in den Blick nehmen? Wie lassen sich respektvolle Begegnungen mit geflüchteten Menschen gestalten? Wie reagieren, wenn das Engagement die eigenen Grenzen berührt oder überschreitet? Und: Was tun, wenn sich Vorurteile, Hass und Gewalt ihren Weg bahnen – wie solchen Entwicklungen begegnen?

Das Buch wendet sich an Menschen in unterschiedlichen »Engagement-Positionen«: An jene, die sich bereits engagieren (nicht zuletzt auch an professionelle Helfer*innen), an Interessierte, die mit dem Gedanken spielen, sich zu engagieren, ebenso aber auch an Menschen, die sich erstmalig mit der Thematik auseinandersetzen oder die einfach mehr dazu wissen wollen. Das Buch liefert keine Patentrezepte, keine Vorgaben und auch keine Handlungsanweisungen. Vielmehr ist es als Orientierungshilfe und zugleich als Einladung zum Weiterdenken und als Ausgangspunkt für vertiefende eigene Recherchen konzipiert.

Das Buch erhebt keinesfalls Anspruch auf Abgeschlossenheit oder Vollständigkeit. Ob dies angesichts der Vielfalt von »Engagement-Wirklichkeiten« überhaupt möglich ist, sei dahingestellt. Wir halten es schlichtweg nicht für angemessen, einen Überblick über ein solch komplexes Feld aus einer notwendigerweise begrenzten Wahrnehmungs-Perspektive heraus als »vollständig« zu deklarieren. Ein vermeintlich lückenloses oder gar eindeutiges Bild zu erstellen, war nicht intendiert. Das Feld der Unterstützung Geflüchteter ist weit, bunt und immer auch widersprüchlich; aus eben dieser Vielfalt kann eine besondere Kraft erwachsen: So unterschiedlich, wie die Fluchtgründe, die Bleibeperspektiven und Lebenswirklichkeiten der nach Deutschland flüchtenden Menschen sind, so vielfältig sind die Motive, Ideen, Interessen und Lebensentwürfe ihrer Unterstützer*innen.

Viele Aspekte und Darstellungsweisen ließen sich – aus einem anderen Blickwinkel betrachtet – anders, vielleicht sogar konträr darstellen. Was indes deutlich wird, ist, dass alle Aktivitäten eingebettet sind in einen konkreten und historisch-spezifischen gesellschaftlichen und politischen Kontext; sie sind eng gekoppelt an jeweils individuelle Erfahrungen und lokale Gegebenheiten. Nicht zuletzt verweisen sie darauf, dass Sprechen und Handeln auch im Feld der Unterstützung geflüchteter Menschen stets mit gesellschaftlichen (Macht-)Verhältnissen verwoben ist. Diese Erkenntnis führt zu der Einsicht, dass auch im Kleinen sehr viel gestaltet und verändert werden kann und insofern jeder Schritt zählt. Darüber hinaus kann dieses Buch auch als ein Beitrag zur gegenwärtigen Diskussion und Wirklichkeit des gesellschaftlichen Miteinanders in einer Migrationsgesellschaft (vgl. Mecheril u. a. 2010) gelesen werden.

▶ Nachdenken über Schreibweisen, Sichtbarkeiten und Unsichtbarkeiten: »Flüchtlinge«? »Geflüchtete«? »Geflüchtete Menschen«?

Der Begriff »Flüchtling« ist allgegenwärtig; er erscheint treffend und wirkt vertraut. Und dennoch gibt es mehrere Aspekte, die dafür sprechen, von seinem Gebrauch Abstand zu nehmen: Begriffe und Bezeichnungen können sehr wirkmächtig sein. Sie wirken auf uns, die wir sprechen, wahrnehmen und handeln; sie wirken auf jene, die mit Begriffen bezeichnet werden; und damit wirken Begriffe und Bezeichnungen auf Wirklichkeit(en) zurück. Deshalb ist es sinnvoll, sich diese Wirkmächtigkeit von Begriffen bewusst zu machen und darüber nachzudenken, inwiefern sich möglicherweise durch alternative Bezeichnungen Wirklichkeiten anders (mit)gestalten lassen. Am Begriff »Flüchtling« lässt sich das verdeutlichen: Das Wort ruft Bilder hervor, mit denen – mal versteckt, mal offensichtlich – bestimmte Botschaften transportiert werden. Die Endung »-ling« erzeugt eher kleinmachende, verniedlichende Assoziationen (wie etwa in Neuling, Lehrling oder Frischling), kann aber auch im abwertenden Sinne verwendet werden (wie z. B. in Eindringling oder Schwächling). Das ist keine Wortklauberei, sondern für viele Menschen – insbesondere für jene, die mit solchen Begriffen bezeichnet werden – oft bittere Realität. Ein als »Flüchtling« bezeichneter Mensch ruft bei vielen Assoziationen wie »arm«, »bedürftig« oder »wenig(er) zivilisiert« hervor. Nur selten wird der Begriff verknüpft mit Bildern von selbstbewussten, starken, politisch handelnden Subjekten, ausgestattet mit Rechten – nicht zuletzt dem Recht, für sich selbst zu sprechen, auch wenn dies nicht immer den Vorstellungen der sogenannten Mehrheitsgesellschaft entspricht.

Ein weiterer Grund, über den Begriff »Flüchtling« nachzudenken, ist dessen ab- bzw. ausgrenzendes Potenzial. So klammert die Definition, wer als »Flüchtling« anzusehen ist, streng genommen eine Vielzahl von Biografien und Realitäten aus: In amtlichen Statistiken wird die Bezeichnung »Flüchtling« ausschließlich für Menschen mit förmlich »zuerkannter Flüchtlingseigenschaft« nach §3 Asylgesetz (AsylG) verwendet. Demnach – und orientiert an der Genfer Flüchtlingskonvention – sind Flüchtlinge »Personen, die aus begründeter Furcht vor der Verfolgung ihrer Person wegen ihrer Rasse, Religion, Nationalität oder Zugehörigkeit zu einer bestimmten sozialen Gruppe Schutz in einem anderen Land suchen«. Menschen, die qua gesetzlicher Definition zu diesem Personenkreis gehören, erkennt das Bundesamt für Migration und Flüchtlinge (BAMF) als »Flüchtlinge« an.[5]

Andere, die hingegen keinen offiziell anerkannten Flüchtlingsstatus haben – wie etwa geduldete, undokumentierte oder illegalisierte Geflüchtete[6] –, sind nicht »Flüchtlinge« in diesem Sinne (vgl. dazu auch Kapitel 3.5).

---

5 Sofern in amtlichen Statistiken von »Asylberechtigten« die Rede ist, bezieht sich dies auf Menschen, deren Schutzstatus gemäß bundesdeutschem Asylrecht (und nicht auf Grundlage der Genfer Flüchtlingskonvention) anerkannt ist.

6 Sowohl die Bundesregierung als auch die EU sprechen in diesen Fällen (d.h. bei Geflüchteten ohne offiziell anerkannten Flüchtlingsstatus) von »illegalen Migranten« oder kurz von »Illegalen«. Menschenrechts- und Flüchtlingsorganisationen lehnen die Verwendung dieser Begriffe ab, sowohl zur Bezeichnung einer Gruppe von Menschen als auch im Zusammenhang mit Migrationsprozessen, da dadurch die Assozi-

Um einerseits die kleinmachende und abwertende Endung »-ling« zu umgehen und andererseits die Engführung auf juristische Begriffsfinessen zu vermeiden, werden als Alternativen immer häufiger die breiter einsetzbaren Begriffe »Geflüchtete«, »Schutzsuchende« oder »Asylsuchende« verwendet. So auch in diesem Buch: Es geht um Unterstützung für »Geflüchtete« bzw. – um die damit bezeichneten Menschen sichtbar zu halten – für »geflüchtete Menschen«.

▶ Das Gender*Sternchen

Dieses Buch will dazu anregen, sich nicht nur bei der Unterstützung geflüchteter Menschen einzubringen, sondern ebenso aktiv und selbstkritisch über das eigene Tun und die eigene Verwobenheit in gesellschaftliche Verhältnisse nachzudenken (vgl. den Exkurs »Reflexion« S. 25 ff.). Diese Anregung bezieht sich auch auf bestehende Schreibweisen und -praktiken.

Schriftsprache ist – wie jede Form von Sprache – in der Lage, Wirklichkeiten auszublenden, die vielleicht nicht erwünscht sind oder die als weniger legitim gelten. Dies geschieht, indem in Texten ausschließlich oder überwiegend die männliche Form (»der Politiker«, »der Leser« usw.) verwendet wird. Diese einseitige Darstellung ignoriert viele weitere, real existierende Lebensformen und Geschlechtsidentitäten. Eine solche schriftsprachliche Ignoranz trifft Frauen wie Männer und auch Menschen, die sich dem tradierten Mann-Frau-Schema nicht zuordnen können oder wollen und andere soziale Geschlechtsidentitäten haben (z. B. intersexuelle, homosexuelle oder TransÛMenschen). Werden sie schriftsprachlich nicht sichtbar gemacht, so kann das zur Folge haben, dass sie sich weder mitgedacht noch noch mitgemeint und erst recht nicht anerkannt und respektiert fühlen. Und es ist nicht nur ein »Wahrnehmungsproblem« der Betroffenen; das Unsichtbarmachen im Text verlängert vorherrschende ausschließende Praktiken.

Eine Möglichkeit, vielfältige, auch weniger etablierte, nicht eindeutige Geschlechterpositionen sprachlich sichtbar zu machen, ist der sogenannte Gender_ Gap, auch »Unterstrich« genannt. Der Strich greift über das binäre Verständnis von Geschlecht (Mann-Frau-Schema) hinaus und bildet die vielfältigen Geschlechteridentitäten ab. Wir verwenden in diesem Buch das Gender*Sternchen, das mit seinen vielen Strahlen, so die Idee, diese Vielfalt schriftsprachlich noch deutlicher betonen kann.

---

ation »Illegalität/Kriminalität« gegeben sei. Als Alternativen eignen sich die Bezeichnungen »illegalisierte Migrant*innen« und »undokumentierte Migrant*innen«, oder – in Anlehnung an die Selbstbezeichnung undokumentierter Geflüchteter in Frankreich – »Sans Papiers« (frz.: »ohne Papiere«).

Vielfalt in der Unterstützung geflüchteter Menschen – eine Collage

Die im Folgenden vorgestellten Zitat-Versatzstücke aus Erfahrungsberichten, Interviews u. a. machen die Vielfalt des Engagements für geflüchtete Menschen sichtbar. Erzählt wird aus verschiedenen Perspektiven: Zu Wort kommen jene, die Flucht und Migration erleben bzw. erlebt haben, ebenso wie jene, die »nah dran« sind an der Unterstützung geflüchteter Menschen – Freiwillige oder beruflich Engagierte, Aktivist*innen, Wissenschaftler*innen und Journalist*innen. Sie alle schildern ihre Erfahrungen und Gedanken, und: Sie werfen Fragen auf. Die Zitate entstammen verschiedenen Quellen wie Tageszeitungen, Magazinen, Blogs oder Handreichungen. Schlaglichtartig leuchten sie einzelne Aspekte des Feldes aus, vermitteln subjektive Einblicke und wollen zur gedanklichen Reflexion sowie zu vertiefender Auseinandersetzung einladen.

Jedes Zitat kann zunächst für sich sprechen. Einzeln, aber auch in der Zusammenschau, erlauben die Beispiele zudem Verknüpfungen mit eigenen Erfahrungen. In Verbindung mit Exkursen, welche die hinter den Statements wirkenden Wahrnehmungskontexte (wie etwa »Normalität und Abweichung« oder »Wir und die Anderen«) aufnehmen, ermöglichen sie eine Beschäftigung mit eigenem (Vor-)Wissen, mit Selbst- und Fremdwahrnehmungen sowie an manchen Stellen auch mit Vor-Urteilen. In einigen Versatzstücken werden Ambivalenzen benannt, die die Unterstützung geflüchteter Menschen unmittelbar beeinflussen können. Im Alltag kann es Situationen geben, die als schwierig empfunden werden oder die nicht konfliktfrei sind. In solchen Momenten zeigt sich, dass auch gut gemeinte Unterstützung unbeabsichtigte Effekte mit sich bringen kann.

Auch diese Facetten der »Engagement-Wirklichkeiten« – Widersprüche, Leerstellen und Spannungen – sollen bewusst mit in den Blick genommen werden.

Sie können die Collage mit weiteren Beispielen ergänzen – in Gedanken ebenso wie im Gespräch mit anderen Menschen. Greifen Sie auf Ihre Erfahrungen zurück, auf Gelesenes oder Gehörtes. Tauschen Sie sich aus, mit Freund*innen, Nachbar*innen, Kolleg*innen, mit Mit-Engagierten – geflüchtet oder nicht geflüchtet – und selbstverständlich auch mit jenen, die Sie unterstützen möchten. Stellen Sie Fragen, kommen Sie ins Gespräch: Wie nehmen die einzelnen Akteur*innen das Feld wahr? Welche Erfahrungen, welche Einschätzungen, Ideen und Fragen tauchen auf? Wo werden Konflikte sichtbar bzw. benannt, wo wirken Diskriminierungen? Und welche Ideen gibt es, diesen entgegenzuwirken?

Begleitung im Sozialamt

Auf der Webseite der Menschenrechtsorganisation Pro Asyl findet sich der Erfahrungsbericht einer ehrenamtlich Aktiven, die sich in einer Kölner Nachbarschaftsinitiative engagiert. Daraus stammt folgender Auszug:

» 10:00 Uhr. Warten auf Abdul. Im Büro der Erstaufnahme erfahre ich: Er muss dringend noch heute zum Sozialamt, ein Papier abgeben. Gestern hatte der Mitarbeiter die Auszahlung von Leistungen verweigert, wegen einer unleserlichen Kopie. Wegen – was?! Abdul kommt auf mich zu, ein zierlicher junger Mann mit unsicheren Bewegungen und aufmerksamem, fast ängstlichem Blick. Er lächelt schüchtern. Niemand vor Ort spricht seine Sprache, er ist noch neu hier. Die Papiere, die nun sein Leben bestimmen, passen in eine zerknitterte Klarsichthülle. Ich werfe einen Blick auf die Kopie darin. Sie ist einwandfrei lesbar. Ich schlucke meinen Grimm herunter und erkläre, dass ich selbstverständlich mit Abdul zum Amt fahre. (...)

Das Sozialamt liegt am anderen Ende der Stadt. Der Beamte blickt streng auf seine Wanduhr, die auf Feierabend steht. Ach ja: Es ist Freitag. Aus mir platzt es unsortiert heraus: ›Sie wollen uns wegschicken? Wissen Sie, wie lange ich unterwegs bin, um Ihnen eine Kopie zu besorgen?‹ Der Beamte: ›Wollen Sie mir unterstellen, ich arbeite weniger als Sie?‹ Mürrisch überreicht er Abdul ein Formular. Abdul schaut mich fragend an. Ich zeige ihm, wie er es am Kassenschalter gegen Scheine und Münzen tauschen kann. Endlich wirkt Abdul gelöst. Die Croissants und den Kaffee in der Eisdiele nebenan lässt er mich nicht bezahlen. Die Rechnung kostet ihn rund ein Drittel des Geldes, das er gerade bekommen hat – alles, was er besitzt. Er will sich bedanken, unbedingt. Beschämt verstaue ich mein Portemonnaie wieder in der Tasche. Ich hätte das nicht zulassen dürfen. Oder doch? **《**[1]

Hilfe für die »armen Menschen«?

Thomas Kunz ist Professor am Fachbereich Soziale Arbeit an der Frankfurt University of Applied Sciences. Seine Arbeitsschwerpunkte sind Migration, Integration und Interkulturalität in der Sozialen Arbeit in rassismuskritischer Perspektive. In einem Interview mit der Journalistin Canan Topçu plädiert er dafür, geflüchtete Menschen als Akteur*innen zu stärken. Dass dies auf Widerstand in der Gesellschaft stoßen kann, erläutert er wie folgt:

> **》** Menschen sind angerührt und bewegt durch die Medienberichte. Diese zeigen die schwierige Situation von Geflüchteten, sie stellen sie aber auch vorherrschend als Opfer dar. Das löst den verständlichen Wunsch aus, diesen ›armen Menschen‹ zu helfen. Bei Helfenden und Helfen-Wollenden bewirkt das aber teils ein asymmetrisches Muster, das sich als paternalistische Grundhaltung zuspitzen lässt. Die Hilfe ist wohlmeinend, hat aber ungewollt einen überlegenen Gestus. Die Geflüchteten als Betroffene sind in gewisser Weise durchaus Opfer – vor allem der Verhältnisse und der existenziellen Bedrohungen, die sie dazu gezwungen haben, ihre Heimat zu verlassen. Ohne Frage sind [sie] in diesem Sinne auch unterstützungsbedürftig – das sind [sie] aufgrund einer besonderen Situation, aber sie sind nicht grundsätzlich schwach und ohne Ressourcen. Im Gegenteil: Die Fluchterfahrungen lassen sich nur aushalten und bewältigen, wenn man über Stärken verfügt. Und in ihrem gewohnten Umfeld haben diese Menschen ihren Alltag ja gemeistert.**《**[2]

---

1 Angelika Calmez: Aus dem Alltag einer Ehrenamtlichen. Ein Erfahrungsbericht, 25.08.2015. Online abrufbar unter: http://www.proasyl.de/de/news/detail/news/aus_dem_leben_einer_ehrenamtlichen_ein_erfahrungsbericht/

2 Thomas Kunz in: Geflüchtete als Akteure stärken, Interview, 12.12.2015. Online abrufbar unter: https://www.boell.de/de/2015/12/12/gefluechtete-als-akteure-staerken

Eine Frage des Blickwinkels

Im Netzwerk Rassismuskritische Migrationspädagogik Baden-Württemberg ist ein fünfminütiges »Reflexionsvideo« (»Auf Augenhöhe mit Geflüchteten?!«) für Menschen entstanden, die sich für Geflüchtete engagieren. Im Begleittext (IQ Netzwerk Baden-Württemberg 2016) beschreiben die Autor*innen die Facetten von Hilfe und Unterstützung:

» Geflüchtete Menschen sind nicht hilflos. Die Situation, in die sie geraten sind, macht viele hilflos. Sie sind nicht mehr in der Lage, Dinge zu tun, die sie sonst gewohnt sind, zu tun. Sie können sich nicht mehr mit den gleichen Selbstverständlichkeiten um die Dinge kümmern, die sie für eine menschenwürdige Teilhabe benötigen. Die Gründe hierfür sind vielfältig: Das neue System, die unbekannte Sprache, die Verarbeitung der Erlebnisse, die Sorge um Familie und Bekannte im Herkunftsland. Aber auch die Begegnung mit den Helfenden ist eine Herausforderung für geflüchtete Menschen. Wie gehe ich mit Menschen um, die sich mit mir solidarisch zeigen? (…) Welches Angebot einer Beziehung steckt dahinter? (…) Was mache ich, wenn die Solidarität in einer Situation meine Grenzen überschreitet? Kann ich diese Kritik äußern? Und wenn ja, wie? Und die Helfenden? Es ist das ›Privileg‹ des Ehrenamtes, dass ich selbst bestimmen kann, was ich tue und wie lange. Tue ich etwas für andere, weil es auch mir selbst etwas gibt? Wenn dem so wäre, was bedeutet das für den Kontakt? Ist uns überhaupt immer bewusst, warum wir helfen (wollen)? Sind wir uns der Machtposition bewusst, die damit verbunden ist? (…) Erleben nicht viele Ehrenamtliche die Situation ganz anders? Werden nicht auch ihre Grenzen überschritten? Fühlen sie sich selbst nicht auch oft ohnmächtig angesichts der Gesetze und Vorschriften? Fühlen sie sich nicht auch immer wieder überfordert, nicht verstanden von den Geflüchteten und allein gelassen von den Professionellen? Bräuchte es nicht viel mehr Räume der Begegnung, die Kritik und Äußerung von Wünschen ermöglichen? Aber auch Räume der Reflexion und professionellen Unterstützung? « (ebd.: 10).[3]

---

3   Das Video und der Begleittext sowie vertiefende Materialen sind über die Webseite des Netzwerks Rassismuskritische Migrationspädagogik Baden-Württemberg erhältlich, siehe dazu unter: http://www.rassismuskritik-bw.de/erklaervideo/

▶ Exkurs: Reflexion

Die Idee der Reflexion durchzieht dieses Buch: mal stärker sichtbar, mal im Hintergrund wirkend. Eine reflexive Grundhaltung kann Menschen, die ehrenamtlich mit Geflüchteten arbeiten, im Alltag entlasten und stärken; zudem wirkt sich reflektiertes Handeln auf die gesamte Situation aus, also auch auf jene Menschen, mit denen und für die gearbeitet wird. Einige Beispiele sollen als Ausgangspunkt dienen:

»Immer wieder gibt es Situationen, die anders laufen, als Ehrenamtliche es erwarten. Serhat wird an der Kleiderausgabe in der Notunterkunft ein blauer Pullover angeboten. Er lehnt ab, weil er ihm nicht gefällt. Ein Ehrenamtlicher vermittelt Nuri eine Arbeit als Reinigungskraft. Diese lehnt ab, da sie in Syrien als Juristin tätig war. (...) Mehrere Ehrenamtliche holen bei einem Kollegen eine alte Schrankwand ab und bringen sie mit viel Organisationsaufwand zur Wohnung einer geflüchteten Familie. Als sie ankommen, ist die Familie nicht wie vereinbart da« (IQ Netzwerk Baden-Württemberg 2016: 5).

Situationen dieser Art können im Alltag des Engagements auftauchen und alle Beteiligten vor Herausforderungen stellen. Reflexives Handeln ist eine Möglichkeit, sich *bewusster* und (diskriminierungs-)*sensibler* in diesem Feld bewegen zu können.

Was genau ist mit »Reflexion« gemeint?
Der Begriff ist vom lateinischen Verb »reflectere« hergeleitet (zurückbiegen, rückwärts biegen/beugen). Reflexive Kompetenzen bzw. im erweiterten Sinne auch Reflexivität gelten insbesondere im Feld Sozialer Arbeit und in pädagogischen Kontexten als Grundbedingungen für professionelles Handeln in der Arbeit mit Menschen. Wer reflexiv handelt, der*die bemüht sich, *auf Abstand zu sich selbst zu gehen* und einen *Perspektivenwechsel* vorzunehmen; Reflexion zielt also darauf – in Anlehnung an die Wortbedeutung –, von sich selbst weg »zu biegen«, um a) mit (innerem) Abstand auf sich und die Situation zu blicken und b) sich in ein Verhältnis zur Situation, zu anderen Menschen, zu Anforderungen von außen oder auch zu aktuellen gesellschaftlichen Entwicklungen setzen zu können. Reflexion hat zum Ziel, den eigenen Standpunkt als *eigenen* und eben nicht als für alle geltenden Standpunkt wahrzunehmen. Es geht darum, sich bewusst zu machen und zu halten, dass die *eigenen* Erfahrungen, die *eigene* Wahrnehmung, die *eigene* Perspektive und die *eigene* Position in der Gesellschaft Grundlagen für je *eine* von vielen weiteren möglichen Betrachtungsweisen darstellen.

Reflexion meint auch, vom eigenen Standpunkt absehen zu können und so die unterschiedlichen Erfahrungskontexte, Standpunkte, Sichtweisen, Perspektiven anderer Menschen wahrzunehmen und als *ihre* Sichtweisen zu respektieren; zu versuchen, Situationen und Momente mit anderen Augen zu sehen; sich auf andere einlassen, sich in andere hineinversetzen; und dabei auf Abstand gehen zu Bekanntem und Vertrautem. Reflexion bietet eine Möglichkeit, über sich selbst hinweg (bzw. hinaus) zu denken und einen veränderten Blick auf die Wirklichkeiten anderer Menschen, z. B. auf die Wirklichkeiten von Menschen mit Fluchterfahrungen, zu gewinnen.

Warum und in welchen Momenten ist Reflexion sinnvoll?
Das Einnehmen einer reflexiven Haltung ist der Erkenntnis geschuldet, dass jeder Mensch die Welt aus einer individuellen Perspektive wahrnimmt und dass Menschen in einer Gesellschaft unterschiedlich positioniert sind: Einige Menschen verfügen in bestimmten Situationen über Privilegien, beispielsweise die deutsche Staatsbürgerschaft, haben Zugang zu gesellschaftlich relevanten Positionen, ein regelmäßiges Erwerbseinkommen – oder sie können darauf vertrauen, in vielen Alltagssituationen auf ihnen Bekanntes zu treffen. Andere Menschen sind hingegen vielfachen Diskriminierungen und Unterdrückungsmechanismen ausgesetzt.

Die Lebenssituationen geflüchteter Menschen unterscheiden sich in der Regel stark von den Lebenssituationen jener, die ihnen Hilfe und Unterstützung anbieten. Dies gilt vor allem dann, wenn die Helfenden und Unterstützenden über die deutsche Staatsangehörigkeit verfügen und als Angehörige der Mehrheitsbevölkerung[4] gelten. Geflüchtete Menschen und Asylsuchende können sich in Deutschland beispielsweise nicht frei bewegen. Viele von ihnen wissen über Jahre hinweg nicht, ob bzw. wie lange sie in Deutschland bleiben können. Viele dürfen lange Zeit keiner Erwerbstätigkeit nachgehen. Sie wissen nicht, ob sie je die Möglichkeit haben werden, ihre Lebensverhältnisse selbstbestimmt zu gestalten, oder ob ihre Familienangehörigen ebenfalls nach Deutschland migrieren können. Auch sind die Aussichten, mitzugestalten oder mit bzw. selbst zu bestimmen und (auch politisch) Einfluss zu nehmen, nicht für alle Menschen gleichermaßen gegeben.

---

4   Mit »Mehrheitsbevölkerung« sind hier Deutsche ohne Migrationshintergrund gemeint, vgl. Neue deutsche Medienmacher e. V. 2016: 10. Auch geflüchtete Menschen selbst helfen einander und unterstützen sich in hohem Maße. Das wird nicht immer sichtbar bei Verwendung der Begriffe »Unterstützer*innen« bzw. »Engagierte« – daher ist es hier gesondert erwähnt.

Vor diesem Hintergrund ist es kaum verwunderlich, dass verschiedene Menschen eine Situation unterschiedlich, auch gegensätzlich, wahrnehmen können: Situationen werden unterschiedlich erlebt und gedeutet, Handeln und Verhalten hängen unmittelbar damit zusammen. Das wirkt sich notwendigerweise auf das Miteinander aus. Es kann also hilfreich sein, dass diejenigen, die im Feld der Unterstützung Geflüchteter aktiv sind, sich darüber bewusst(er) werden. So können Irritationen und Missverständnisse vermieden werden, oder es lässt sich gemeinsam darüber sprechen und überlegen, wie mit einer Situation anders umgegangen werden kann. Auch Konflikte lassen sich gezielter klären, wenn sie nicht aus dem Affekt heraus bearbeitet werden, sondern mit Ruhe und Abstand und im Austausch mit anderen reflexiv angeschaut werden.

Reflexion als Dreiklang

Reflexion kann als Dreiklang gedacht werden, als ein Prozess, der drei Phasen beinhaltet, die eng miteinander verwoben sind: In der *ersten Phase* geht es um ein Innehalten; um ein bewusst vollzogenes Abbremsen und Verlangsamen des oftmals hohen Tempos, von dem der Alltag und die Engagement-Wirklichkeiten vieler Menschen geprägt sind; um ein Anhalten in routinierten Abläufen und Handlungen. Dieser erste Schritt hat zum Ziel, sich selbst bzw. einander Raum zu schaffen, Zeit zu gewinnen, um den Alltag von einer anderen Warte aus zu betrachten – und zu vermeiden, allzu schnell in Denkschablonen zu landen oder Vor-Urteile auszubilden.

Dies soll am Beispiel der oben skizzierten Situation in der Kleiderausgabe verdeutlicht werden: Eine nachvollziehbare spontane Reaktion der Ehrenamtlichen auf Serhats Ablehnung des angebotenen Pullovers könnten Frust, Enttäuschung oder Ärger sein. Bevor dies – unreflektiert – dazu führt, Schuldzuweisungen an Serhat zu richten oder gar verallgemeinernde Schlüsse zu ziehen, nach dem Motto: »Nun sind die Geflüchteten auch noch wählerisch, anstatt dankbar zu sein«, könnte sich das Team im Anschluss zusammensetzen und – reflexiv – darüber nachdenken, was passiert ist. Fragen könnten lauten: Was haben wir eben erlebt? Wie können wir das Erlebte einordnen? Gab es vielleicht eigene Vorannahmen oder Erwartungshaltungen, die dazu geführt haben, dass diese Situation genau so verlaufen ist, wie sie erlebt wurde? Diese und viele weitere Reflexionsfragen sind möglich, um ein vertiefendes Nachdenken und einen Austausch zur erlebten Situation anzuregen.

In der *zweiten Phase* geht es darum, die Vertrautheiten des eigenen Handelns, die Selbstverständlichkeiten des Alltäglichen aufzubrechen, infrage zu stellen, zu irritieren: Wieso wird eigentlich wie selbstverständlich angenommen, dass Serhat den Pullover braucht und ihn – dankbar – annehmen sollte? Welche

Vorannahmen und Erwartungen seitens der Ehrenamtlichen zeigen sich hier? Ist es sinnvoll, diese zu verallgemeinern, oder wären auch andere Deutungsweisen möglich? Welche Gründe könnte Serhat haben, dass er den blauen Pullover ablehnt? Vielleicht ist es für ihn ungewohnt oder gar beschämend, Spenden anzunehmen? Vielleicht hat er eigene Vorstellungen davon, wie er sich kleiden möchte? Vielleicht kann er nicht einordnen, was die Gebenden als Gegenleistung erwarten? Können wir vielleicht mit Serhat ins Gespräch kommen, um Genaueres zu erfahren darüber, wie er die Situation erlebt hat? Wie können seine Anliegen und Bedürfnisse angemessener in Erfahrung gebracht werden? Wie lassen sich Enttäuschung, Beschämung oder Irritation auf beiden Seiten vermeiden? Wie könnte hier eine Unterstützung aussehen, die von geflüchteten Menschen auch als Unterstützung erlebt wird und die weniger Frust für alle Beteiligten mit sich bringt?

Wer diese beiden Phasen durchlaufen hat, hat bereits Vieles erreicht. Nun beginnt die *dritte Phase*. Sie ermöglicht ein Überschreiten vorheriger Handlungs- und Reaktionsmuster. Alternative Deutungsweisen sind sichtbar geworden, die eigenen Perspektiven wurden ins Verhältnis zu Perspektiven anderer Menschen gesetzt. Dadurch werden andere, alternative Handlungen sowie ein sensibleres Miteinander möglich. Jetzt geht es darum, einfach auszuprobieren, welche Reaktionen ein (vielleicht auch nur in kleinen Schritten) verändertes Handeln mit sich bringt: Was verändert sich? Wie erleben die Beteiligten es nun?

Nachdenken über Sprachpatenschaften

Ein ehrenamtlich Engagierter aus Ebersberg bei München hat eine Sprachpatenschaft übernommen für zwei junge Männer aus dem Senegal bzw. aus Sierra Leone. Er reflektiert seine Erfahrungen auf der Webseite des Helfer-Kreises ASYL Ebersberg:

>> (…) Die Sprachpatenschaft mit den beiden jungen Afrikanern entwickelte sich im letzten halben Jahr mehr und mehr und ermöglichte es mir, im Kontakt Neues zu erfahren und eigene Alltagskompetenzen weiterzugeben. Hierbei wurde mir deutlich, was man natürlich weiß, aber immer wieder neu erfahren muss, um wirklich zu verstehen, dass jede Beziehung unterschiedlich ist. Dabei geht es nicht um eine Wertung von besser oder schlechter. Mit beiden jungen Männern übte ich in

verschiedenen Cafés Deutsch mit Hilfe der englischen Sprache. Der eine junge Mann übernahm mehr Verantwortung und ging damit mehr Verpflichtung ein als der andere, welcher offenbar mehr Distanz benötigt. Auch die Ausgangslagen der zwei sind sehr unterschiedlich. Sie kommen aus verschiedenen Ländern, welche von Deutschland als sicher oder als unsicher eingestuft werden, obwohl dies individuell für beide so nicht zu beurteilen ist. (…) Die Frage nach Zufall und Gerechtigkeit stellt sich mir je nach Situation, welcher die beiden ausgesetzt sind. Der eine fängt im Herbst ein Berufsvorbereitungsjahr an und der andere darf nicht arbeiten. Mit den gemeinsamen Treffen und den Bemühungen, die nächsten Monate zu gestalten (…), ergab und ergibt sich eine Nähe, welche die größere Politik außen vor lässt und sich darauf beschränkt, hilfreich zu sein, um einem Menschen eine Perspektive zu ermöglichen. (…)

In meinen Begegnungen mit den jungen Menschen (…) bin ich laufend mit meinen Vorurteilen konfrontiert, die ja an und für sich nicht von Grund auf negativ sind, da niemand in der Lage ist, sich in eine Situation völlig frei von Einschätzungen zu begeben. Dennoch ist es eine Herausforderung, sich deren immer wieder bewusst zu werden und dann zu hinterfragen, ob sie wirklich zutreffen oder was sonst noch der Fall sein könnte. (…) Sich in Deutschland ohne sicheren Aufenthaltsstatus durchzuschlagen, erfordert vielleicht auch andere Kompetenzen, als sich hier mit sicherem Status zu bewegen. (…) So lerne ich jeden Tag und bin darauf angewiesen, meinen Verstehensprozess von Mal zu Mal neu zu justieren.**«**[5]

Tourist? Geflüchteter? Mensch!

Mathias Hamann, Journalist und Leiter einer Berliner Notunterkunft für Geflüchtete, beschreibt eine Begegnung im öffentlichen Raum:

» Sonntag, früher Nachmittag, Berlin, Alexanderplatz. Mit einem BVG-Plan in der Hand marschiert er durch den Bahnhof. Am Ausgang hält er an, wirft den riesigen Rucksack auf die Erde und versucht sich zu orientieren. ›Excuse me…‹, spricht er vorbeieilende Menschen an, doch keiner achtet auf ihn. ›Yes?‹, antworte ich. Er stottert. Dieses Mal auf Franzö-

---

5 Manfred Kugler: Überlegungen zum Thema »Asyl«, August 2015. Online abrufbar unter: http://helferkreis.jimdo.com/infos-veranstaltungen-gedanken/erfahrungen-und-gedanken-der-helfer/

sisch erklärt er mir, dass er nach einem Hotel suche. Im ersten Moment hatte ich ihn für einen Touristen gehalten: strahlend weißes T-Shirt, perfekt saubere Markensneakers und der unvermeidliche Rucksack. Doch dann zeigt er mir den Zettel von der Erstaufnahmestelle: Er soll in einem Hotel unterkommen, bis sein Flüchtlingsstatus geklärt wird. Im Alltag nehmen wir Dinge wahr, ohne sie zu hinterfragen: (Markenschuhe + BVG-Plan + Alexanderplatz) x Fremdsprache = ausländischer Tourist = wohlhabend = ungefährlich = sympathisch. **«**[6]

Begeisterung und freundschaftliche Begegnungen

Eine Lehramtsstudentin berichtet auf »Spiegel Online« über ihre Erfahrungen in der ehrenamtlichen Arbeit mit geflüchteten Menschen in einem Zeltlager in Norddeutschland:

> **»** Flüchtlinge – das war für mich noch vor einem Monat nur eine anonyme Masse von Menschen. Ich wollte immer helfen, wusste aber nie, wie. Seit drei Wochen bin ich nun ehrenamtlich in einem Zeltlager in Norddeutschland tätig – und die Arbeit erfüllt mich sehr.
>
> Zu meiner Aufgabe bin ich durch Zufall gekommen. Ich habe Ende Juli meine Abschlussarbeit für meinen Master of Education in einem Copy Shop ausgedruckt. Aber es gab einen Fehler mit dem Drucker, und viele Seiten sind verschmiert herausgekommen. Da hab ich mir überlegt, was man mit all dem Papier machen kann. Ich wusste, dass es um die Ecke seit einigen Tagen ein Flüchtlingslager gab. Deshalb kam mir die Idee, die Blätter den Kindern zu geben – zum Malen. Der Besitzer fand die Idee super und hat mir gleich eine hüfthohe Papierrolle in die Hand gedrückt.
>
> Als ich in das Zeltlager kam, nahm mich eine der Angestellten in den Arm und sagte: ›Du bist ein Engel. Das ist Malpapier, oder?‹ Noch am selben Tag habe ich geholfen, gespendete Kleidung zu sortieren. (…)
>
> Meine Arbeitszeiten kann ich mir selbst aussuchen. (…) Wenn ich arbeite, mache ich alles, was anfällt und worauf ich Lust habe. Ich gebe gespendete Kleidung und Hygienemittel an Flüchtlinge aus oder betreue Kinder beim Spielen.
>
> Manchmal setze ich mich auch einfach nur mit den Bewohnern hin und rede mit ihnen. (…)

---

6 Mathias Hamann zit. nach http://www.linkemedienakademie.de/archiv-lima-fragmente/ fluechtlingskrisenberichterstattung-die-guten-klischees/

Mich begeistert, mit wie viel Freundlichkeit mir die Leute begegnen. (…) Als ich letztens ein paar Tage weg war, hat ein junger Mann zu mir gesagt: ›Wo warst du? Wir haben dich vermisst.‹

Solche Momente geben mir das Gefühl, als Helferin wirklich gebraucht zu werden. (…) [V]iele der Bewohner sind meine Freunde geworden. **«**[7]

Über Motive ehrenamtlichen Engagements

Horst Heidbrink ist Sozialpsychologe und arbeitet an der FernUniversität Hagen. In einem Interview mit der Redaktion des Magazins »Hinterland«[8] erklärt er auf die Frage, was Menschen dazu bewegt, sich ehrenamtlich zu engagieren:

» In den meisten Fällen brauchen wir für unser Handeln natürlich schon bestimmte Motive – selbst wenn wir dafür kein Geld erhalten. Dann bekommen wir normalerweise etwas anderes dafür, oder erhoffen uns das zumindest. Das kann die Aufmerksamkeit sein, die jemand erhält, soziale Eingebundenheit oder einfach nur Spaß – also Dinge, die dem Leben zusätzlichen Sinn geben. **«**

Befragt zu möglichen negativen Motiven konstatiert Heidbrink:

» Ja. Wie in der normalen Arbeitswelt können auch im Ehrenamt sicherlich Einfluss und Macht ein Motiv sein. Das heißt, wenn ich anderen helfe, dann ist es ja häufig so, dass ich gleichzeitig zumindest zum Teil über sie bestimme und dadurch Macht ausübe. Und wenn ich eine Position habe, in der ich Macht habe, kann es natürlich auch passieren, dass ich sie gegenüber anderen ausnutze **«** (Hinterland-Magazin 2015: 28).

---

7   Zit. nach »Du bist ein Engel«, aufgezeichnet von Christian Engel, Spiegel Online, 08.09.2015. Online abrufbar unter: http://www.spiegel.de/unispiegel/studium/fluecht linge-ehrenamtliche-helferin-erzaehlt-vom-alltag-im-zeltlager-a-1048995.html

8   »Hinterland« ist die Zeitschrift des Bayerischen Flüchtlingsrates. Die vierteljährlich erschei-nenden Ausgaben stehen unter http://www.hinterland-magazin.de/ zum Download bereit.

Gut gemeint ist nicht gleich gut gemacht?

Matthias Weinzierl, Aktivist im Bayerischen Flüchtlingsrat, schildert die Erfahrungen, die er und seine Kolleg*innen mit der im Sommer 2015 sprunghaft angestiegenen Unterstützungsbereitschaft der Bevölkerung gemacht haben, die nicht nur durchweg positive Effekte mit sich brachte:

» Nicht selten gesellen sich zu dem ehrlichen Bedürfnis, Flüchtlingen zu helfen, andere, fragwürdige Motivationen und hinter Hilfsangeboten oder Projektideen verstecken sich plumpe Eigeninteressen. (…) Da lud das Münchner Kulturreferat zum Beispiel zu einem Fest (…). Bei der Feierlichkeit präsentierten internationale Künstler-Stipendiatinnen und -stipendiaten der Stadt München ihre Arbeiten. Einer davon hatte mit Flüchtlingskindern aus München Trommeln gebastelt und gab gemeinsam mit einer bunten Kinder-Truppe einen kurzen Auftritt im Garten der Villa. Es folgte ein wohlwollender Applaus und während sich das Publikum dem reichhaltigen Buffet zuwendete, wurden die Kinder noch schnell abgespeist und dann per Bus in den tristen Alltag ihrer Flüchtlingsunterkünfte gebracht. Ich will ja niemandem die Freude nehmen und selbstverständlich muss und kann man nicht bei jedem kulturellen Beitrag mit Flüchtlingsbeteiligung deren prekäre und ungesicherte Situation zum Thema machen. Aber ich empfinde es dennoch als bedenklich, wenn diese belastenden Rahmenbedingungen, die sämtliche Aspekte des Lebens eines Flüchtlings dominieren, keinerlei Beachtung finden und völlig ausgeklammert werden. Besonders dann, wenn bei einer Veranstaltung der Großteil des Publikums keinerlei Vorstellung von der Lebenswirklichkeit von Flüchtlingen hat **«** (ebd.: 31 f.).

▶ **Exkurs: Paternalismus in Hilfe-Kontexten**

Ein Blick in die Praxis tagtäglichen Engagements zeigt, dass Begegnungen zwischen geflüchteten Menschen und Unterstützer*innen nicht immer ausschließlich positive Effekte mit sich bringen. Es kann, wie die Sozialarbeitsforscherin Misun Han-Broich in einer Studie aufzeigt, »Nebenwirkungen« geben (vgl. Han-Broich 2015): Irritationen und Missverständnisse können hervorgerufen, Konflikte befördert werden (vgl. ebd.: 49). Was gut gemeint ist, kann durchaus gegenteilige Wirkungen haben, ohne dass dies beabsichtigt ist. Oft werden solche Nebenwirkungen nicht sichtbar, zumindest nicht für diejenigen, die helfen oder unterstützen. Das liegt daran, dass viele Hilfebeziehungen von einer Asymmetrie zwischen den Beteiligten gekennzeichnet sind: Zwischen Helfenden und Empfangenden besteht ein Machtgefälle.

Stephan Dünnwald, der als Ethnologe die Haltung einer lokalen Bürgerinitiative bei der Unterstützung von geflüchteten Menschen untersucht hat, erläutert dies wie folgt: »In der Attitüde des Helfens ist eine Hierarchie eingebaut: Zwischen denjenigen, die Hilfe geben, und denjenigen, die Hilfe annehmen, besteht ein Ungleichgewicht, das sich auch nicht so schnell ausgleichen lässt. (…) In der Flüchtlingsarbeit (…) [werden] Flüchtlinge per se als Opfer der Situation im Herkunftsland und (…) zudem als Opfer einer restriktiven abwehrenden Flüchtlingspolitik in Deutschland wahrgenommen. Das heißt, sie werden in eine doppelte Opferrolle platziert. Das ist de facto häufig auch der Fall, weil die vorhandene Ausgrenzungspolitik die Integration in den Arbeitsmarkt oder in einen Bildungsweg aktiv zu verhindern versucht. All das spielt eine Rolle in der Konstruktion des Flüchtlings, die sich vor allem durch Defizite auszeichnet: Ein Flüchtling hat keine Arbeit, kennt sich nicht aus und kann daher betüddelt werden« (Hinterland-Magazin 2012: 19 f.).

Dieses Ungleichgewicht in den Hilfebeziehungen befördert **paternalistisches Handeln**. Der Begriff »Paternalismus« stammt aus dem Lateinischen und lässt sich mit »Bevormundung« übersetzen. Als paternalistisch werden Handlungen bezeichnet, die zunächst gut gemeint erscheinen: Sie sind auf das vermeintliche – genauer: auf das angenommene – Wohl eines anderen Menschen ausgerichtet. Typisch für paternalistisches Handeln ist, dass die Menschen, denen Hilfe und Unterstützung zuteil wird, im Vorfeld nicht nach ihren Bedürfnissen oder Anliegen gefragt wurden. Es wird gleichsam über ihre Köpfe hinweg entschieden oder gehandelt. Als Folge können die Empfänger*innen die vermeintliche Hilfe als Beschämung oder auch Verletzung erfahren. Insofern ist es nicht verwunderlich, wenn paternalistische Handlungen Irritationen und Missverständnisse mit sich bringen. Deshalb sollen sie genauer in den Blick genommen werden.

Hilfreich ist dabei ein Umweg über eine andere Form des Handelns, nämlich das fürsorgliche Handeln (vgl. Giesinger 2006). Fürsorgliches Handeln steht in engem Zusammenhang mit Paternalismus. Anhand der Unterschiede lässt sich verdeutlichen, inwiefern paternalistisches Handeln problematisch sein kann: Fürsorgliches Handeln findet in der Regel zwischen Erwachsenen und Kindern statt und ist eine Reaktion auf eine *Unselbstständigkeit* des Gegenübers. Kinder sind bis zu einem gewissen Entwicklungsniveau grundsätzlich auf Fürsorge angewiesen. So wird in fürsorglicher Absicht für ihr körperliches Wohl gesorgt, sie erhalten Zuwendung, werden bei Dingen unterstützt, die sie (noch) nicht selbstständig tun können (vgl.

ebd.: 266 ff.). Kennzeichen fürsorglichen Handelns ist die *Asymmetrie* zwischen der sich kümmernden und der umsorgten Person: Eine »starke« Person nimmt sich helfend einer »schwächeren« Person an. Dieses fürsorgliche Kümmern gilt deshalb als moralisch legitim, weil es sich in der Regel am Wohl des Kindes orientiert und in Einklang mit seinen Wünschen, Bedürfnissen und Interessen steht.

Mit zunehmendem Alter erlangen Menschen mehr und mehr Autonomie. Dieser wird ein hoher Wert zugemessen: Die Fähigkeit zur Autonomie ermöglicht es uns, so der Erziehungswissenschaftler Johannes Giesinger, »jemand zu sein oder zu werden. Wer wir sind und wer wir sein wollen, drückt sich in unserem Willen aus. Dieser ist der Kern unseres Selbst. Um ›uns selbst‹ in Handlungen auszudrücken, benötigen wir äußere Autonomie« (Giesinger 2006: 269).[9] Eine Entscheidung muss keinesfalls besonders durchdacht, kompetent oder klug sein – zu respektieren ist sie in jedem Fall. Wird diese Autonomie nun beschränkt, beispielsweise dadurch, dass Menschen ungefragt bzw. stellvertretend für andere sprechen, entscheiden oder handeln (Paternalismus), dann stellt dies eine Verletzung dar: Eine Beschränkung der Autonomie kann von der betroffenen Person »als Angriff auf ihr Selbst« verstanden werden (ebd.: 270).

Giesinger erläutert den Unterschied zwischen fürsorglich-paternalistischem und verletzend-paternalistischem Handeln an einem Beispiel: »Wird einem Kind, welches den spontanen Wunsch hat, auf einem Felsen herumzuklettern, dies verboten, so ist das gewiss weniger gravierend, als einem erfahrenem Bergsteiger eine riskante Bergtour zu verbieten. Das Kind wird für kurze Zeit frustriert sein, der Bergsteiger hingegen kann sich in seiner Autonomie angegriffen fühlen. (…) Auch wenn man über die Entscheidung des Bergsteigers, bestimmte Risiken einzugehen, geteilter Meinung sein kann, muss diese als *autonome Entscheidung* respektiert werden« (Giesinger 2006: 271, Kursivierung d. Verf.). Legitim beschränkt werden dürfte diese Entscheidung einzig dann, wenn hierdurch andere Menschen geschädigt würden, so Giesinger.[10]

Bei der Übertragung dieses Zusammenhangs auf das Feld der Unterstützung geflüchteter Menschen wird erkennbar, weshalb ein (selbst-)kritischer Blick

---

9 Giesinger unterscheidet zwei Formen der Autonomie: Die *Innere Autonomie*, die es Menschen ermöglicht, überlegt einen *eigenen Willen* auszubilden, und die *Äußere Autonomie*, die gewährleistet ist, wenn die Möglichkeit besteht, *diesen Willen in Handlungen umzusetzen*, und zwar auf der Grundlage einer autonomen Entscheidung (vgl. Giesinger 2006: 269).

10 Giesinger stützt sich hierbei auf die Argumentation des Philosophen John Stuart Mill, vgl. Giesinger 2006: 273.

auf paternalistische Formen der Hilfe und Unterstützung sinnvoll sein kann: Zunächst sind die meisten geflüchteten Menschen keinesfalls unselbstständig, sondern sie verfügen über ein ausgeprägtes und kompetentes Selbst. Dieses wahrzunehmen und daran anzusetzen, ist ein wichtiges Element von Hilfe und Unterstützung. Ebenso kann es im Alltag des Engagements helfen, sich immer wieder zu verdeutlichen, dass die Unterstützung geflüchteter Menschen in einem besonderen Kontext stattfindet: Mit jeder noch so gut gemeinten Hilfe kann immer auch ein Machtungleichgewicht hergestellt oder bestätigt werden. Wer etwas gibt oder anbietet und dafür Dankbarkeit erwartet, ist als »Gebende*r« automatisch in einer überlegeneren Position als diejenigen, denen »Bedürftigkeit« zugeschrieben wird und von denen Dankbarkeit erwartet oder gar verlangt wird.

Auch wenn dies nicht beabsichtigt sein mag, so wirken in Hilfebeziehungen immer Dominanzverhältnisse hinein – mal stärker, mal kaum spürbar. Das in jeder Hilfebeziehung ohnehin vorhandene Machtgefälle wird dann verstärkt, wenn die vermeintlich Bedürftigen gar nicht mehr danach gefragt werden, welche Art der Unterstützung sie benötigen; wenn weder ihre Ideen noch Anliegen Gehör finden, sondern die Gebenden wie selbstverständlich davon ausgehen, »besser« als die Betroffenen selbst zu wissen, was für geflüchtete Menschen jeweils »gut« zu sein hat.

Mit dem hier beschriebenen Machtgefälle lässt sich auch erklären, weshalb Menschen, die »fürsorglich bevormundet« werden, nicht immer äußern, dass sie mit einer bestimmten Form von Hilfe und Unterstützung nicht einverstanden sind oder dass sie sich missverstanden oder übergangen fühlen. Andreas Foitzik und seine Kolleg*innen aus dem Netzwerk Rassismuskritische Migrationspädagogik schreiben hierzu: »Aus einer tendenziell abhängigen Position kann es schwerer sein, ›Nein‹ zu sagen. Eine Frage für Ehrenamtliche könnte sein: Wie kann ich meine Unterstützung so organisieren, dass ich meinem Gegenüber ermögliche, mein Angebot abzulehnen, ohne dass es Konsequenzen hat? Wird so auch möglich, selbst ›Nein‹ sagen zu können?« (IQ Netzwerk Baden-Württemberg 2016: 11).

Miteinander ins Gespräch kommen

Elisabeth Ngari, Mitgründerin der Initiative Women in Exile, kam 1996 als alleinerziehende Mutter mit zwei Töchtern aus Kenia nach Deutschland und musste anfangs in einem Flüchtlingsheim leben.[11] Seit 2002

---

11 Vgl. http://www.taz.de/!140673/

macht sie als Aktivistin auf die schwierige Situation geflüchteter Frauen in Deutschland aufmerksam. Sie beschreibt in einem Interview ihre Erfahrungen nach der Ankunft und den daraus resultierenden Wunsch nach einem Miteinander-ins-Gespräch-Kommen zwischen Aufnahmegesellschaft und Geflüchteten:

»Dann war da noch die Sprachbarriere. Ich konnte mich nicht verständigen und auch die Menschen auf der Straße nicht verstehen – bei denen sah ich nur die misstrauischen Blicke, die missmutigen Gesichter, die mir sagten: ›Flüchtlinge sind hier nicht willkommen, ihr wollt doch nur unser Geld, unsere Arbeit‹. (…) Was ich dazu sehr schwer fand: Dass es die meisten Menschen einfach nicht interessiert, wie es Flüchtlingen geht. Sie wissen nichts über unsere Situation, und es interessiert sie auch nicht. (…) Ich würde den Menschen gern mehr Informationen über das Leben von Flüchtlingen geben. Wir sind hier und möchten uns einbringen! Wir möchten ins Gespräch kommen. Wenn es Treffen gibt, was man gegen Nazi-Demonstrationen vor Heimen tun kann – ladet uns doch mit ein!« (Förderverein Pro Asyl e. V./Amadeu Antonio Stiftung 2014: 15).

Integration, Assimilation oder »gemeinsam etwas Neues schaffen«?

Mitarbeiter*innen der Amadeu Antonio Stiftung haben sich von einheimischen und geflüchteten Muslim*innen in Mecklenburg-Vorpommern ihre Lebenssituation erzählen lassen. Eine 18-jährige Abiturientin schildert ihre Gedanken zum Thema Integration:

»Wir hatten das Thema in der Schule und jemand meinte: ›Wenn ich in ein anderes Land ziehen würde, da müsste ich mich an alles halten und da würde ich auch die Religion ändern.‹ Das sei Integration. Also das würde für mich auf keinen Fall in Frage kommen, dass man sich komplett ändert und assimiliert und anders wird. Da würde man ja selbst seine Individualität verlieren. Das ist meine Meinung dazu. Ich muss die Sprache lernen, ich muss mich an Regeln und Gesetze halten und die kulturellen Gegebenheiten spielen auch eine Rolle. Aber vollkommen meine eigene Kultur aufzugeben, weil ich jetzt hier lebe – das kommt für mich überhaupt nicht in Frage. Integration muss von beiden Seiten kommen. Für mich ist Integration die Akzeptanz und das Zusammenleben verschiedener Menschen. Es kann nicht sein, dass nur ich die Leute verstehen soll. Ich möchte auch, dass sie mich verstehen. Das Zusammenkommen verschiedener Meinungen, Kulturen, Sprachen usw. – das ist für mich Integration. Integration ist für mich, sich mit dem zu verstehen, der anders ist als ich, und sich gegenseitig so wahrzunehmen, wie man ist« (Amadeu Antonio Stiftung/Lola für Demokratie in Mecklenburg-Vorpommern e. V. 2016: 10).

Protest und Positionierung

Der Redakteur Lars Gaede zeichnet 2013 in einem Zeitungsartikel das Porträt eines aus dem Iran geflüchteten jungen Mannes, der Protestaktionen von Asylsuchenden im Kampf für mehr Rechte in Deutschland organisiert:

» Jahrzehntelang war Flüchtlingsarbeit etwas, das eher von Deutschen für Flüchtlinge gemacht wurde, von Flüchtlingsräten, Vereinen oder kirchlichen Initiativen, die sich als Anwälte der Migranten verstanden. Doch in den vergangenen Monaten ist eine neue Protestbewegung entstanden, von Flüchtlingen (…) selbst organisiert, die manchmal ziemlich radikal auftreten. Sie verteilen Flyer, um für ihre Positionen zu werben, errichten inmitten deutscher Städte Protestzelte, sie treten in Hungerstreiks und nähen sich die Münder zu, um klarzumachen, dass es ihnen ernst ist. «[12]

Aktivierung (un)erwünscht?!

Noch einmal Thomas Kunz, Professor für Soziale Arbeit in Frankfurt am Main:

» Die Referenzfolie ist: Wir nehmen Euch auf, seid dankbar, stellt keine Ansprüche und benehmt euch gefälligst. Wenn Geflüchtete als eigenständige Subjekte agieren, dann bekommen sie schnell das Label ›renitent, undankbar‹ verpasst. Dieser Widerspruch muss viel mehr offengelegt werden. Wenn sie dann ein paar Jahre hier leben, wird ihnen dann wiederum vorgeworfen, zu passiv zu sein oder gar, sich nicht integrieren zu wollen. Man sieht: Je nachdem, wie die Stimmung gerade

---

12 Zit. nach Lars Gaede: Der Nichtbürger-Krieg, Neon-Magazin, 11.10.2013. Online abrufbar unter: http://blog.neon.de/2013/10/der-protest-der-fluchtlinge/

ist, wünscht sich diese Gesellschaft ihre Geflüchteten mal als passiv oder aktiv, aber was diese Menschen selber wollen, interessiert kaum. Das wird dann schnell als Anspruchshaltung gewertet. **«**[13]

Zusammenarbeit und Respekt

Der aus Benin stammende Salomon Wantchoucou, selbst Asylsuchender und Mitgründer der Flüchtlingsbewegung in Sachsen-Anhalt, engagiert sich ehrenamtlich unter anderem im Netzwerk Karawane für die Rechte der Flüchtlinge und MigrantInnen und im Voice Refugee Forum. Seine Erwartungen an Unterstützer*innen beschreibt er wie folgt:

» Ich bin der Meinung, die Flüchtlinge müssen ihre Forderungen und Ziele definieren und bei der Kundgebung dieser Ziele unterstützt werden. Es ist immer gut, wenn andere Organisationen uns helfen, unsere Ziele laut und klar zu verkünden. Denn wir sind als Flüchtlinge oftmals in unseren Möglichkeiten eingeschränkt. Wir können uns nicht frei bewegen und haben finanziell kaum Spielraum. Durch die Unterstützung von Initiativen wird unser politisches Engagement verstärkt, zusammen kämpfen wir für positive gesellschaftliche Veränderungen. Ich halte die Zusammenarbeit von Flüchtlingsunterstützenden und Flüchtlingsaktivistinnen und -aktivisten für sehr wichtig. Beide spielen eine bedeutende Rolle. Sie sollten ihre Zusammenarbeit so gestalten, dass beide Seiten sich wechselseitig Respekt geben können. Die Unterstützenden sollten nicht aus einer überlegenen Position heraus handeln. Sie sollten mit den Selbstorganisationen so zusammenarbeiten, dass sie ihnen ein Mehr an Möglichkeiten schaffen. Vor allem betrifft das die Logistik, das Administrative sowie Finanzielle, aber auch die Politik. Aber die Flüchtlinge müssen diejenigen sein, die die Inhalte festsetzen. **«** (Hinterland-Magazin 2012: 15).

---

13 Thomas Kunz in: Geflüchtete als Akteure stärken, Interview, 12.12.2015. Online abrufbar unter: https://www.boell.de/de/2015/12/12/gefluechtete-als-akteure-staerken

▶ Exkurs: »Normalität« und »Abweichung«

»Hier wird Deutsch gesprochen!«; »So geht das, das machen wir hier immer so!«; »Dieses Verhalten ist doch nicht normal!« – Aussagen wie diese lassen darauf schließen, dass Menschen sich in vielen Situationen an einer Art Richtschnur orientieren: Sie ist mal mehr, mal weniger sichtbar, und gerade dann, wenn sie im Hintergrund wirkt, ist sie besonders machtvoll. Die Rede ist von »Normalität«.

Was empfinden Sie als »normal«? Woran orientieren Sie sich in alltäglichen Situationen? Im Nachdenken darüber wird vielleicht deutlich, dass Menschen eher selten über das ihnen (vordergründig) vertraute »Normale« nachdenken. Viele orientieren sich intuitiv an dem, was als »normal« gilt. Ein solches Wissen kann den Alltag entlasten, auch im Kontext der Unterstützung geflüchteter Menschen. Es kann – für geflüchtete und nicht geflüchtete Menschen gleichermaßen – sinnvoll und hilfreich sein, eine Idee davon zu haben, wie etwas »üblicherweise« ausgedrückt oder getan wird oder welches Verhalten in einer Situation als »normal« bzw. »situationsangemessen« gilt. Hierüber lässt sich sprechen. Vieles lässt sich erklären oder einander durch praktisches Tun vermitteln.

Und doch: Ganz so harmonisch verläuft es nicht immer mit der Normalität. Deshalb sind einige Begriffe im Absatz zuvor in Anführungszeichen gesetzt. Dies soll darauf aufmerksam machen, dass bestimmte Regeln, Situationen oder Verhaltensweisen eben nicht immer von allen Menschen gleichermaßen als »üblich«, »normal« oder »situationsangemessen« empfunden werden. Und es soll dafür sensibilisieren, dass oft mehrere, manchmal auch widersprüchliche Normalitätsvorstellungen nebeneinander existieren. Vieles, was den einen »normal« und insofern vertraut erscheint, hat für andere möglicherweise eine ganz andere Bedeutung. Dazu ein Beispiel aus dem Alltagsleben:

Es kann in der einen Familie völlig »normal« sein, an jedem Wochenende ein selbst zubereitetes Mittagessen gemeinsam am Tisch einzunehmen und vor Beginn ein Gebet zu sprechen. Ausnahmen davon werden als ungewöhnlich, gar störend empfunden, die gemeinsame Mahlzeit gilt als hohes Gut, sie ist ein wichtiges Ritual für alle Beteiligten. In anderen Familien wiederum ist es völlig »normal«, dass sich jedes Familienmitglied am Wochenende selbst um die Verpflegung kümmert: Einige verzichten mittags ganz auf eine Mahlzeit, andere essen außerhalb, vielleicht bei Freund*innen oder in einem Schnellimbiss. Wieder andere bereiten sich selbst eine Kleinigkeit zu und hören beim Essen vielleicht einen Podcast-Beitrag auf dem Smartphone. Hier wird es als eher »unnormal« empfunden, dass sich alle Familienmitglieder mittags zur gleichen Zeit zum gemeinsamen Essen um einen Tisch versammeln. Das Beispiel zeigt: Die Esskultur kann in Familien sehr unterschiedlich sein, hier werden viele »Normalitäten« sichtbar, die ganz selbstverständlich nebeneinander bestehen.

Das muss nicht zwingend problematisch sein, sofern – wie im oben beschriebenen Beispiel – die einen den anderen ihre jeweils individuelle Familien- bzw. Esskultur zugestehen, ohne dies negativ zu bewerten, und solange alle Beteiligten die Wahl haben, sich an der einen oder der anderen Normalitätsvorstellung auszurichten. Doch vollkommen konfliktfrei kommen Normalitätsvorstellungen meist nicht daher. So ist es – mit Blick auf das angeführte Beispiel der unterschiedlichen Essgewohnheiten – denkbar, dass Stimmen laut werden, die die Esskultur einer der beiden Familien als »unnormal«, als »nicht angemessen« bezeichnen. Die Gebräuche der einen Familie werden dann als Norm gesetzt, mit dem Ergebnis, dass Verhalten und vielleicht auch weitere Besonderheiten der zweiten Familie als »anders«, als irgendwie problematisch erscheinen. Hier offenbart sich die Kehrseite von Normalität: das Unnormale, die Abweichung. Damit aber gehen oftmals Ausgrenzungen einher, nicht selten mithilfe der Unterscheidung zwischen einem wie auch immer definierten »Wir« und »den Anderen« (vgl. den entsprechenden Exkurs auf S. 44 ff.).

Menschen, die den vorherrschenden gesellschaftlichen Normalitätsvorstellungen, Regeln und Konventionen ohne Schwierigkeiten Genüge tun, bewegen sich meist routiniert und ohne anzuecken durch ihren Alltag. Abweichendes wird von ihnen oftmals als störend empfunden. Entsprechend hoch sind die Erwartungen, die Menschen aneinander richten: Sie gehen bei ihrem Gegenüber davon aus, dass er*sie ähnliche – ihnen vertraute, als legitim geltende – Denk-, Sprech-, Handlungs- und Verhaltensweisen an den Tag legt oder zumindest die Bereitschaft zeigt, sich diese anzueignen. Das kann für alle Beteiligten hilfreich sein, nämlich immer dann, wenn alle den vorherrschenden Normalitätsvorstellungen entsprechen wollen bzw. können. Doch was, wenn dies nicht der Fall ist?

Die Erwartung, dass sich alle Menschen an bestimmten Normalitätsvorstellungen ausrichten sollen, kann zu Ausgrenzung führen: Bei der Idee von Normalität schwingen Vorstellungen von etwas »Richtigem« oder »Besserem« mit. »Normalität« fungiert als eine Messlatte, die – ausgehend von den Erfahrungen einzelner Menschen – manchmal allzu schnell an andere bzw. alle Menschen und deren Verhalten angelegt wird. Dann entstehen Anpassungserwartungen, beispielsweise bezogen auf »normales« Verhalten, »normales« Aussehen, »normales« Sprechen, ein »normales« Familienmodell oder »normale« Lebens- und Wohnverhältnisse. Vermeintliche »Normalitäten« werden jedoch nicht von allen Menschen gleichermaßen als »normal«, entlastend oder hilfreich angesehen. So kann es sein, dass Menschen andere Vorstellungen von »normalem« Verhalten oder »normalen« Wohnverhältnissen und einem »guten« Leben haben. Demgemäß können auch vermeintlich gut gemeinte Hinweise, nach dem Motto »Das machen *wir* hier so« oder »Das macht *man* hier so« oder auch »Hier wird Deutsch gesprochen«, sehr unterschiedlich wirken. Wo sie für die einen wichtige und hilfreiche Orientierungen bieten, verweisen sie andere Menschen in eine Außenseiter*innenposition, da sie die Aussage vermitteln können: »Euer Verhalten, eure Lebensweise, eure Familiensprache ist nicht normal!«

Häufig *können* Menschen, die nach Deutschland migriert oder geflüchtet sind, den vorherrschenden Normalitätsvorstellungen auch gar nicht entsprechen und werden in vielen Kontexten (dauerhaft) als »unnormal«, »anders« oder »fremd« wahrgenommen. Dies gilt insbesondere, wenn ihre körperlichen Merkmale (z. B. die Hautfarbe) von vorherrschenden Normalitätsvorstellungen abweichen.[14] Doch auch unabhängig davon, ob sie eine Migrationsgeschichte haben oder nicht, werden Menschen als »anders« oder »fremd« wahrgenommen, wenn sie nicht *weiß*[15] sind.

Hier zeigt sich: Solange die Grenzziehung zwischen »normal« und »abweichend« aufrechterhalten bleibt, vorherrschende Maßstäbe für Normalität und die damit verbundenen Eigenschaften, Haltungen, Verhaltensweisen usw. sich nicht verändern, wird es vielen Menschen nicht möglich sein, nicht als »anders« bzw. »fremd«, im Sinne einer abwertenden Zuschreibung, wahrgenommen zu werden.

---

14 Dies trifft beispielsweise auch auf Menschen mit Behinderung oder Transgender-Personen zu.

15 Der Begriff »weiß« wird hier nicht im Sinne der Hautfarbe verwendet, sondern als eine politische Kategorie, die auf gesellschaftliche Macht- und Ungleichheitsverhältnisse aufmerksam machen soll. Sie steht in direktem Zusammenhang mit der – hier stets großgeschriebenen – Bezeichnung »Schwarz«. Die (Selbst-)Bezeichnung als Schwarzer Mensch verweist nicht auf biologische oder herkunftsbedingte Eigenschaften, »sondern steht für bestimmte gemeinsame Erfahrungen in der Gesellschaft« (Sow 2009: 26); bei diesen »gemeinsamen Erfahrungen« kann es sich um Rassismus handeln. Im Feld der »kritischen Weißseinsforschung« wird davon ausgegangen, dass es in Gesellschaften Menschen bzw. soziale Positionen gibt, die gegenüber anderen, nicht *weißen*, dauerhaft privilegiert sind, das Weißsein also mit Privilegien verbunden ist. Die Gesellschaft wird – ohne, dass darüber offen gesprochen wird – »eingeteilt in ›weiß‹ (das damit zur Norm erhöht wird) und ›nicht-weiß‹ (das zur Abweichung konstruiert wird)« (ebd.: 28).

Eine Verpflichtung, die Leben rettet

Burkhard Weitz, Redakteur des Online-Magazins der evangelischen Kirche »chrismon.de«, berichtet in einem Artikel über ein Berliner Ehepaar, das eine Bürgschaft für eine Familie aus Syrien übernommen hat:

» Die Karpensteins bürgen jetzt für eine syrische Familie. Und sie bürgen nicht nur, sie zahlen. Im Zweifel länger als für ihre eigenen Kinder. Volles Risiko, das haben sie so entschieden. (…)

Es war eine Entscheidung am Küchentisch. Rechtsanwalt Ulrich Karpenstein, 47, saß da mit seiner Frau Tina Mede-Karpenstein, 44, und überlegte, ob er unterschreiben sollte oder nicht. Sie hatten selbst vier Töchter (…).

Die Entscheidung: Soll Ulrich Karpenstein für eine unbekannte Frau aus Syrien und ihren dreijährigen Sohn, einen Bluter,[16] bürgen und ihnen so die Flucht aus Syrien nach Deutschland ermöglichen? Immerhin konnten sie so zwei Menschen das Leben retten. Die Frau und das Kind stammen aus der umkämpften syrischen Grenzregion zur Türkei. Die medizinische Versorgung war dort zusammengebrochen. Der kleine Junge brauchte dringend ärztliche Hilfe. Übers Mittelmeer hätten sie unmöglich fliehen können. Der Junge hätte es kaum überlebt. Es gab nur einen Weg: die legale Einreise nach Deutschland.

Doch dafür musste sich jemand in Deutschland verpflichten, für die Mutter und ihr Kind alle Rechnungen zu bezahlen, solange sie es nicht selbst können – oder selbst tun. Jemand muss gegenüber dem Staat versichern, dass der Lebensunterhalt gesichert ist, die Miete, alle Krankenkosten, die nicht durch die Versicherung abgedeckt sind, die Haftpflicht, also fast alles, für immer und unwiderruflich. Muss unterschreiben, dass der Staat sein Einkommen und Vermögen pfänden darf, wenn er seiner Verpflichtung nicht nachkommt. «[17]

---

16 Die Bluterkrankheit (Hämophilie) ist eine Erbkrankheit, bei der die Blutgerinnung gestört ist. Daher heilen Wunden nur sehr langsam ab, manchmal gar nicht. Auch spontane Blutungen können auftreten. Eine medizinische Versorgung ist zwingend notwendig.

17 Burkhard Weitz: Geradestehen, so geht das!, chrismon.de, Dezember 2015. Online abrufbar unter: https://chrismon.evangelisch.de/comment/22906

»Den« Staat »in die Pflicht nehmen«?!

In der Zeitung »analyse & kritik« kritisieren die Autor*innen Johanna Bröse und Sebastian Friedrich die Abwälzung der Verantwortung für die Unterstützung Geflüchteter ins Private. Sie ziehen folgendes Fazit:

» Sicher: Die ›Integration‹ der Geflüchteten kann nicht staatlichen Institutionen überlassen werden, sondern es ist vor allem eine gesellschaftliche Aufgabe. Dennoch: Es sind staatliche Institutionen, welche die Ressourcen dafür zur Verfügung stellen müssen. Eine umfassende Lösung kann deshalb nur politisch erzwungen werden, wenn etwa individuelle Hilfe mit kollektiven Taten verbunden wird. (...) Solidarität von unten bedeutet: neben der kurzfristigen Unterstützung gemeinsam dafür zu kämpfen, dass sich langfristig die Frage nach der privaten Unterbringung von Schutzsuchenden und der Abfederung durch Ehrenamt nicht mehr stellt. «[18]

Ganz praktisch: Nachbar*innen werden!

Anetta Kahane, Vorstandsvorsitzende der Amadeu Antonio Stiftung, setzt sich in der Broschüre »Refugees welcome. Gemeinsam Willkommenskultur gestalten« mit den Anforderungen einer Willkommenskultur auseinander. Sie schreibt:

» Ganz gleich, wie ein Bundesland oder eine Kommune entscheidet, ob und wie viele Flüchtlinge aufgenommen werden, sollten sich die Bürgerinnen und Bürger damit befassen, dass sie in den dafür vorgesehenen Orten demnächst Nachbarn haben werden, die in einer besonders schwierigen Situation sind. Die Frage wird dann sein, wie diese Nachbarschaft auf die ›Neuen‹ reagiert. Sie willkommen zu heißen, macht es allen leichter, in Zukunft gut miteinander zurechtzukommen. Das weiß jeder, der selbst irgendwo hinzog und dort zunächst fremd war oder selbst neue Nachbar/innen begrüßte. Ebenso wie ihm sollte man auch den geflüchteten Personen keinen Vorwurf machen, dass sie nun da sind. Das ist für alle Beteiligten unsinnig, ungerecht und schafft ein unangenehmes Klima. Die Menschen sind in einer solchen Situation wichtiger als alle

---

18 Johanna Bröse/Sebastian Friedrich: Der schmale Grat der Hilfe, analyse & kritik, Nr. 607, 18.08.2015. Online abrufbar unter: https://www.akweb.de/ak_s/ak607/08.htm

Fragen, wie jemand zu dieser oder jener staatlichen Entscheidung steht. (…) In vielen Orten haben die Menschen sich entschieden, nicht auf staatliches Handeln zu warten, nicht darauf zu bauen, dass die Verwaltung etwas richtet. Flüchtlinge brauchen vor allem persönlichen Kontakt und ein Engagement, das eines von uns verlangt: Einfühlungsvermögen und praktische Unterstützung. Denn wenn wir in einem Umfeld, einer Kommune oder Nachbarschaft leben wollen, in der wir füreinander da sind und der Zusammenhalt auch in schlechten Zeiten funktioniert, dann ist es selbstverständlich, dass wir es mit den Geflüchteten tun. Unsere immer kleiner werdende Welt erfordert das und unsere Menschlichkeit« (Förderverein Pro Asyl e. V./Amadeu Antonio Stiftung 2014: 12).

▶ Exkurs: »Wir« und »die Anderen«

Das Pronomen »Wir« wird im Alltag häufig und meist intuitiv verwendet. Doch das auf den ersten Blick harmlos erscheinende Wort kann eine sehr machtvolle Wirkung haben, insbesondere im Kontext von Migration, Flucht und Asyl.

Mit einem »Wir« wird immer zugleich eine Unterscheidung aufgerufen, die einen Gegenpart hervorbringt: Dem »Wir« wird ein »Nicht-Wir« entgegengesetzt in Gestalt von »den Anderen«. Eine solche Unterscheidung ist nicht per se problematisch, wie die folgende Aussage zeigt: »Wir‹, die Willkommensinitiative der Stadt A, besuchen am Wochenende die Willkommensinitiative der Stadt B [also ›die Anderen‹], um unsere Erfahrungen auszutauschen«. Hier löst das »Wir« zwar eine Unterscheidung aus; diese hat jedoch weder ab- noch aufwertende Bedeutung, zumindest dann nicht, wenn »die Anderen« nicht als (dauerhafter) Gegenpart zu der »eigenen« Initiative gedacht werden.

Vollkommen anders wirkt dagegen ein »Wir«, wenn es dazu dient, gesellschaftliche Ungleichheitsverhältnisse aufrechtzuerhalten: Wenn es a) dazu dient, eine Klammer der Zugehörigkeit um Menschen zu schließen, und damit b) für diese Gruppe zugleich eine privilegierte und anderen überlegene gesellschaftliche Position zu behaupten und zu legitimieren; und wenn c) diese (Selbst-)Aufwertung genau deshalb funktioniert, weil andere Menschen von diesem »Wir« dauerhaft ausgeschlossen und zugleich abgewertet werden, frei nach dem Prinzip »Wir sind besser, überlegener, kultivierter, zivilisierter, höherwertiger usw. als diese anderen dort«. Hinzu kommt, dass d) nicht alle Individuen und Gruppen in einer Gesellschaft gleichermaßen in der Lage sind, die (Selbst-)Aufwertung gesellschaftlich, mit politischen, rechtlichen oder auch kulturellen Machtmitteln durchzusetzen (vgl. Mecheril u. a. 2010: 156).

Es ist ein komplexer Prozess, der im Ergebnis dazu führt, dass in einer Gesellschaft einige dauerhaft privilegiert sind und andere dauerhaft die Position weniger wertiger, nicht zugehöriger, unterlegener Individuen oder Gruppen zugewiesen bekommen. In diesem Fall wird ein »Wir« zu einem zentralen Bestandteil jener Mechanismen, die gesellschaftliche Ungleichheitsverhältnisse hervorbringen.[19] Im Kontext von Flucht, Asyl und auch von Willkommenskultur steht ein »Wir« oft für »wir, die westliche, zivilisierte, kultivierte Welt« oder für »wir Deutsche«, ohne dass dies ausgesprochen wird und ohne dass klar definiert wird, wann genau jemand als »Deutsche*r« gilt[20] oder was genau mit »westlich«, »zivilisiert« oder »kultiviert« gemeint ist.

Der Gegenpart des positiv besetzten »Wir« ist die negativ konnotierte Nicht-Zugehörigkeit. Die Trennlinie verläuft entlang der Kategorisierungen »Wir«

---

19 Die hier beschriebenen Prozesse werden in sozial- und kulturwissenschaftlichen Diskursen als »Othering« (übersetzt etwa »Ver-Andern«, »zu-Anderen-machen«) bezeichnet. Dieser Prozess wird im vorliegenden Text stark vereinfacht beschrieben. Es sind bei Weitem nicht nur Worte oder Bezeichnungen, die dazu führen, dass Menschen einander auf- bzw. abwerten. Die Aufwertungs- und Ausgrenzungsprozesse werden durch unterschiedliche Mechanismen reproduziert. Sprachliche Mechanismen sind ein Teil davon. Auch Strukturen (z.B. Gesetze, Regeln, Traditionen, Institutionen) und weitere gesellschaftliche Diskurse (z.B. Normalitätsvorstellungen) halten diese Prozesse des »Ver-Anderns« aufrecht (vgl. ausführlich Riegel 2016: 51 ff.). Zudem haben diese Auf- und Abwertungsprozesse nach dem Schema »Wir/die Anderen« eine lange Tradition. Sie wurzeln unter anderem im Kolonialismus: Hier haben Menschen mit einem Selbstverständnis der eigenen Überlegenheit andere Menschen bzw. Völker gewalttätig angegriffen, verschleppt, ausgeraubt, unterdrückt und ermordet. Eine sehr machtvolle Legitimation für diese grausamen, menschenfeindlichen Vorgehensweisen stellte das Gegensatzpaar »zivilisiert/unzivilisiert« dar (vgl. Arndt 2012: 32 f.). Ähnliche menschenfeindliche Logiken durchziehen die rassistische Herrenmenschenideologie des Nationalsozialismus. Auch hier begründete die oben skizzierte Trennlinie zwischen »Wir« und »den Anderen« die Erniedrigung, Unterdrückung, Verfolgung und Ermordung zahlloser Menschen.

20 Um fraglos als »Deutsche*r« anerkannt zu werden, reicht es bei Weitem nicht aus, in Deutschland geboren zu sein und/oder die deutsche Staatsangehörigkeit zu besitzen. Im gesellschaftlichen Diskurs wirken komplexere Unterscheidungspraktiken. So werden beispielsweise Schwarze Deutsche oft nicht als »Deutsche« anerkannt, sondern in die untergeordnete Position von »Ausländer*innen«, »Menschen mit Migrationshintergrund« oder gegenwärtig immer häufiger pauschal als »Flüchtlinge« angesehen. Sehr eingängig haben dies – aus der Perspektive Schwarzer Deutscher – Noah Sow (2009) und Anne Chebu (2014) beschrieben.

versus »die Anderen«. Zweck und Wirkung fallen zusammen: Es geht um die eigene Aufwertung jener, die sich in ein solches »Wir« integrieren (können); diese Aufwertung funktioniert, indem (andere) Menschen als »Andere« markiert und zugleich abgewertet werden. Es ist also notwendig, der »eigenen« hervorgehobenen Rolle und Position »Andere« gegenüberstellen zu können.

Diese »Anderen« existieren jedoch nicht naturgegeben; sie müssen als »Andere« erst bezeichnet werden, einzig zu dem Zweck, dass sich privilegierte(re) Gruppen aufwerten können. Während das »Wir« positiv besetzt wird im Sinne von etwas Eigenem, Normalem oder auch Besserem, dienen die hiervon abgegrenzten »Anderen« als Negativfolie: »die Anderen« (bzw. ihre Verhaltensweisen, Traditionen, Wissensbestände, Errungenschaften usw.) werden als unnormal, mangelhaft oder unzulänglich gedacht (vgl. Riegel 2016: 52, auch Hall 1994).

Ein »Wir« – egal, wie beiläufig es Verwendung findet – ist also keinesfalls immer neutral. Es kann dazu dienen, gesellschaftliche Ungleichheitsverhältnisse zu begründen und am Leben zu halten. »Die Anderen« werden als »Andere« hervorgebracht mit der Konsequenz, dass sie nicht (mehr) als gleichwertige Mitmenschen anerkannt werden, denen bedingungslose Teilhabe zusteht.

Es spielt übrigens keine Rolle, ob sich diejenigen, die sich in ein aufgewertetes »Wir« integrieren (können), dessen bewusst sind oder nicht; es spielt keine Rolle, ob sie die eigene Aufwertung bzw. die Abwertung »Anderer« absichtlich vollziehen oder nicht. Die Wirkungen treten so oder so ein. Es macht allerdings einen Unterschied, ob »wir« uns dessen bewusst sind, dass »wir« auf diese Weise dazu beitragen, Ungleichheitsverhältnisse aufrechtzuerhalten. Und es macht einen Unterschied, ob »wir« uns untereinander über diese Prozesse aufklären und damit zumindest die Wirkung des unterschwellig Mitlaufenden durchkreuzen. »Wir« alle können daher versuchen, im Alltag immer wieder einen reflektierten Umgang mit dem Gegensatzpaar »Wir/die Anderen« zu üben.

Das folgende Beispiel soll dabei helfen, Selbstverständlichkeiten im Hinblick auf »Wir«-Aussagen infrage zu stellen. In vielen Gesprächen im Zusammenhang mit den Themen Flucht, Asyl und gesellschaftliche Verantwortung fällt oftmals eine Aussage wie diese: »Wir können nicht die ganze Welt aufnehmen!«[21] Was transportiert dieses »Wir«? Zunächst eine Selbstverständigung untereinander: »Wir«, die »wir« uns hier äußern, schließen ein bestimmte Gruppe in dieses »Wir« ein, denken »uns« als Einheit – während andere außen vor bleiben.

---

21 Siehe die kritische Diskussion dazu in: Förderverein Pro Asyl e. V./Amadeu Antonio Stiftung/IG Metall Vorstand (Hrsg.) 2015.

Es scheint nicht notwendig zu sein, genauer zu benennen, wer mit »Wir« konkret gemeint ist, vorausgesetzt wird ein stillschweigendes Wissen um diesen Bezug. »Uns« steht hier die »ganze [restliche] Welt« gegenüber. Es ist eine sehr deutliche Abgrenzung: »Wir« sind nicht »die«. Diese Feststellung scheint wichtig zu sein, denn es gilt, etwas zu verteidigen: »Wir« verfügen über etwas, das bei anderen (»der ganzen Welt«) Begehren weckt und das es zu schützen gilt. Letzteres wird nicht direkt benannt, aber es schwingt deutlich mit. Dass diese Aussage in dieser Form und Selbstverständlichkeit getroffen wird, lässt zudem vermuten, dass sich die Sprechenden in einer überlegene(re)n Position fühlen; oder dass sie sich zumindest selbstsicher genug sind, eine Rolle einnehmen zu können, die ihnen eine Wahl ermöglicht: Aufnehmen oder nicht? »Die ganze Welt« aufnehmen oder nur bestimmte Menschen? Doch wer kann und darf sich zu diesem »Wir« zählen, wer hat das Privileg, über Aufnahme/Nicht-Aufnahme entscheiden zu können? Wer hat die Wahl? Wer nicht? Wer wird sie niemals haben?

Interessant ist, dass auch die überlegene Position des »Wir« nicht konkret benannt wird; sie ergibt sich jedoch aus dem Gegenpart, daraus, *wie* hier *andere* Menschen gedacht und bezeichnet werden. Die »Ganze-Welt«-Metapher verbildlicht ein Kollektiv, in dem Menschen und damit Einzelschicksale unsichtbar werden. Menschen, die aus unterschiedlichen Gründen – oft aus schierer Überlebensnotwendigkeit – ihre Heimat verlassen und in Deutschland ankommen, verschwinden mit dieser Metapher in einer homogenen Masse. Das kommt einer Degradierung, einer Entwertung gleich. Flüchtende, Asylsuchende, migrierende Menschen werden damit zu einer Bedrohung, denn klar ist: Keine Region dieser Erde könnte »die ganze Welt« aufnehmen. Dränge wirklich die »ganze Welt« in eine Region, dann käme dies einer existenziellen Gefährdung der dort Lebenden gleich. Wer sich aber gefährdet oder bedroht sieht, der*die kann sich im Recht fühlen, wenn er*sie zu Gegenmaßnahmen greift wie Abschottung des »Wir« und Abwehr der »Anderen«, der hereindrängenden Namenlosen. Wer könnte dem etwas entgegensetzen?

Diese Art, »Wir-Aussagen« zu befragen, kann weitergeführt werden: Worauf lenkt eine Aussage wie: »Wir können nicht die ganze Welt aufnehmen!« den Fokus? Was wird im Gegenzug unsichtbar? Worüber lässt sich vor dem Hintergrund dieser »Wir/die ganze Welt«-Metapher kaum noch sprechen?

Viele weitere Fragen ließen sich stellen, womit deutlich wird, dass mit einem »Wir« – bildlich gesprochen – immer zwei Seiten einer Medaille aufgerufen werden. Das Zusammenspiel dieser beiden Seiten zeigt vor allem dann seine

Wirkung, wenn es darum geht, Menschen als einer Gesellschaft (eher) zugehörig oder (eher) nicht zugehörig zu positionieren. Es ist ein komplexes und widersprüchliches Wechselverhältnis. So vertraut, verbindend und eindeutig die Wirkung eines »Wir« auf der einen Seite sein kann, so mehrdeutig und ausschließend kann es auf der anderen Seite sein. Entscheidend ist, dass die Ausgeschlossenen keine Wahl haben: Sie können nicht mit bestimmen, ob bzw. unter welchen Bedingungen sie eine Chance haben, zum »Wir« zu gehören. Indem »wir« uns derartiger Zusammenhänge bedienen, tragen wir dazu bei, Ungleichheitsverhältnisse tagtäglich aufrechtzuerhalten.

→ Weiterlesen und Vertiefen

- Mitwirkende des Netzwerks Rassismuskritische Migrationspädagogik Baden-Württemberg haben gemeinsam mit dem Team von klever-iq Baden-Württemberg[22] das **Reflexionsvideo »Unterstützungsarbeit – auf Augenhöhe mit Geflüchteten?!«** erstellt.[23] Es eignet sich als Grundlage zum kollegialen Austausch, zur angeleiteten Reflexion bzw. zur Selbstreflexion. Aspekte von Macht und Ungleichheit im Kontext von Flucht, Asyl und ehrenamtlicher Unterstützung werden multimedial und mit engem Bezug zu konkreten Praxissituationen beleuchtet; Fragen und Handlungsmöglichkeiten werden thematisiert, die das Miteinander von geflüchteten Menschen und Unterstützer*innen prägen. Das online zugängliche Video und die Begleitmaterialien liefern Denk- und Diskussionsimpulse, um sich regelmäßig(er) und selbstkritisch mit der eigenen Wahrnehmung und dem eigenen Tun zu beschäftigen.[24] Eine umfangreiche, kommentierte Literaturliste zu den Themenfeldern Diskriminierung/Diskriminierungskritik, Migrationspädagogik, Geschichte der Migration sowie Praxisbeispiele ergänzen die Materialsammlung.[25] Wer sich über die Arbeit des Netzwerks

---

22 klever-iq steht für *k*reative, *l*okale, *e*ffiziente, *v*ernetzte, *e*rgebnisorientierte und *r*egionale *I*ntegration durch *Q*ualifizierung, das Projekt ist Partner im IQ-Netzwerk Baden-Württemberg. Projekt und Netzwerk sind Teil des bundesweiten Förderprogramms »IQ – Integration durch Qualifizierung«, gefördert vom Bundesministerium für Arbeit und Soziales und dem Europäischen Sozialfonds (ESF), vgl. http://www.netzwerk-iq.de/

23 Siehe die Hinweise zu dem Video auf S. 24.

24 Vgl. http://www.rassismuskritik-bw.de/erklaervideo/

25 Vgl. http://www.rassismuskritik-bw.de/materialien/kommentiertes-literaturverzeichnis/

auf dem Laufenden halten möchte, kann sich – ebenfalls über die Webseite – in den Newsletter eintragen lassen.

- Die Neuen Deutschen Medienmacher[26] haben ein Glossar veröffentlicht, mit dem sie »**Formulierungshilfen für die Berichterstattung im Einwanderungsland**«[27] bereitstellen. Dort werden Begriffe aus dem Kontext »Wir und die Anderen« (z. B. »Menschen mit Migrationshintergrund«, »Passdeutsche« oder »Schwarze Deutsche«) erläutert, Begriffe aus den Themenfeldern Migration, Kriminalitätsberichterstattung, Minderheiten sowie Flucht und Asyl hinsichtlich ihrer aktuellen bzw. historischen, theoretischen oder auch juristischen Verortung beleuchtet und Formulierungsempfehlungen gegeben. Ursprünglich konzipiert als Hilfestellung für Medienschaffende, eignet sich das Glossar ebenso gut als Nachschlagewerk und Inspirationsquelle für Menschen, die nicht journalistisch tätig sind. Das Glossar ist online und als App erhältlich (in beiden Formaten wird es laufend aktualisiert); es steht zudem als pdf-Dokument bereit und kann als Printversion gegen eine Spende in selbst gewählter Höhe bestellt werden.[28]

- Wer sich für theoretische Überlegungen zu Fragen von Macht, Dominanz und Ungleichheit im Kontext von Migration und Flucht interessiert, wird in dem **Fachbuch »Bildung – Intersektionalität – Othering. Pädagogisches Handeln in widersprüchlichen Verhältnissen«** fündig. Christine Riegel, Professorin an der Pädagogischen Hochschule Freiburg, erläutert darin das theoretische Konzept des »Othering« (vgl. den Exkurs »Wir und die Anderen« in diesem Kapitel). Sie untersucht, inwiefern vorherrschende Vorstellungen von »Normalität« dazu führen, dass Menschen (auch in pädagogischen Kontexten) als so verschieden voneinander gedacht werden, dass es zu Trennungen zwischen einem »Wir« und »den Anderen« kommt, die mit einseitiger Abwertung einhergehen.[29]

---

26 Im Verein Neue Deutsche Medienmacher e. V. haben sich Journalist*innen mit unterschiedlichen kulturellen Hintergründen zusammengeschlossen mit dem Ziel, sich »für mehr Vielfalt in den Medien und Einwanderungs-Perspektiven im öffentlichen Diskurs ein[zu]setzen«, vgl. http://www.neuemedienmacher.de/

27 Vgl. http://www.neuemedienmacher.de/wissen/wording-glossar/

28 Download und Bestellmöglichkeit des Glossars unter: http://www.neuemedienmacher. de/wissen/wording-glossar/

29 Christine Riegel (2006): Bildung – Intersektionalität – Othering. Pädagogisches Handeln in widersprüchlichen Verhältnissen, Münster: transcript Verlag.

Migration, Flucht, Asyl

Ende 2015 waren nach Angaben des Flüchtlingshilfswerks der Vereinten Nationen (UNHCR) weltweit 65,3 Millionen Menschen auf der Flucht (UNHCR 2016: 2), die Zahl ist seit 2011 um mehr als die Hälfte angestiegen (ebd.: 5). Nach Schätzungen der Vereinten Nationen (UN) lebten im Jahr 2015 rund 244 Millionen Menschen, teilweise bereits seit vielen Jahren, in einem Land, das nicht ihr ursprüngliches Geburtsland war (vgl. UN 2016: 1). Die Gründe, warum Menschen ihre Heimat verlassen, sind vielfältig: Um sich und ihre Familien vor Verfolgung und Krieg zu schützen, um diskriminierenden und spannungsreichen Situationen zu entrinnen und um für sich und ihre Familien sozialen Aufstieg, mehr Bildung und eine bessere Zukunft zu ermöglichen. Seit dem Ende des Ost-West-Konflikts und im Zuge der Globalisierung und der damit verbundenen weltweiten Integration der Märkte hat der Umfang globaler Migrationsbewegungen zugenommen; ihre Formen sind vielfältiger und komplexer geworden (vgl. Oltmer 2016a: 9 ff.).

Für die gesellschaftlichen Verhältnisse der Gegenwart sind Migrationsphänomene von wesentlicher Bedeutung. Paul Mecheril, Professor für Interkulturelle Bildung und Direktor des Center for Migration, Education and Cultural Studies an der Carl von Ossietzky Universität in Oldenburg, schlägt daher vor, von »Migrationsgesellschaften« (Mecheril 2010: 11) zu sprechen: Im Gegensatz zu den Begriffen »Einwanderungsgesellschaft« und »Einwanderung« – die den Eindruck nahelegen, dass »Phänomene der Migration auf den Migrationstyp der Immigration beschränkt« seien – und dem Begriff »Zuwanderung«, den Mecheril als »irreführend« bezeichnet, da auch er »die Migrationsphänomene nur eingeschränkt thematisiert und zudem suggeriert, dass es sich (...) um Phänomene handle, die zusätzlich und additiv zu dem bereits bestehenden hinzukämen« (ebd.: 11).

Aber was genau meint »Migration« eigentlich? Als »Migration« (lateinisch »migrare«, auswandern) wird eine längerfristige bzw. dauerhafte Verlagerung des Lebensmittelpunkts von Einzelpersonen oder Gruppen bezeichnet; unabhängig davon, ob diese Wanderung freiwillig oder erzwungen erfolgt(e). Zu unterscheiden sind dabei mehrere Wanderungsformen: Von Binnenmigration spricht man bei einem Wechsel des Wohnsitzes innerhalb der Grenzen eines Staates, von internationaler Migration bei einer grenzüberschreitenden Wanderung ins Ausland. Pendelmigration bezeichnet eine Wanderungsform, bei der eine Person zwischen ihrem Herkunftsort, den sie als Wohnsitz behält, und ihrem Arbeitsplatz hin- und herpendelt; dies kann innerhalb eines Landes, aber auch grenzüberschreitend stattfinden. Sind Wanderungsbewegungen durch wechselnde (dauerhafte) Aufenthalte im Herkunfts- und Zielland gekennzeichnet, wandert also beispielsweise eine Person mindestens einmal in das Zielland, ins Herkunftsland zurück und erneut ins Zielland, so spricht man von zirkulärer oder temporärer Migration. Wanderungsbewegungen, deren Ursache Gewalt ist (Kriege, Verfolgung aus politischen, weltanschaulichen oder religiösen Gründen) werden als Gewaltmigration bezeichnet, man spricht dann von Flucht, Vertreibung, Deportation.

Dem Entschluss zur Migration gehen oft langwierige und schwerwiegende Entscheidungsprozesse voraus: Vertraute Beziehungen und Orte, das gewohnte Lebensumfeld, das eigene Haus oder die Wohnung, Familienmitglieder, die Nachbarschaft und der Freundeskreis müssen verlassen und zurückgelassen werden. Der Aufbruch fällt umso schwerer, je weniger eine Rückkehroption besteht.

Die Faktoren, die bei Wanderungsentscheidungen wirken, sind vielfältig: Sie können ökonomischer, politischer, soziokultureller, demografischer und ökologischer Natur sein; eine wesentliche Rolle spielen die Bedrohung und Gefahr des eigenen und des Lebens der Angehörigen. Die Migrationsforschung unterscheidet zur Bestimmung jener Faktoren, die auf der gesellschaftlichen Ebene wirksam sind, zwischen »Push-Faktoren« (»Druck-Faktoren«) und Pull-Faktoren (»Sog-Faktoren«): Während Druck-Faktoren im Abwanderungsland wirksam sind, gehen Sog-Faktoren vom Aufnahmeland aus. Beide Faktoren bedingen sich gegenseitig. »Als Push-Faktoren werden Umstände bezeichnet, die im Herkunftsland ihre Ursachen haben und Migrationsdruck entstehen lassen, wie z.B. instabile politische Verhältnisse, Krieg und Verfolgung, schlechte Arbeitsmarktchancen, widrige Lebensbedingungen oder Umweltzerstörung. Pull-Faktoren hingegen haben eine Sog-Wirkung und stehen für die Attraktivität des Aufnahmelandes, beispielsweise durch gute Arbeitsmarkt- oder Ausbildungschancen, ein hohes Lohnniveau, stabile politische Verhältnisse oder Religionsfreiheit. In der Regel entstehen Migrationsprozesse nicht nur durch einzelne Faktoren, sondern durch eine Kombination verschiedener Push- und Pull-Faktoren« (Seifert 2012: 68).

Staaten und nationale Regierungen reagieren unterschiedlich auf die Zunahme weltweiter Migrationsbewegungen: Die meisten bemühen sich um eine Steuerung der Einwanderung. Bei manchen steht auch die Begrenzung der Abwanderung im Vordergrund. Die Intensität der Steuerung ist zwar unterschiedlich, manche Staaten sind für Einwanderung offener als andere, dennoch gilt: Jeder Staat versucht, mit einer bestimmten Politik und durch verschiedene Gesetze Migrationsbewegungen und Einwanderung zu steuern (vgl. Oltmer 2016a: 27, 106 ff.). In der Bundesrepublik wurde die grundlegende Bedeutung von Migration für die Gesellschaft und die jüngere Geschichte beispielsweise erst 2005 mit der Verabschiedung des sogenannten Zuwanderungsgesetzes politisch anerkannt; seitdem gibt es eine systematische Förderung des Spracherwerbs bzw. Integrationskurse, die an Sprache, Rechtsordnung, Kultur und Geschichte Deutschlands heranführen sollen, einheitliche Beratungsmittel sowie eigene Forschungstätigkeiten des Bundes im Bereich Migration. Dies darf allerdings nicht darüber hinwegtäuschen, dass die Zuwanderung nach Deutschland nach wie vor strengen Regeln unterliegt, was bereits im offiziellen Namen des 2005 in Kraft getretenen Zuwanderungsgesetzes, »Gesetz zur Begrenzung und Steuerung der Zuwanderung nach Deutschland und zur Regelung des Aufenthalts und der Integration von Unionsbürgern und Ausländern«, anklingt. Im internationalen Vergleich ist die Zuwanderungspolitik Deutschlands eher restriktiv (vgl. Schirilla 2016: 19).

→ Weiterlesen und Vertiefen

- Das 2003 von der Europäischen Kommission eingerichtete **Europäische Migrationsnetzwerk (European Migration Network, EMN)** stellt als europaweites Netzwerk aktuelle Informationen und Daten zum Themenbereich Migration und Asyl zur Verfügung und zielt darauf ab, die Entscheidungsfindung und Politikgestaltung innerhalb der Europäischen Union zu unterstützen. Auf der **Webseite des EMN** finden sich asyl- und migrationsbezogene Informationen zu einzelnen Staaten,

Jahresberichte und aktuelle Statistiken.[1] Koordiniert wird das Netzwerk von einer Abteilung der Europäischen Kommission. Es besteht aus 28 sogenannten Kontaktstellen in allen teilnehmenden EU-Mitgliedsstaaten sowie Norwegen. Für Deutschland nimmt das Bundesamt für Migration und Flüchtlinge (BAMF) die Kontaktstellenfunktion wahr. Dazu hat das BAMF ein nationales Sachverständigennetzwerk aufgebaut, an dem rund 30 Kooperationspartner*innen in Deutschland – Universitäten, Forschungseinrichtungen, Organisationen und staatliche Stellen – beteiligt sind.[2]

- An der Universität Osnabrück besteht seit mehr als 25 Jahren das **Institut für Migrationsforschung und Interkulturelle Studien (IMIS)**.[3] Es versteht sich als interdisziplinäres und interfakultatives Forschungs- und Kompetenzzentrum, das mit Forschungsprojekten, Publikationen, Veranstaltungen und Beratungstätigkeiten zum Dialog mit der Praxis beitragen will. Dazu beschäftigt sich das Institut mit Themen wie Arbeits-, Siedlungs-, Bildungs- und Ausbildungswanderungen, Sklaven- und Menschenhandel, Flucht, Vertreibung und Deportation sowie mit Migrationsregimes.[4]

- Das IMIS koordiniert das **Netzwerk Grundlagen der Flüchtlingsforschung**, in dem sich 14 Wissenschaftler*innen in einer kontinuierlichen (öffentlich nachvollziehbaren) Debatte beispielsweise über Begriffe, Konzepte, Aushandlungsprozesse und Ethik der Flüchtlingsforschung austauschen.[5] Dieses Projekt ist Teil des übergeordneten im

---

1 http://ec.europa.eu/dgs/home-affairs/what-we-do/networks/european_migration_network/index_en.htm

2 http://www.bamf.de/DE/DasBAMF/EMN/DasEMN/Aufbau/aufbau-node.html; jsessionid=80CF19DA6DB5A4C721B929882B0956A2.1_cid368

3 https://www.imis.uni-osnabrueck.de/startseite.html

4 Im Gegensatz zu einem verbreiteten Verständnis von »Regime«, das die Form der Leitung und Regierung eines Staates oder eines staatsähnlichen Gebildes bezeichnet (wie etwa in der Formulierung »autoritäres Regime«), wird in der Politikwissenschaft der Regime-Begriff auch zur Bezeichnung eines Systems von Regeln, Normen, Entscheidungsverfahren und Prinzipien für einen bestimmten Gegenstandsbereich verwendet. Als »nationales Migrationsregime« werden beispielsweise die in einem Staat herrschenden Wertorientierungen, Gesetze sowie praktischen Politiken und Prozeduren bezeichnet, mit denen Ein- und Auswanderung kontrolliert und die in dem jeweiligen Staat lebenden Menschen mit Migrationshintergrund behandelt werden (vgl. Oltmer 2016b: 27).

5 http://fluechtlingsforschung.net/grundlagen/

Juni 2013 gegründeten multidisziplinären **Netzwerks Flüchtlings-forschung.**[6] Dieses strebt eine Vernetzung von Forscher*innen an, die in Deutschland ansässig sind und in den Bereichen Zwangsmigration, Flucht und Asyl tätig sind. Seit Anfang 2015 betreibt das Netzwerk den **FlüchtlingsforschungsBlog**[7].

- An der Humboldt-Universität in Berlin ist das **Berliner Institut für empirische Integrations- und Migrationsforschung (BIM)** eine interdisziplinäre Forschungsstelle, die sich unter Einbeziehung mehrerer Fachrichtungen (Sozial-, Kultur- und Bildungswissenschaften, Sportwissenschaft, Psychologie und Medizin) mit dem Themengebiet Integration und Migration beschäftigt.

- Eine interdisziplinäre Auseinandersetzung mit Migrationsbewegungen und staatlichen Regulierungsversuchen strebt auch die seit 2015 halbjährlich erscheinende **Zeitschrift »Movements. Journal für kritische Migrations- und Grenzregimeforschung«**[8] an. Übergeordnetes Ziel dieser Publikation ist es, die Entwicklung eines Verständnisses von Migration als komplexe, heterogene und machtförmige Realität zu befördern.

3.1 Deutschland als Migrationsgesellschaft

Nach Angaben des Statistischen Bundesamts lebten im Jahr 2014 rund 16,4 Millionen Menschen »mit Migrationshintergrund« (Destatis/WZB 2016: 218) in Deutschland, das waren 20 Prozent der Gesamtbevölkerung von 80,9 Millionen. Sie setzten sich zusammen aus 7,2 Millionen Menschen mit ausländischer Staatsangehörigkeit, 2,4 Millionen Eingebürgerten und deren 1,2 Millionen Kindern, 3,1 Millionen (Spät-)Aussiedler*innen und deren 1,1 Millionen Kindern sowie 1,4 Millionen Kindern mit einem oder zwei ausländischen Elternteilen und deutscher Staatsangehörigkeit (vgl. ebd.). Mit anderen Worten: Jede*r Fünfte kann selbst oder in der jüngeren Familiengeschichte auf Vorfahren in einem anderen Land zurückblicken, in den großen westdeutschen Ballungsräumen sogar jede*r

---

6 http://fluechtlingsforschung.net/uber-netzwerk-fluechtlingsforschung/

7 http://fluechtlingsforschung.net/blog/

8 Vgl. http://movements-journal.org/

Dritte.[9] Die Migrationsbevölkerung im Jahr 2014 war mit 35,4 Jahren im Durchschnitt deutlich jünger als die Bevölkerung ohne Migrationshintergrund (46,8 Jahre; vgl. Destatis/WZB 2016: 225) und lebte schon mehrere Jahrzehnte in der Bundesrepublik. Lebensweisen, sozioökonomische Merkmale, Aufenthaltsstatus und Migrationsgeschichte dieser Gruppe unterscheiden sich sehr, weder nach Herkunftsland noch nach Religion oder Kultur lässt sie sich mit einheitlichen Kategorien beschreiben (vgl. ebd.). Offizielle Statistiken bezeichnen diese große und äußerst heterogene Gruppe als »Bevölkerung mit Migrationshintergrund«.[10]

Historisch betrachtet wurde Deutschland gleichermaßen von Ein- und Auswanderung geprägt. Bis in die ersten Jahrzehnte des 20. Jahrhunderts hinein war es vorwiegend ein Emigrationsland: »Insbesondere Gesellenwanderung der Handwerker, Saisonwanderungssysteme über große Distanzen, Siedlungsmigrationen zur Erschließung bisher unbesiedelter Gebiete, Flüchtlingsströme aufgrund religiöser Verfolgung und wegen Hungersnöten kennzeichnen das Wanderungsgeschehen der vorindustriellen Zeit. Wanderarbeit aufgrund der zunehmenden Nachfrage in den Industriestädten und -gebieten sowie im Eisenbahnbau, die damit verbundene Verbesserung des Transportsystems, die enormen Migrationsbewegungen nach Übersee, das Umsichgreifen der Idee, dass mit geografischer Mobilität auch sozialer Aufstieg verbunden sein könnte, sind Stichworte, die auf Aspekte des Wanderungsgeschehens im 19. und frühen 20. Jahrhundert hinweisen« (Mecheril 2010: 7 f.).

---

9 Dies hat historische Gründe. Ab den 1950er-Jahren war der Bedarf an sogenannten Gastarbeiter*innen infolge des Wirtschaftsaufschwungs besonders groß.

10 Seit dem Mikrozensus 2005 wird auf Bundesebene das Konzept der »Bevölkerung mit Migrationshintergrund« verwendet. Damit wurde bei der statistischen Erfassung der Bevölkerung Abstand vom »Ausländerkonzept« genommen, das auf dem Prinzip der Staatsangehörigkeit basierte, um demgegenüber detaillierter Migrationshintergründe dokumentieren zu können. Als »Bevölkerung mit Migrationshintergrund« gelten neben allen seit 1950 nach Deutschland Zugewanderten und allen in Deutschland mit fremder Staatsangehörigkeit Geborenen auch die hier geborenen Deutschen mit wenigstens einem Elternteil, der entweder zugewandert ist oder mit nicht deutscher Staatsangehörigkeit in Deutschland geboren wurde. Nach diesem Konzept werden neben eingebürgerten Personen und Spätaussiedler*innen auch deren Kinder sowie in Deutschland geborene Kinder ausländischer Eltern, für die das Optionsmodell gilt, als deutsche Staatsangehörige mit Migrationshintergrund erfasst (vgl. Destatis/WZB 2016: 219). Zu problematischen Aspekten dieses Konzepts siehe den Exkurs »Wir und die Anderen« in Kapitel 2.

Mit und nach dem Ersten Weltkrieg begann dann das »Jahrhundert der Flüchtlinge« (Oltmer 2016b): Die Weimarer Republik wurde zum Ziel Hunderttausender, die angesichts der russischen Oktoberrevolution, dem anschließenden Bürgerkrieg und der folgenden Durchsetzung des Sowjetsystems flohen. Hinzu kamen Menschen jüdischen Glaubens aus verschiedenen Regionen Ost- und Südosteuropas, die vor Pogromen und antisemitischen Strömungen Schutz suchten. Im Nationalsozialismus wurde Deutschland dann zu einem asyl- und menschenfeindlichen Staat. Rund 500 000 Menschen ergriffen die Flucht (vgl. ebd.). Für viele war es die einzige Chance zu überleben, wer es nicht schaffte zu fliehen, musste mit seiner Ermordung rechnen.

Die ersten Jahre nach dem Zweiten Weltkrieg waren erneut von unterschiedlichen Migrationsbewegungen geprägt: Aus Ost-, Ostmittel- und Südeuropa flohen 14 Millionen Menschen (ehemalige »Reichs-« und »Volksdeutsche«[11]) in Richtung Westen. Die wirtschaftliche Hochkonjunktur in der Bundesrepublik der 1950er- und 1960er-Jahre erleichterte die Integration der Geflüchteten: Als dringend benötigte Arbeitskräfte trugen sie einen entscheidenden Anteil zum Wiederaufbau bei (vgl. Oltmer 2016b).

Da das inländische Arbeitskräftepotenzial dennoch bei Weitem nicht ausreichte, um die enorme Expansion des Arbeitsmarktes in den Jahren des sogenannten deutschen Wirtschaftswunders aufzufangen, begann die Bundesanstalt für Arbeit im Auftrag der Bundesregierung, im Ausland Arbeitskräfte anzuwerben. 1955 wurde das erste Anwerbeabkommen mit Italien geschlossen. Im Laufe der nächsten 13 Jahre folgten Abkommen mit Spanien, Griechenland, der Türkei, Marokko, Portugal, Tunesien und Jugoslawien (vgl. Seifert 2012, Oltmer 2016a: 107). Deutschland wurde zu einem wichtigen Ziel von Migrant*innen aus ganz Europa. Die **Arbeitsmigrant*innen** (»Gastarbeiter*innen« genannt[12]) übernahmen in der Regel un- und angelernte Tätigkeiten in der industriellen Produktion

---

11 Als »Volksdeutsche« wurden während der Zeit des Nationalsozialismus Angehörige deutscher Minderheiten bezeichnet, die außerhalb des Deutschen Reichsgebietes in den Grenzen von 1937 lebten und nicht deutsche Staatsangehörige waren.

12 Die Bezeichnung »Gastarbeiter« sollte (vermutlich) freundlich klingen; gleichzeitig macht die Kombination der Begriffe »Gast« und »Arbeiter« deutlich, dass von den Arbeitskräften eine Bereitschaft zur Rückkehr in ihre jeweiligen Herkunftsländer erwartet wurde. Da gar nicht erst davon ausgegangen wurde, dass die angeworbenen Arbeitskräfte dauerhaft bleiben würden, wurden von staatlicher Seite auch keine Maßnahmen getroffen, den Migrant*innen eine volle und gleichwertige Teilhabe am gesellschaftlichen Leben zu ermöglichen (vgl. Mecheril 2010: 29).

mit hoher körperlicher Beanspruchung, gesundheitlicher Belastung und Lohn- und Arbeitsbedingungen, die viele Einheimische nicht akzeptieren wollten. Sie lebten häufig in Gemeinschaftsunterkünften auf Firmengeländen oder in der Nähe der Produktionsstätten, getrennt von der deutschen Mehrheitsgesellschaft und in oftmals prekären hygienischen Verhältnissen. Auch Deutschkurse waren in den Anfangsjahren eher eine Ausnahme.

Die Anwerbung endete in den frühen 1970er-Jahren infolge der Öl(preis)-krise und steigender Arbeitslosigkeit. Seit 1955 waren bis zum sogenannten Anwerbestopp (1973) rund 14 Millionen ausländische Arbeitskräfte nach Deutschland gekommen. Der Großteil (etwa elf Millionen) kehrte nach einem temporären Arbeitsaufenthalt wieder zurück, andere blieben in Deutschland und holten ihre Familien nach, einige gründeten Familien und ließen sich dauerhaft nieder (vgl. Seifert 2012). 1973 betrug die Zahl der Ausländer*innen (Zählweise: ausländischer Pass) in der (alten) Bundesrepublik 3,9 Millionen. Das entsprach 6,4 Prozent der Bevölkerung (vgl. Schirilla 2016: 22).

Mit den Jahren entstanden Kulturzentren, Treffpunkte, muttersprachliche Begegnungsstätten, Moscheen, Sportvereine, Lokale und Geschäfte. Arbeitsmigrant*innen gestalteten städtische Teilräume; zunächst eher nischenhaft, später dann als durchaus sichtbare Veränderungen im öffentlichen Raum. Manche organisierten sich in eigenen Vereinen, um ihre Interessen besser durchsetzen zu können, oder auch, um unter sich zu sein und die Verbindung zur alten Heimat zu halten. Die ersten Migrantenselbstorganisationen (MSO) entstanden. Der Beitrag dieser verschiedenen Gruppen von Arbeitsmigrant*innen zur Umgestaltung öffentlicher Kultur ist nicht zu unterschätzen – er führte zu Änderungen der Freizeitgewohnheiten, der Esskultur und des Lebensstils auch der deutschen Mehrheitsgesellschaft.

In den 1980er-Jahren fiel die Einwanderung in die Bundesrepublik zunächst geringer aus, um dann zu Beginn der 1990er-Jahre wieder anzusteigen: Im Zuge der Öffnung des Eisernen Vorhangs, des Wandels der politischen Systeme in den ehemaligen Ostblockstaaten, des Endes der Deutschen Demokratischen Republik (DDR) wie auch des Kriegs im ehemaligen Jugoslawien und der sich zuspitzenden Lage im kurdisch besiedelten Teil der Türkei wandelten sich Migrationsmuster in Europa grundlegend. Die Zahl der Asylanträge, die vor allem Menschen aus Ost-, Ostmittel- und Südeuropa stellten, stieg kontinuierlich an: Von etwa 120000 (1989) über – im nunmehr vereinigten Deutschland – rund 190000 (1990) auf schließlich fast 440000 im Jahr 1992.

Neben der Zahl der Schutz und Asyl suchenden Menschen stieg Ende der 1980er- und Anfang der 1990er-Jahre insbesondere die Zahl der sogenannten Aussiedler*innen aus Teilstaaten der ehemaligen Sowjetunion:

Betrachtet man diese Gruppe als Einheit, so bildet sie mit (geschätzten) rund 4,5 Millionen Menschen die größte Migrantengruppe in Deutschland (vgl. BpB 2016). **Aussiedler*innen und Spätaussiedler*innen** sind Nachkommen von Deutschen, die vor mehreren hundert Jahren nach Osteuropa bzw. Russland ausgewandert sind und sich dort niedergelassen haben. In den Zielländern haben sie in unterschiedlichen Ausprägungen Identitäten entwickelt und bewahrt, in denen »Deutschsein« von Bedeutung war. Nach Artikel 116 des Grundgesetzes können sie, sofern sie den Nachweis für eine »deutsche Volkszugehörigkeit« erbringen, einen deutschen Pass erhalten. Die Anerkennung als Aussiedler basierte bis 1993 auf dem Bundesvertriebenengesetz in der ursprünglichen Fassung von 1953. 1993 wurde die gesetzliche Grundlage geändert und für die ab dem 1. Januar 1993 in die Bundesrepublik Zugewanderten mit deutschen Vorfahren die Bezeichnung »Aussiedler*innen« durch »Spätaussiedler*innen« ersetzt. Nach der heutigen Anwendung des vielfach reformierten »Gesetzes über die Angelegenheiten der Vertriebenen und Flüchtlinge« (häufig als »Bundesvertriebenengesetz« bezeichnet) können Spätaussiedler*innen mit nicht deutschstämmigen Ehepartner*innen und Kindern nach Deutschland einreisen und auch für diese die deutsche Staatsangehörigkeit beantragen.

In großer Zahl kamen Aussiedler*innen in den 1980er-Jahren aus Mittel- und Osteuropa in die Bundesrepublik, überwiegend aus Polen. Bis 1987 waren 1,4 Millionen Menschen registriert. In den 1990er-Jahren setzte dann die Aussiedlungswelle aus den Ländern der ehemaligen Sowjetunion ein, zwischen 1991 und 2006 migrierten ca. 1,9 Millionen Menschen (vgl. Schirilla 2016: 25). Nach ihrer Ankunft lebten die Familien zumeist in Übergangslagern und wurden dann in Wohnheimen, verteilt über die gesamte Bundesrepublik, untergebracht. Dort blieben sie bis zu drei Jahre, um dann in eigene (zumeist öffentlich geförderte) Wohnungen – selbst gesucht oder zugeteilt – zu ziehen. Länder und Kommunen mussten sie nach einem bestimmten Schlüssel aufnehmen (vgl. Bade/Oltmer 2004).

Obgleich Spätaussiedler*innen de facto formal rechtlich der deutschen Mehrheitsbevölkerung gleichgestellt sind (in Form von Rechtsansprüchen auf finanzielle Hilfen, Hilfe bei der Wohnungssuche, Sprachkursen, beruflichen Umschulungen, Eingliederungen und weiteren Hilfen), hatten viele mit Schwierigkeiten bei der beruflichen Integration zu kämpfen und mussten Entwertungen ihrer im Herkunftsland erworbenen Qualifikationen hinnehmen: Oftmals wurden weder akademische und berufliche Abschlüsse anerkannt noch berufliche Erfahrungen gewürdigt oder gar genutzt. Einen weiteren Problembereich stellen die entwickelten »hybriden Identitäten« und deren nur eingeschränkte Anerkennung durch die deutsche Mehrheitsgesellschaft dar: So leben etwa Spätaussiedler*innen aus Russland – in unterschiedlichen Ausmaßen – eine Mischung aus einer eigenen, als deutsch verstandenen Kultur und Eigenarten bzw. Prägungen der sowjetischen bzw. russischen Gesellschaft. In ihren Herkunftsregionen waren ·sie »die Deutschen«, in Deutschland werden sie als »Russlanddeutsche« positioniert.

Angesichts der hier skizzierten Entwicklung scheint die Feststellung, Deutschland sei ein »Einwanderungsland«, banal. Und doch wurde diese hier schlaglichtartig beschriebene Migrationsrealität über Jahrzehnte hinweg politisch geleugnet. So dominierte bis Ende der 1990er-Jahre die regierungsoffizielle Auffassung, dass Deutschland kein Einwanderungsland sei (vgl. Castro Varela/Mecheril 2010: 24). Diese Position verkannte die sozialen Folgen von Migration und bedingte damit zum Teil problematische Entwicklungen, die sich insbesondere im Bildungssystem ablesen ließen. Erst seit Beginn des 21. Jahrhunderts ist eine Reihe von Veränderungen festzustellen, die in Richtung einer Anerkennung von Migration als Tatsache weisen. Beispielsweise wurde die Einbürgerung erleichtert, Staatsbürgerschaftsregelungen wurden vereinfacht, und im Jahr 2005 erfolgte die Verabschiedung des bereits erwähnten Zuwanderungsgesetzes, in dem sich erstmals der Begriff »Integration« findet.

Dennoch hält sich – aufseiten mancher politischer Akteur*innen wie auch in Teilen der deutschen Mehrheitsgesellschaft – hartnäckig eine Negativ- und Defizitperspektive, die Migration als Ausnahmezustand und keinesfalls als Normalzustand bzw. bedeutenden Motor gesellschaftlicher Modernisierungen thematisiert. Migration wird regelmäßig – nicht nur im medialen Diskurs, aber dort auffallend häufig – wie selbstverständlich mit Armut und Kriminalität verknüpft. Migrant*innen werden dabei zu »problematischen Anderen« gemacht, als »Ausländer*innen«, »Fremde«, »eigentlich nicht Zugehörige« konstruiert und dadurch als störend oder bedrohend behandelt.

Paul Mecheril fordert, diese »Defizitperspektive« aufzugeben und Migration stattdessen als »gesellschaftliche Wirklichkeit«, »universelle Praxis« und »allgemeine menschliche Handlungsform« anzuerkennen. Das bedeutet auch, die damit einhergehenden Chancen in den Blick zu nehmen und Migrant*innen als Akteur*innen anzusehen, die neues Wissen, Erfahrungen, Sprachen und Perspektiven in unterschiedliche soziale Zusammenhänge einbringen und damit zu deren Umgestaltung beitragen können: »Zum einen geht die Anwesenheit von Migrant/innen auf allen gesellschaftlichen Funktionsebenen mit Aufgaben der Neugestaltung einher. Dies kann als *pragmatisch-technische Herausforderung* bezeichnet werden. Zum anderen werden moderne Staaten, die an Gerechtigkeits- und Egalitätskonzepten orientiert sind, durch die Anwesenheit von Migranten, die sich nicht selten durch Einteilungs- und Zuweisungsprozesse in marginalen und marginalisierten Positionen wiederfinden, in ihrem Selbstverständnis, gerechte Gesellschaften zu sein, irritiert und verunsichert. Migration stellt insofern – ihrer Programmatik nach – für egalitäre Gesellschaften auch eine *moralische Herausforderung* dar« (Mecheril 2010: 10; Hervorhebungen im Original).[13]

→ Weiterlesen und Vertiefen

* Die Bundeszentrale für politische Bildung gibt seit 2009 einen **Online-Newsletter »Migration und Bevölkerung«**[14] heraus, der zehn Mal pro Jahr erscheint. Darin werden aktuelle Erkenntnisse der Migrations- und Integrationsforschung, Bevölkerungstrends, relevante politische Diskussionen und neue gesetzliche Regelungen vorgestellt sowie Zahlen aufbereitet zu internationalen Migrationsbewegungen und Lebensbedingungen von Migrant*innen.

* Im **Online-Angebot des Mediendienstes Integration**, einer Plattform für Medienschaffende, finden sich übersichtlich aufbereitete weiterführende Informationen und Links zu den Themenfeldern Migration, Integration und Asyl in Deutschland.[15]

* Das Anfang 2009 gegründete **Online-Portal »MiGAZIN«**[16] setzt sich schwerpunktmäßig mit Migration und Integration in Deutschland auseinander. Es will die Kommunikation über diese Themen fördern und das Integrationsgeschehen kritisch begleiten. In der Rubrik

---

13 Interessant ist in diesem Kontext auch das nach dem ersten »Ausländerbeauftragten« der Bundesregierung, Heinz Kühn, benannte Kühn-Memorandum »Stand und Weiterentwicklung der Integration der ausländischen Arbeitnehmer und ihrer Familien in der Bundesrepublik Deutschland«, das bereits 1979, im Jahr seiner Veröffentlichung, einen ersten Auftakt zur Diskussion von Integrationskonzepten formulierte, allerdings zunächst auf eher verhaltene Reaktionen stieß; vgl. http://www.bpb.de/gesellschaft/migration/newsletter/57143/rueckblick-30-jahre-kuehn-memorandum

14 Vgl. http://www.bpb.de/gesellschaft/migration/newsletter/

15 Vgl. https://mediendienst-integration.de/artikel/fluechtlinge-asyl-migrationsbewegungen-geschichte-einwanderung-auswanderung-deutschland-aussiedler-gastarbeiter.html

16 http://www.migazin.de/uber-uns/

»MiGPRESS« beispielsweise werden täglich ausgewählte Inhalte der Europa-Ausgaben türkischer Tageszeitungen in deutschsprachigen Zusammenfassungen wiedergegeben. 2012 wurde das Projekt mit dem »Grimme Online Award« in der Kategorie Information ausgezeichnet.

- Das von einem Autor*innenteam um Paul Mecheril entwickelte, erstmals 2010 erschienene **Lehrbuch »Migrationspädagogik«** (Mecheril u.a. 2010) vermittelt einen Überblick darüber, wie im wissenschaftlichen Fachdiskurs, in pädagogischen Kontexten, aber auch in politischen und Alltagsdiskursen über Migration und Bildung gesprochen wird und welche (pädagogischen) Konsequenzen daraus erwachsen. Das Lehrbuch erklärt darüber hinaus Schlüsselbegriffe, will didaktische Zugänge erleichtern, Handlungskompetenzen vermitteln sowie zum Weiterdenken und auch zur selbstkritischen Reflexion eigener Positionen anregen. Es richtet sich nicht nur an Studierende, sondern auch an allgemein am Thema Interessierte.

3.2 Flucht: Ursachen, Umfang und Wege

Flüchtende bzw. geflüchtete Menschen sind im Hinblick auf ihren Rechtsstatus und daraus abzuleitende Aspekte als eigene Gruppe von Migrant*innen zu betrachten. Sie haben einen besonderen, unsicheren Aufenthaltsstatus und sind vielen Restriktionen unterworfen; in der Bundesrepublik haben Geflüchtete beispielsweise keinen grundsätzlichen Anspruch auf Integrationsmaßnahmen und unterliegen anfangs der »Residenzpflicht«, d.h., sie können ihren Wohnort nicht frei wählen.[17] Lange Jahre hatten sie keinen oder nur einen eingeschränkten Zugang zum Arbeitsmarkt. Die soziale Situation geflüchteter Menschen ist zumeist von zahlreichen Einschränkungen gekennzeichnet.

3.2.1 Flucht als globales Phänomen

Um das eigene Leben zu retten und für sich und ihre Angehörigen sichere und menschenwürdige Lebensbedingungen zu schaffen, riskieren immer mehr Menschen die Flucht aus ihrer Heimat: Nach Angaben des Flüchtlingshilfswerks

---

17 Die Residenzpflicht ist eine Auflage für in Deutschland lebende Asylsuchende, die festlegt, in welchem geografisch definierten Bereich sich die Betroffenen aufhalten dürfen. Sie steht im Widerspruch zum Grundsatz der Freizügigkeit, wie er in Artikel 26 der Genfer Flüchtlingskonvention geregelt ist.

der Vereinten Nationen befanden sich Ende 2015 weltweit rund 65,3 Millionen Menschen auf der Flucht, mehr als die Hälfte (51 Prozent) davon waren Kinder (vgl. UNHCR 2016).[18] Die Ursachen für die Flucht der Menschen sind unterschiedlich – Kriege und bewaffnete Konflikte, Verfolgung wegen politischer Überzeugungen oder religiöser Zugehörigkeit, Hunger, Armut und Umweltkatastrophen, Gewalt und Diskriminierung oder fehlende Perspektiven in den Heimatländern. Häufig sind die Fluchtgründe miteinander verwoben.

▶ UNHCR und Genfer Flüchtlingskonvention (GFK)

UNHCR ist die Abkürzung für United Nations High Commissioner for Refugees (dt.: Hoher Flüchtlingskommissar der Vereinten Nationen, auch: Hochkommissar der Vereinten Nationen für Flüchtlinge), ein persönliches Amt der Vereinten Nationen (UN). Ihm untersteht das Flüchtlingshochkommissariat (engl.: Office of the United Nations High Commissioner for Refugees, auch: The UN Refugee Agency). Das im Dezember 1950 gegründete Kommissariat ist ein Spezialorgan der Vereinten Nationen, beauftragt mit dem Schutz von geflüchteten und staatenlosen Menschen und tätig im Bereich der humanitären Hilfe. Rechenschaftspflichtig ist es der UN-Generalversammlung. Der Sitz des UNHCR ist Genf. Mit ihren mehr als 9 300 Mitarbeitenden in 123 Ländern arbeitet die Refugee Agency daran, dass internationale Vereinbarungen zugunsten von Geflüchteten eine weite Verbreitung finden und im Rahmen von Regierungshandeln beachtet werden. Seit dem 1. Januar 2016 leitet der Italiener Filippo Grandi das UN-Flüchtlingskommissariat.[19]

Als Flüchtlingshilfswerk der Vereinten Nationen soll das UNHCR Geflüchtete schützen. Grundlage dafür ist die **Genfer Flüchtlingskonvention (GFK)**[20] von

---

18 Sofern nicht anders aufgeführt, sind die Angaben in diesem und den folgenden Absätzen dem Jahresbericht des UNHCR für 2015 entnommen (UNHCR 2016). Regelmäßig aktualisierte Zahlen finden sich auf der UNHCR-Webseite unter: http://www.unhcr.de/service/zahlen-und-statistiken.html

19 Weitere Informationen unter: www.unhcr.de. Empfehlenswert ist auch das vom UNHCR herausgegebene »Handbuch über Verfahren und Kriterien zur Feststellung der Flüchtlingseigenschaft«, das zum Download bereitsteht unter: http://www.unhcr.de/fileadmin/user_upload/dokumente/03_profil_begriffe/fluechtlinge/Handbuch.pdf

20 Das »Abkommen über die Rechtsstellung der Flüchtlinge« (so der offizielle Titel der Genfer Flüchtlingskonvention) und das zugehörige Protokoll von 1967 können beispielsweise eingesehen werden unter: http://www.unhcr.de/fileadmin/user_up load/dokumente/03_profil_begriffe/genfer_fluechtlingskonvention/Genfer_ Fluechtlingskonvention_und_New_Yorker_Protokoll.pdf

1951, eine völkerrechtlich verbindliche Regelung zum Umgang mit Geflüchteten und damit wichtigste Grundlage des internationalen Flüchtlingsrechts. Sie definiert, wer als »Flüchtling« anzusehen ist und welche sozialen Rechte – etwa Zugang zu medizinischer Versorgung, Bildung und Sozialleistungen – geflüchtete Menschen erhalten sollen. Voraussetzung ist, dass der jeweilige Aufnahmestaat diese Rechtsinstrumente unterzeichnet hat (bislang 147 Staaten). Im Jahr 2015 befanden sich 16,1 Millionen der weltweit flüchtenden und/oder geflüchteten Menschen unter UNHCR-Mandat und galten in der Lesart des UNHCR als »Flüchtlinge laut Genfer Konvention« – die höchste Zahl seit 1996 (UNHCR 2016: 13 ff.). Mehr als die Hälfte (54 Prozent) kam aus drei Ländern: Syrien (4,9 Millionen), Afghanistan (2,7 Millionen) und Somalia (1,1 Millionen).

Im Zuge der kriegerischen Auseinandersetzungen in Syrien und dem Nordirak haben sich die regionalen Schwerpunkte der Fluchtbewegungen verschoben: Nachdem in den letzten drei Jahrzehnten Afghanistan das Land war, aus dem die meisten Menschen flohen, ist dies seit 2014 Syrien: Rund 4,9 Millionen Syrer*innen hatten bis Ende 2015 das Land verlassen (vgl. UNHCR 2016: 3). Die zweitgrößte Gruppe der Geflüchteten, die 2015 außerhalb der Grenzen ihres Heimatlandes Schutz suchten, waren Menschen aus Afghanistan (2,7 Millionen); gefolgt von Vertriebenen aus den Bürgerkriegsregionen in Somalia (1,1 Millionen). Weitere Hauptherkunftsländer waren Südsudan, Sudan, Demokratische Republik Kongo, Zentralafrikanische Republik, Myanmar, Eritrea und Kolumbien (vgl. ebd.: 15 ff.).

→ Weiterlesen und Vertiefen

Genauere Informationen über die Situation in einzelnen Herkunftsländern von Flüchtlingen sind in verschiedenen Internetportalen erhältlich:

- Die **Schweizerische Flüchtlingshilfe (SFH)**, ein Dachverband verschiedener nationaler Flüchtlings- und Menschenrechtsorganisationen, hält eine umfangreiche **Datenbank**[21] mit Informationen zu Herkunftsländern von geflüchteten Menschen bereit.

---

21 Vgl. https://www.fluechtlingshilfe.ch/herkunftslaender.html

- Die **Online-Datenbank European Country of Origin Information Network**[22] bereitet Informationen zu Herkunftsländern insbesondere mit Blick auf die spezifischen Wissensbedarfe von Asylanwält*innen, Beratenden und Unterstützenden auf. Das vom Österreichischen Roten Kreuz in Kooperation mit dem bundesdeutschen Informationsverbund Asyl und Migration e. V. betriebene Informationssystem deckt mehr als 150 Quellen ab und informiert schwerpunktmäßig über Herkunftsländer von Menschen, die in Europa Asyl suchen. Die Länderinformationen umfassen nicht nur Aspekte der jeweiligen Menschenrechtssituation, sondern auch Bereiche, die von Menschenrechtsberichten nicht erfasst werden, wie etwa Lebensbedingungen, Informationen zu bestimmten ethnischen Gruppen oder zu kulturellen Traditionen. Auch Analysen über zu erwartende Entwicklungen einer politischen oder Sicherheitssituation sind Bestandteil der Länderinformationen. Auf ecoi.net finden sich überdies Berichte zur politischen sowie asyl- und aufenthaltsrechtlichen Lage in Fluchtzielländern.

- Das Österreichische Rote Kreuz und der Informationsverbund Asyl und Migration e. V. haben zudem gemeinsam eine Handreichung zur Recherche von Herkunftsländerinformationen herausgegeben. Sie informiert über die wichtigsten rechtlichen Hintergründe und Qualitätsstandards, die für Länderinformationen im Asylverfahren relevant sind. Darüber hinaus hält sie Hilfestellungen bei der Planung einer Recherche sowie für die Beurteilung von Quellen bereit und umfasst zahlreiche praktische Suchtipps für Internetquellen und in anderen Medien. Der **»Leitfaden zur Recherche von Herkunftsländerinformationen«**[23] steht zum Download auf der Webseite des Informationsverbunds Asyl und Migration bereit.

- Die weltweit aktive Menschenrechtsorganisation Amnesty International (AI) veröffentlicht regelmäßig Berichte zur Menschenrechtslage in einzelnen Ländern. Die Länderberichte finden sich auf der **Webseite der AI-Sektion Deutschland**.[24]

---

22 Vgl. www.ecoi.net
23 Vgl. http://www.asyl.net/index.php?id=371
24 Vgl. https://www.amnesty.de/laenderberichte

- UNHCR, das Flüchtlingshilfswerk der Vereinten Nationen, bereitet auf seinem Internetportal in verschiedenen Rubriken relevante Informationen zu Herkunftsländern von geflüchteten Menschen auf – aktuelle Statistiken zu Geflüchteten, Binnenvertriebenen, Rückkehrenden, Asylsuchenden und Staatenlosen[25]; auf der **UNHCR-Webseite www.refworld.org** findet sich zudem eine große (englischsprachige) Sammlung von Länderberichten, Positionspapieren, Rechtsdokumenten und statistischen Daten; Informationen zu aktuellen internationalen Krisenherden und Einsätzen der Vereinten Nationen (UN) werden auf einem **UNHCR-Datenportal** aufbereitet.[26]

- Die **Webseite der Bundeszentrale für politische Bildung** hält im **Dossier »Innerstaatliche Konflikte«**[27] ausführliche Informationen zur Geschichte, zur Definition und zu Tendenzen von innerstaatlichen Konflikten auf der ganzen Welt bereit. Auch ein umfangreiches Glossar relevanter Fachbegriffe steht dort zur Verfügung. Ebenso bietet die Seite aktuelle »Konfliktporträts« zur Situation in verschiedenen Hauptherkunftsländern von Geflüchteten wie etwa Afghanistan, Somalia, Sudan, Demokratische Republik Kongo, Irak und Syrien. Diese Porträts enthalten teilweise umfassende Linklisten zu weiterführenden Quellen.

Der überwiegende Teil der weltweit flüchtenden Menschen sucht nicht in Ländern der Europäischen Union Schutz. Die Hauptaufnahmeländer 2015 waren die Türkei (2,5 Millionen), Pakistan (1,6 Millionen), Libanon (1,1 Millionen), Iran (980 000), Äthiopien (740 000), Jordanien (660 000), Kenia (550 000), Uganda (478 000), Demokratische Republik Kongo (383 000) und Tschad (370 000; vgl. UNHCR 2016: 15 f.). Unter den zehn Ländern, die 2015 weltweit die meisten Geflüchteten (insgesamt 58 Prozent) aufnahmen, befand sich kein europäisches Land (vgl. ebd.: 15).

Die meisten Menschen, die flücht(et)en, such(t)en Schutz in einem Nachbarland. Das kann verschiedene Gründe haben: Die Geflüchteten hoffen, dass sich die Lage in ihrem Herkunftsland bessert und sie bald zurückkehren können; sie haben keine Mittel für eine weitere Flucht; sie wollen in der Region bleiben, weil dort ihre Angehörigen sind und/oder

---

25 Vgl. http://www.unhcr.de/service/zahlen-und-statistiken.html

26 Vgl. https://data2.unhcr.org/en/situations

27 Vgl. http://www.bpb.de/internationales/weltweit/innerstaatliche-konflikte/

sie sich (besser) verständigen können. Mit 86 Prozent floh der Großteil, so das UNHCR, in Länder mit hoher Armut und in Regionen, deren ökonomische und soziale Rahmenbedingungen für die Unterstützung einer großen Anzahl Schutzsuchender kaum geeignet sind.

Bei einem Blick auf das Verhältnis der Zahl aufgenommener Schutzsuchender zur Gesamtbevölkerung eines Aufnahmelandes zeigt sich, dass mit 232 Geflüchteten pro 1000 Einwohner*innen der Libanon das Land mit der größten Dichte an Schutzsuchenden ist; gefolgt von Jordanien (87 Geflüchtete pro 1000 Einwohner*innen). Schweden (15 Geflüchtete pro 1000 Einwohner*innen) rangiert in dieser Liste, als erstes unter den europäischen Ländern, an neunter Stelle (vgl. UNHCR 2015: 18).

3.2.2 Flucht nach Europa

Die vom UN-Flüchtlingskommissariat als »Europa« definierte Region erstreckt sich nicht nur über die 28 Mitgliedsstaaten der Europäischen Union (EU), sondern umfasst auch die Türkei, alle osteuropäischen Staaten, Russland sowie weitere Nachfolgestaaten der ehemaligen Sowjetunion. Diese Region nahm im Jahr 2015 rund 4,4 Millionen Schutzsuchende und damit 22 Prozent aller weltweit flüchtenden Menschen auf. Mehr als die Hälfte (58 Prozent) der in der UNHCR-Region Europa Schutz suchenden Menschen befand sich in der Türkei (2,5 Millionen Menschen; UNHCR 2016: 14).

In Mitgliedsstaaten der Europäischen Union (EU) beantragten im Jahr 2015 rund 1,3 Millionen Menschen Asyl.[28] Auf der Flucht nach Europa sind Flüchtende in der Regel zu irregulären Grenzübertritten gezwungen. Erst wenn sie das Territorium der Europäischen Union erreicht haben, können sie in einem EU-Land ein Asylgesuch stellen. Möglichkeiten einer legalen Einreise (beispielsweise per Flugzeug und/oder für sogenannte Kontingentflüchtlinge[29]) gibt es kaum. Einen Antrag auf Asyl in

---

28 Vgl. https://mediendienst-integration.de/migration/flucht-asyl/zahl-der-fluecht linge.html

29 »Kontingentflüchtlinge« heißen in Deutschland Geflüchtete aus Krisenregionen, die im Rahmen internationaler humanitärer Hilfsaktionen aufgenommen werden und in einer festgelegten Anzahl (»Kontingent«) legal übersiedeln dürfen. In Deutschland durchlaufen sie kein Asyl- oder sonstiges Anerkennungsverfahren, sondern erhalten mit ihrer Ankunft sofort eine Aufenthaltserlaubnis aus humanitären Gründen nach §23 und §24 Aufenthaltsgesetz (AufenthG). Sie haben Anspruch auf einen Integrationskurs und einen Sprachkurs und bekommen im

einer Botschaft außerhalb der EU zu stellen, ist nicht möglich. Weder die europäische oder einzelne nationale Asylgesetzgebungen noch die Genfer Flüchtlingskonvention regeln die Frage, wie es für Menschen möglich ist, in die Europäische Union einzureisen, um einen Antrag auf Asyl zu stellen. Im Gegenteil: Die Land- und Luftwege sowie die Küsten Europas werden gegenüber flüchtenden Menschen immer rigoroser abgesichert.

Zu diesem Zweck wurde im Oktober 2004 die Europäische Agentur für die operative Zusammenarbeit an den Außengrenzen der Mitgliedsstaaten der Europäischen Union, kurz Frontex, gegründet (vgl. Gerson 2015). Sie koordiniert Grenzschutzaktivitäten der EU-Mitgliedsstaaten, wie etwa Patrouillen auf dem Mittelmeer, insbesondere im Bereich zwischen Libyen und Italien sowie in der Ägäis zwischen der Türkei und Griechenland. Frontex bekommt Mittel wie beispielsweise Schiffe und Hubschrauber im Mittelmeer von den EU-Staaten gestellt. Die Agentur schult Grenzschutzpersonal, sowohl an den EU-Außengrenzen als auch auf Flughäfen in afrikanischen Staaten, etwa zur Erkennung gefälschter Reisedokumente und um illegale Ausreisen nach Europa zu verhindern, oder unterstützt bei der Registrierung von Geflüchteten. Außerdem koordiniert die Agentur Abschiebeflüge.[30] Der Etat von Frontex betrug 2005 rund 6 Millionen Euro, 2015 lag er bei 142 Millionen Euro, 2016 standen der Grenzschutzagentur 254 Millionen Euro zur Verfügung.[31] Für das Jahr 2015 registrierte Frontex auf den verschiedenen Fluchtrouten in die Europäische Union insgesamt rund 1,8 Millionen irreguläre Grenzübertritte, für 2016 belief sich die Zahl auf knapp 500 000.[32]

Um irreguläre Grenzübertritte zu erschweren oder zu verhindern, haben die EU oder einzelne ihrer Mitgliedsstaaten überdies eine Reihe von

---

Gegensatz zu Menschen im Asylverfahren von vornherein eine Arbeitserlaubnis. Deutschland hat seit 1973 unter anderem Geflüchtete aus Indochina (insbesondere Vietnam, sogenannte Boat People) und Chile sowie Menschen jüdischen Glaubens aus der ehemaligen Sowjetunion als »Kontingentflüchtlinge« aufgenommen. Hauptherkunftsland der »Kontingentflüchtlinge« ist aktuell Syrien, das entsprechende Kontingent umfasst derzeit 25 000 Personen; vgl. https://mediendienst-integration.de/migration/flucht-asyl/syrische-fluechtlinge.html

30 Vgl. für 2014 das Feature auf »Zeit Online« unter: http://www.zeit.de/feature/abschiebung-fluechtlinge-fluege-frontex

31 Vgl. http://www.bpb.de/gesellschaft/migration/kurzdossiers/179679/frontex-fragen-und-antworten

32 Vgl. http://frontex.europa.eu/trends-and-routes/migratory-routes-map/

Abkommen mit Transitstaaten geschlossen (vgl. Kasparek 2013).[33] Als Folge der verstärkten Sicherungsmaßnahmen an den EU-Außengrenzen müssen Schutzsuchende, deren Ziel Europa heißt, ihr Schicksal in die Hände von Fluchthelfer*innen oder sogenannten Schleuser*innen und Schlepper*innen legen (vgl. Schloenhardt 2015a) und auf gefährlichen Fluchtrouten (siehe Info-Kasten → S. 69 ff.) ihr Leben riskieren. Jährlich sterben Tausende auf der Flucht, nicht nur an den Küsten Nordafrikas, im Mittelmeer vor Italien oder in der griechischen Ägäis, sondern auch auf der Sinai-Halbinsel, in der nordafrikanischen Sahara oder in den Grenzgebieten der Türkei. Nicht selten werden Flüchtende auf ihren Wegen Opfer von Entführung, Versklavung und sexueller Ausbeutung. Für viele ist die Flucht selbst oftmals ähnlich gefährlich und traumatisierend wie die fluchtauslösenden Ereignisse.

Die Entwicklung der in den letzten Jahren nach Europa eingeschlagenen Fluchtrouten verdeutlicht, dass immer dann, wenn einzelne Routen geschlossen wurden, flüchtende Menschen zunächst an Orten festsaßen und es nach einiger Zeit zu einer Veränderung und/oder Verlagerung der eingeschlagenen Routen kam (vgl. Jakob 2016):

▶ **Die wichtigsten Fluchtrouten nach Europa (erläutert von West nach Ost):**[34]

Die **westafrikanische Route** führt von Marokko in die Westsahara oder über Mauretanien auf die Kanarischen Inseln. Auf dieser Route sind meist Menschen aus west- und zentralafrikanischen Staaten wie Mali, Niger, Ghana und Kamerun unterwegs. Die gefährliche Passage über den Atlantik legen sie in kleinen Fischerbooten zurück. Noch im Jahr 2006 wurde diese Route nach Schätzungen für rund 32000 irreguläre Grenzübertritte genutzt. Nachdem Marokko und Mauretanien auf Initiative Spaniens die Kontrollen an ihren Stränden intensivierten, wurden 2013 nur noch 250 Flüchtende auf diesem Weg nach Europa registriert. 2015 waren es 874 und 2016 671 Menschen.

---

33 Abkommen wurden mit Marokko, Mauretanien, dem Senegal, Mali, Nigeria, Libyen, Tunesien und mit der Türkei geschlossen (vgl. Jakob 2016).

34 Eigene Zusammenstellung nach Kasparek 2013, http://folio.nzz.ch/2015/januar/ sieben-wege-nach-europa, http://www.sueddeutsche.de/politik/europaeische- fluechtlingspolitik-routen-der-hoffnung-wege-der-verzweifelten-1.2259006#2, Schloenhardt 2015b, Jakob 2016, http://frontex.europa.eu/trends-and-routes/ migratory-routes-map/

Die **westliche Mittelmeerroute** führt über die spanischen Städte Ceuta und Melilla, die als Exklaven an der nordafrikanischen Küste die einzige Landgrenze zwischen Afrika und der EU umgibt. Bis zu sechs Meter hohe, doppelte bzw. dreifache sowie mit sogenanntem Nato-Draht (das ist extrem scharfer Stacheldraht) gesicherte Zaunanlagen sollen die Grenze gegen irreguläre Übertritte sichern. In der Vergangenheit setzten dort stationierte Sicherheitskräfte auch Schusswaffen gegen Flüchtende ein, die meisten aus Mali, Kamerun, Guinea, Nigeria und der Demokratischen Republik Kongo. Sie machen häufig in der nigerischen Stadt Agadez Halt, um in den dortigen Uran- und Silberminen Geld für die weitere Flucht zu verdienen. Frontex hat auf dieser Route für das Jahr 2013 6 800 irreguläre Grenzübertritte registriert, für 2014 7 840, für 2015 7 160 und für 2016 10 231. Im Zeitraum von 2000 bis 2013 starben oder verschwanden auf dieser Route mindestens 3 373 Menschen.

Auch auf der **zentralen Mittelmeerroute** ist Agadez in Niger ein Knotenpunkt. Dort ist der Weitertransport von Flüchtenden in die algerische Provinz Ouargla und zur Mittelmeerküste Libyens eine der Haupteinnahmequellen der Bevölkerung. Die Sahara muss hier an ihrer breitesten Stelle durchquert werden. Angekommen im Norden Libyens oder auch Tunesiens, setzen die Flüchtenden dann mit oft völlig überfüllten (Schlauch-)Booten auf die italienischen Inseln Lampedusa und Sizilien oder nach Malta über. Für 2014 verzeichnete Frontex auf dieser Route 171 000 irreguläre Grenzübertritte, vor allem von Menschen aus Eritrea und Syrien. 2015 lag die Zahl bei 154 000, 2016 bei 181 000. Die Route wird zudem von Flüchtenden aus Ägypten, Äthiopien, Somalia und dem Sudan genutzt. Über 10 000 Menschen kamen in den letzten zehn Jahren auf diesem Weg ums Leben oder verschwanden.

Auf der **südöstlichen Mittelmeerroute** (auch **Apulien-/Kalabrienroute** genannt) schiffen sich Flüchtende von Ägypten und Griechenland aus nach Italien ein. Sie sind zuvor über den Landweg von der Türkei nach Griechenland gelangt, mussten den Grenzfluss Evros überwinden und werden dann meist auf umgebauten Yachten weitergeschmuggelt. Von Ägypten aus flüchten sie auf großen, in der Regel maroden Schiffen, die in den Gewässern der griechischen Inseln weitere Passagiere aufnehmen, um schließlich vor der italienischen Küste auf Fischerboote umzusteigen. Zwischen 2009 und 2013 verzeichnete Frontex hier rund 18 500 irreguläre Grenzübertritte. Menschen, die diese Route nehmen, stammen überwiegend aus Syrien, Nigeria und Eritrea, aber auch aus Afghanistan, Pakistan, Bangladesch und Ägypten. Seit 2014 gehen Zahlen zur südöstlichen in jenen zur zentralen Mittelmeerroute auf.

Die **östliche Mittelmeerroute** beginnt in verschiedenen ostafrikanischen Ländern und führt über Ägypten, Jordanien, Libanon und Syrien in die Türkei. Dort angekommen, versuchen die Flüchtenden, die hauptsächlich aus Syrien, Afghanistan oder Somalia stammen, per Boot auf eine der griechischen Inseln oder das Festland überzusetzen. Die Tatsache, dass die rund 3000 griechischen Inseln, die 14000 Kilometer langen Küsten Griechenlands sowie die 7200 Kilometer langen Küstenstreifen der Türkei nur schwer zu kontrollieren sind, ist für die Menschen auf der östlichen Mittelmeerroute ein Vorteil. Frontex dokumentierte hier für 2013 24800 irreguläre Grenzübertritte, 2014 lag die Zahl bei 50800, 2015 stieg sie an auf 885000 und 2016 sank sie auf 183000. In den letzten zehn Jahren starben oder verschwanden mindestens 2000 Menschen auf diesem Weg.

Die **westliche Balkanroute** über Mazedonien, Serbien, Rumänien, Ungarn, Kroatien und Slowenien nehmen Flüchtende aus den Balkanstaaten ebenso wie diejenigen, die über die östliche Mittelmeerroute nach Ungarn oder Rumänien gekommen sind, oft sind darunter Geflüchtete aus Syrien und Somalia. In Mazedonien angekommen, werden sie in der Regel mithilfe eines informellen »Taxi«-Systems an die serbische Grenze gebracht. Nachdem Ungarn im Herbst 2015 die Grenze nach Serbien mit einem Zaun befestigte, verlagerte sich die Route nach Kroatien. Verschiedene Grenzsicherungsmaßnahmen und -kontrollen haben zwar dafür gesorgt, dass seit 2016 deutlich weniger Flüchtende in Österreich und Deutschland ankommen, die Migrationsbewegungen auf dem Balkan halten jedoch an. Nach Frontex-Angaben kam es 2013 zu fast 20000 irregulären Grenzübertritten auf der westlichen Balkanroute. 2014 verdoppelte sich die Zahl auf 43400. Im Jahr 2015 lag sie bei 764000, 2016 bei 122779. Für die letzten zehn Jahre sind 21 Fälle dokumentiert, in denen Menschen auf diesem Weg starben oder verschwanden, wobei davon auszugehen ist, dass die Zahl deutlich höher ist, viele Fälle jedoch nicht dokumentiert sind.

Auf der **östlichen Landroute** (von der Ukraine nach Polen und in die Slowakei) gab es laut Frontex im Jahr 2013 1300 illegale Grenzübertritte. 2014 lag die Zahl bei 1270, im Jahr 2015 bei 1920 und 2016 bei 1349. Hauptsächlich Flüchtende aus der Ukraine, Afghanistan und Vietnam versuchen, die 6000 Kilometer lange Grenze zwischen Weißrussland, der Republik Moldau, der Ukraine, Russland und den östlichen EU-Mitgliedstaaten zu überqueren. Für den Zeitraum von 2000 bis 2013 wurden für diese Route 27 gestorbene oder verschwundene Menschen dokumentiert; auch hier ist von einer höheren Dunkelziffer auszugehen.

Weder die Behörden der EU-Mitgliedsstaaten noch Frontex dokumentieren Todesfälle von an Europas Außengrenzen ums Leben gekommenen Geflüchteten. Auf der Flucht Ertrunkene, die an den Küsten des Mittelmeers angespült werden, werden in der Regel anonym bestattet; viele bleiben vermisst. Regelmäßige Angaben zu Todesfällen veröffentlicht das Flüchtlingskommissariat der Vereinten Nationen (UNHCR; siehe Info-Kasten → S. 63 f.). Demnach kamen im Jahr 2015 mindestens 3 735 Männer, Frauen und Kinder ums Leben, die in Booten den gefährlichen Weg über das Mittelmeer in Richtung der Küsten Griechenlands und Italiens auf sich genommen hatten (nach Schätzungen des UNHCR überquerten 2015 rund eine Million Flüchtende das Mittelmeer).[35] 2011 hatte die Zahl noch bei rund 58 000 gelegen, die Zahl der ertrunkenen oder vermissten Menschen lag laut UNHCR bei mindestens 1 500.[36]

Das europäische Non-Profit-Netzwerk UNITED for Intercultural Action,[37] das sich gegen Rassismus und für die Rechte von Geflüchteten und MigrantÛinnen einsetzt, hat bis 2015 versucht, neben den Todesfällen im Mittelmeer auch die Schicksale von Flüchtenden einzubeziehen, die bei dem Versuch, die Sahara zu durchqueren, ums Leben gekommen sind. Nach der vom Netzwerk veröffentlichten »List of Deaths« haben zwischen 1993 und 2015 22 394 Menschen auf der Flucht nach oder in Europa ihr Leben verloren – sie sind ertrunken, verhungert oder verdurstet, starben an Kälte oder Unterkühlung, erstickten in Lastwagen oder kamen beim Durchqueren von Minenfeldern ums Leben.[38] Festzuhalten ist, dass sich die vorliegenden Zahlen auf bekannt gewordene und somit dokumen-

---

35 Vgl. http://www.unhcr.org/news/latest/2015/12/5683d0b56/million-sea-arrivals-reach-europe-2015.html. Das UNHCR beruft sich bei diesen Angaben auf Berichte von Überlebenden, Telefonanrufe und E-Mails von Angehörigen. Die tatsächlichen Opferzahlen dürften höher liegen, da nicht alle Unglücke auf dem Meer bekannt werden. Unter dem Link http://data.unhcr.org/mediterranean/regional. php finden sich ständig aktualisierte Daten; demnach überquerten 2016 rund 360 000 Geflüchtete das Mittelmeer, mindestens 5 022 starben dabei oder werden seitdem vermisst (letzter Zugriff: 29.12.2016).

36 Vgl. http://www.unhcr.org/news/latest/2012/1/4f2803949/1500-drown-missing-trying-cross-mediterranean-2011.html. Zu den Veränderungen auf den Mittelmeer . routen vgl. auch http://www.zeit.de/gesellschaft/zeitgeschehen/2015-12/mittelmeer-tote-frontex-fluechtlinge

37 Vgl. http://www.unitedagainstracism.org/

38 Vgl. http://www.unitedagainstracism.org/wp-content/uploads/2015/06/Listof deaths22394June15.pdf

tierte Fälle beziehen. Das tatsächliche Ausmaß von Todesfällen auf den verschiedenen Fluchtrouten bleibt notgedrungen und tragischerweise im Dunkeln.

→ Weiterlesen und Vertiefen

• Bereits vor mehr als zehn Jahren hat sich der Journalist Fabrizio Gatti auf den Weg eines afrikanischen Flüchtlings nach Europa gemacht. In seinem 2007 im italienischen Original erschienenen **Bericht »Bilal. Als Illegaler auf dem Weg nach Europa«**[39] beschreibt und verarbeitet er seine Erlebnisse. Ausgehend von Dakar in Westafrika, gelangte er auf seiner Route quer durch Afrika bis in das libysche Tripolis und schließlich auf die italienische Mittelmeerinsel Lampedusa. Er schildert die Passage durch die lebensfeindliche Sahara – Hunger, Durst, Angst und Ungewissheit auf einem überladenen Lastwagen. Immer wieder gelingt es Gatti, Menschen, die er auf seinem Weg kennenlernt, zum Reden zu bewegen, sodass sein Bericht eindrückliche Bilder der lokalen Fluchtökonomien und der daran Beteiligten zeichnet. Auf Lampedusa lässt er sich schließlich als Bilal aus Kurdistan von Carabinieri aufgreifen, um die Zustände in den Internierungslagern der italienischen Insel von innen erfahren zu können.

• Ähnliche Motive wie Gatti verfolgte der »Zeit«-Reporter Wolfgang Bauer mit seiner **Reportage »Über das Meer. Mit Syrern auf der Flucht nach Europa«**[40]. Im Jahr 2014 begleitete er Flüchtende aus Syrien, in ihren Verstecken in Ägypten, bei ihrem Versuch, ein Boot über das Mittelmeer zu erreichen und in ägyptischen Gefängnissen. Bauer beschreibt nicht nur Hoffnungen, Ängste und Schicksale der Flüchtenden, sondern reflektiert auch selbstkritisch seine Rolle in der Fluchtkonstellation.[41]

---

39 Fabrizio Gatti (2011): Bilal. Als Illegaler auf dem Weg nach Europa, Reinbek bei Hamburg: Rowohlt Taschenbuch Verlag.

40 Wolfgang Bauer (2014): Über das Meer. Mit Syrern auf der Flucht nach Europa. Eine Reportage, Berlin: Suhrkamp Verlag.

41 Kritiker*innen haben die privilegierten Positionen von Gatti und Bauer als weiße europäische Journalisten hervorgehoben und darauf hingewiesen, dass die Reise, die sie unternahmen, nicht jene der Menschen ist, von der sie erzählen. Als Gatti beispielsweise in Niger ernsthaft erkrankte, hatte er die Möglichkeit, sich von

- Eine andere Erzählhaltung und ein anderes Format wählt Reinhard Kleist mit seiner **Graphic Novel »Der Traum von Olympia. Die Geschichte von Samia Yusuf Omar«**,[42] in der er den Weg der somalischen Sportlerin Samia Yusuf Omar nachzeichnet. Sie nahm 2008 an den Olympischen Spielen in Peking teil, floh zwei Jahre später vor islamistischen Extremist*innen nach Äthiopien, entschied sich im September 2011 dennoch, über die zentrale Mittelmeerroute den Weg nach London zu den Olympischen Spielen anzutreten und ertrank im April 2012 bei einem Bootswechsel vor der Küste Maltas. Kleist will ihr Schicksal als stellvertretend für das unzähliger sogenannter Bootsflüchtlinge verstanden wissen.

- Patrick Kingsley, Migrationskorrespondent des britischen Tageszeitung »The Guardian«, versammelt in seinem Buch **»Die neue Odyssee. Eine Geschichte der europäischen Flüchtlingskrise«**[43] verschiedene **Reportagen**, die im Zuge seiner Reisen durch 17 Länder auf drei Kontinenten und rund um das Mittelmeer entstanden sind. Kingsley erzählt von Schicksalen, Erlebnissen und Werdegängen einzelner Gesprächspartner*innen – Menschen auf der Flucht, Unterstützer*innen an verschiedenen Orten, Schlepper*innen, (Lokal-)Politiker*innen sowie Vertreter*innen von Polizei und Sicherheitsbehörden –, hat dabei aber immer den übergeordneten Kontext im Blick. Kingsleys Resümee lautet: Menschen auf der Flucht sind nicht aufzuhalten, ihre Ankunft und ihr Zurechtfinden in den Zielländern ihrer Flucht sollten jedoch deutlich besser organisiert werden.

---

einem Arzt behandeln zu lassen und Medikamente zu kaufen; Bauer wiederum wurde – nachdem sein Versuch, an der ägyptischen Küste ein Boot nach Europa zu besteigen, vereitelt wurde – in die Türkei abgeschoben und flog von dort mit Unterstützung der deutschen Botschaft zurück nach Frankfurt. Die syrischen Mitglieder seiner Fluchtgruppe wurden unterdessen in ägyptischen Gefängnissen festgehalten und versuchten nach ihrer Freilassung auf verschiedenen Wegen, Europa zu erreichen. Vgl. dazu die Rezensionen unter: https://www.kritisch-lesen.de/rezension/ein-europaischer-journalist-in-lampedusa und http://www.socialnet.de/rezensionen/9328.php

42 Reinhard Kleist (2015): Der Traum von Olympia. Die Geschichte von Samia Yusuf Omar, Hamburg: Carlsen Verlag.

43 Patrick Kingsley (2016): Die neue Odyssee. Eine Geschichte der europäischen Flüchtlingskrise, München: C.H. Beck Verlag.

- In dem **Montage-Dokumentarfilm »#MyEscape«** (Meine Flucht)[44] berichten Geflüchtete mittels Smartphone-Video-Clips von ihrer Heimat, dem Abschied, den verschiedenen Stationen der Flucht, der Ankunft in Deutschland und schließlich den ersten Eindrücken im fremden Land. Es sind also weder Nachrichtenteams noch Filmschaffende oder andere Dritte, die hier aus privilegierten Positionen und mit sicherem Abstand über Menschen und deren Flucht berichten; vielmehr kommentieren die Geflüchteten in ausführlichen Interviews ihr Filmmaterial selbst. So entsteht ein unmittelbares Bild von Menschen, die auf der Suche nach Sicherheit ihre Heimat verlassen haben. Dabei werden nicht nur die Risiken der Flucht eindrücklich dargestellt, sondern es wird auch deutlich, dass das Smartphone für viele Flüchtende ein unverzichtbares Medium zur Organisation ihrer Flucht ist. Es dient zur Kommunikation mit anderen, die schon unterwegs sind, oder mit jenen, die zurückbleiben mussten. Es ermöglicht den Menschen, Bilder aus der Heimat festzuhalten und Fluchtrouten zu dokumentieren – und diese ins Netz zu stellen. Das Smartphone leistet Fluchthilfe und ist zugleich Mittel, um zu überleben.

- Der 2011 in München gegründete Verein **bordermonitoring.eu**[45] setzt sich mit Politiken, Praktiken und Ereignissen im europäischen Grenzregime auseinander. Einen Schwerpunkt der Vereinstätigkeiten bilden Interventionen in juristische Debatten um die Zulässigkeit von Rückführungen in andere EU-Staaten. Dazu hat der Verein mehrere Berichte zur Situation von Geflüchteten in europäischen Randstaaten veröffentlicht und stellt auf seiner Webseite zudem ständig aktualisierte Informationen zur Lage an den Außengrenzen der EU (z. B. zur Balkanroute, zur Ukraine, zu Ungarn, Bulgarien und Malta) bereit.

3.2.3 Asyl in der Europäischen Union

In der Europäischen Union sucht ein im weltweiten Vergleich kleinerer, jedoch in den letzten Jahren gewachsener Anteil von Geflüchteten Schutz.[46] 2015 beantragten rund 1,3 Millionen Menschen in einem der

---

44 Vgl. http://www.ardmediathek.de/tv/WDR/My-Escape-Meine-Flucht/WDR-Fernsehen/Video?bcastId=18198186&documentId=33282166

45 Vgl. http://bordermonitoring.eu/

46 Im Jahr 2014 befanden sich nach UNHCR-Angaben weltweit 1,8 Millionen Menschen in einem laufenden Asylverfahren. Die meisten Anträge auf Asyl wurden in der Russischen Föderation (als Folge der Krise in der Ukraine) registriert, gefolgt

28 EU-Mitgliedsstaaten Asyl,[47] was einem Anstieg um mehr als die Hälfte im Vergleich zum Vorjahr entsprach.[48] Die Asylsuchenden sind in der EU ungleichmäßig verteilt. Trotz des »Dubliner Übereinkommens« wurde die Mehrheit der Asylanträge nicht in Mitgliedsstaaten mit EU-Außengrenzen gestellt; 81 Prozent aller Antragstellungen erfolgten in nachstehenden fünf EU-Staaten: Deutschland (477 000 Anträge bzw. 35 Prozent), Ungarn (177 000), Schweden (163 000), Österreich (88 000) und Frankreich (84 000).[49] Das bedeutet: Jeder dritte Asylantrag wurde 2015 in Deutschland gestellt.

▶ »Dubliner Übereinkommen« und »Dublin-Verordnung«

Im September 1997 trat das von den damaligen zwölf Mitgliedsstaaten der Europäischen Gemeinschaft unterzeichnete »Dubliner Übereinkommen« (DÜ) in Kraft. Dabei handelt es sich um einen völkerrechtlichen Vertrag, der die Harmonisierung der Flüchtlings- und Asylpolitik der Europäischen Union (EU) anstrebt. Er regelt, dass jener Mitgliedsstaat, in den ein Flüchtender nachweislich zuerst eingereist ist, das Asylverfahren durchzuführen hat (sogenanntes Dublin-Verfahren). Außerdem sollen »Sekundärwanderungen« verhindert werden: Geflüchtete, deren Antrag auf Asyl in einem EU-Mitgliedsstaat abgelehnt wurde, dürfen in anderen EU-Staaten nicht erneut einen Asylantrag stellen.

Im März 2003 wurde das »Dubliner Übereinkommen« durch die »Dublin-II-Verordnung« abgelöst. Mit dem zentralen europäischen Fingerabdruckidentifizierungssystem »Eurodac« kann seit 2003 festgestellt werden, wo in Europa ein Mensch auf der Flucht erstmals registriert wurde.

Am 19. Juli 2013 trat »Dublin III« in Kraft – die »Verordnung des Europäischen Parlaments und des Rates vom 26. Juni 2013 zur Festlegung der Kriterien und Verfahren zur Bestimmung des Mitgliedstaats, der für die Prüfung eines von einem

---

von Deutschland, den USA und der Türkei. Von unbegleitet geflüchteten Kindern und Jugendlichen – hauptsächlich aus Afghanistan, Äthiopien, Syrien und Somalia – wurden weltweit rund 34 300 Asylanträge gestellt. Dabei handelte es sich um die höchste Zahl seit Beginn der Erhebung im Jahr 2006 (vgl. UNHCR 2015).

47 Vgl. https://mediendienst-integration.de/migration/flucht-asyl/zahl-der-fluechtlinge.html

48 Zahlen für 2014 siehe Hirseland 2015.

49 Vgl. https://mediendienst-integration.de/migration/flucht-asyl/zahl-der-fluecht linge.html

Drittstaatsangehörigen oder Staatenlosen in einem Mitgliedstaat gestellten Antrags auf internationalen Schutz zuständig ist« (Verordnung [EU] Nr. 604/2013 [Dublin III]). Stellt sich bei der erkennungsdienstlichen Behandlung (in Form von Lichtbildern und Fingerabdrücken) heraus, dass die antragstellende Person bereits in einem anderen EU-Mitgliedsstaat registriert wurde, dann wird eine sogenannte Rücküberstellung bzw. Zurückschiebung eingeleitet, d. h., der Asylantrag wird nicht bearbeitet, der zuständige Staat wird über die Rückübernahme informiert und die betreffende Person wird dorthin abgeschoben. Durch vertragliche Vereinbarungen gelten das Übereinkommen und die Verordnung inzwischen auch in den Nicht-EU-Staaten Norwegen, Island, Schweiz und Liechtenstein.

Asyl- und Menschenrechtsorganisationen kritisieren vehement die zwangsweisen Rücküberstellungen nach dem Dublin-System sowie die in manchen Staaten mit EU-Außengrenze (etwa Ungarn, Bulgarien, Malta und Griechenland) praktizierte Internierung von Geflüchteten. Sie fordern das Prinzip der freien Wahl des Asylortes.

Hauptherkunftsland von in der EU Asylsuchenden war 2015 (wie bereits 2014) Syrien.[50] Mit fast 362 800 Anträgen stellten Syrer*innen 29 Prozent aller Asylanträge in der EU. Davon wurde nahezu die Hälfte in Deutschland (158 700) registriert. An zweiter Stelle standen Asylanträge von Menschen aus Afghanistan (178 200 bzw. 14 Prozent), mit Schwerpunkten insbesondere in Ungarn (45 600) und Schweden (41 200). Mit 121 500 Anträgen (das entspricht einem Anteil von 10 Prozent) stellten Menschen aus dem Irak die drittgrößte Gruppe, sechs von zehn Iraker*innen reichten ihren Asylantrag in einem der folgenden EU-Mitgliedsstaaten ein: Deutschland (29 800), Finnland (20 400), Schweden (20 200).

→ Weiterlesen und Vertiefen

- Die Menschenrechtsorganisation Pro Asyl hat Ende 2014 die **Broschüre »Flucht ohne Ankunft«**[51] veröffentlicht. Sie fokussiert die schwierige Situation »international Schutzberechtigter« (gemeint sind

---

50 Vgl. für die Angaben in diesem Absatz Eurostat 2016.

51 Vgl. https://www.proasyl.de/wp-content/uploads/2015/12/PRO_ASYL_Broschuere-Flucht_ohne_Ankunft_November_2014.pdf

gemäß der Genfer Flüchtlingskonvention anerkannte und subsidiär geschützte Flüchtlinge[52]), die sich gegen ihre Abschiebung in andere EU-Staaten zur Wehr setzen. Beispielhaft beleuchtet wird die Situation Betroffener in Italien, Ungarn, Bulgarien und Malta.

- Die 2009 gegründete Initiative **W2EU (Welcome 2 Europe)** stellt mit ihrer **Webseite**[53] für Geflüchtete und Migranten eine Informationsplattform zu europäischen Ländern bereit. Diese bietet, nach Staaten und bestimmten Themen geordnet, ausführliche Informationen zu aktuellen Gesetzeslagen, so auch zum Asylsystem in den einzelnen Ländern (z. B. Ablauf der Asylverfahren), sowie zu Ansprechpartner*innen und Organisationen der Flüchtlingsarbeit vor Ort. Die Seite ist in vier Sprachen (Englisch, Französisch, Arabisch und Farsi) abrufbar. Die Aktivist*innen engagieren sich in weiteren Projekten: So organisieren sie unter anderem ein Notfall-Telefon für Menschen in Seenot, bieten mit einem »Info-Bus« Hilfe und Beratung in griechischen Aufnahmelagern an und organisieren jährlich für anerkannte junge Geflüchtete eine Reise von Deutschland nach Lesbos (und damit an jenen Ort, an dem sie Europa erreicht haben), um dort zu helfen. Eine Dokumentation des Projekts findet sich unter www.lesvos.w2eu.net.

3.3 Angekommen in Deutschland – und dann?

Jede*r Asylsuchende hat in Deutschland das Recht auf ein Asylverfahren, in dem die individuellen Fluchtgründe geprüft werden. Für Geflüchtete, die Deutschland erreichen konnten, beginnt in dem Moment, in dem sie gegenüber einer öffentlichen Stelle, etwa der Bundespolizei, um Asyl nachsuchen, das Asylverfahren.[54] Durch dieses Asylgesuch ist der Aufenthalt in Deutschland nicht (mehr) illegal.[55] Die Asylsuchenden erhalten einen sogenannten Ankunftsnachweis.

---

52 In Deutschland greift der subsidiäre Schutz, wenn weder der Flüchtlingsschutz noch Asylberechtigung gewährt werden können, im Herkunftsland für die Betroffenen aber ein »ernsthafter Schaden« droht. Siehe auch die Ausführungen zum Asylverfahren → S. 80 ff.

53 http://www.w2eu.info/

54 Ein Asylgesuch ist nicht gleichzusetzen mit einem Asylantrag.

55 Wenn die Einreise von der Grenzbehörde verweigert wurde, etwa weil sie aus einem sicheren Drittstaat erfolgte, kann kein Asylgesuch gestellt werden.

Nach dem Asylgesuch findet die sogenannte Erstverteilung statt: Ist die geflüchtete Person volljährig, wird sie der nächstgelegenen Erstaufnahmeeinrichtung zugeordnet.[56] In manchen Bundesländern heißt die Erstaufnahmeeinrichtung »Zentrale Aufnahmestelle« (kurz: ZAST). Die Zuweisung in eine bestimmte Einrichtung erfolgt auf der Grundlage des sogenannten Königsteiner Schlüssels. Dabei handelt es sich um einen speziellen Verteilungsschlüssel, mit dem auf der Basis von Daten zu Einwohnerzahlen und Wirtschaftskraft eines Bundeslandes jährlich neu ermittelt wird, wie viele Asylsuchende jedes Bundesland prozentual aufzunehmen hat. Für das Jahr 2016 wurde zum Beispiel für Nordrhein-Westfalen die höchste Quote (21,2 Prozent aller in Deutschland ein Asylgesuch stellenden Geflüchteten) und für das Bundesland Bremen die niedrigste (1,0 Prozent) errechnet.[57] Persönliche Wünsche, etwa die Verteilung in ein bestimmtes Bundesland, in dem bereits Verwandte wohnen, werden in der Regel nicht berücksichtigt.

Die asylsuchende Person erhält eine »Bescheinigung über die Meldung als Asylsuchender« (BÜMA). Sofern sie sich nicht bereits in der für sie zuständigen Aufnahmeeinrichtung aufhält, muss sie sich an jenen Ort begeben, der ihr zugeteilt wurde. In den Erstaufnahmeeinrichtungen befindet sich jeweils eine Außenstelle des Bundesamts für Migration und Flüchtlinge (BAMF). Dort sind Asylanträge zu stellen. Erwachsene können bis zu sechs Monate oder bis zur Entscheidung ihres Asylantrags in den Aufnahmeeinrichtungen untergebracht werden. Danach werden sie auf Landkreise und Gemeinden bzw. Stadtbezirke verteilt.

▶ Bundesamt für Migration und Flüchtlinge (BAMF)

Das Bundesamt für Migration und Flüchtlinge (BAMF) – bis zum Inkrafttreten des Zuwanderungsgesetzes im Jahr 2005 »Bundesamt für die Anerkennung ausländischer Flüchtlinge« – ist dem Bundesministerium des Innern (BMI) zugeordnet. Es ist zuständig für Entscheidungen über Asylanträge und Abschiebeschutz, die Durchführung von Integrationskursen, Migrationsberatung für Einwander*innen jüdischen Glaubens aus der ehemaligen Sowjetunion und Informationsvermittlung

---

56 Für unbegleitet ankommende Kinder und Jugendliche gilt ein spezielles Verfahren, mehr dazu siehe → S. 103 ff.

57 http://www.bamf.de/DE/Migration/AsylFluechtlinge/Asylverfahren/Verteilung/ verteilung-node.html. Die Erstverteilung der Asylsuchenden auf die Bundesländer erfolgt durch das sogenannte EASY-System, eine IT-Anwendung. EASY steht für »Erstverteilung der Asylbegehrenden«.

zur sogenannten Rückkehrförderung. Zudem betreibt es eigene Forschungen im Migrationsbereich. Der Sitz des BAMF ist Nürnberg. Über seine dezentrale Struktur mit 51 Außen- und Regionalstellen in allen Bundesländern ist das Bundesamt deutschlandweit präsent. Die Mitarbeiter*innen in den Außenstellen eröffnen die Asylverfahren (siehe dazu → S. 82 ff.) und sind Ansprechpersonen für Träger von Integrationsmaßnahmen. Sogenannte Entscheider*innen des BAMF prüfen in den Außenstellen die Anträge und entscheiden über die Anerkennung.

Im Zuge des Anstiegs der Anzahl der in Deutschland ankommenden Menschen (auf über eine Million im Jahr 2015) geriet das BAMF zunehmend unter Druck: Zum Jahresende 2015 stauten sich rund 356 000 unbearbeitete Asylanträge in der Behörde, die durchschnittliche Bearbeitungszeit lag bei 5,2 Monaten. Ein halbes Jahr zuvor hatte der zuständige Bundesinnenminister bereits mitgeteilt, aufgrund der gestiegenen Anzahl von Asylanträgen das Personal des Bundesamts von rund 2 800 Mitarbeiter*innen durch Neueinstellungen fast verdoppeln zu wollen. Im Dezember 2015 hieß es, bis Ende 2016 sollten 5 000 neu geschaffene Stellen besetzt werden.[58] Obgleich das BAMF eine einheitliche Qualifizierung der neuen Mitarbeiter*innen anstrebt, sind einzelfallbezogene Abläufe und Entscheidungen nicht immer transparent.

Auf seiner Webseite hält das BAMF verschiedene Informationen zum Asylverfahren, zu Verordnungen und rechtlichen Grundlagen, einen Flyer zur Erstorientierung für Asylsuchende in verschiedenen Sprachen sowie aktuelle Zahlen oder Studien zum Thema Asyl in Deutschland bereit.[59]

3.3.1 Das Asylverfahren

Geflüchtete, die in Deutschland Asyl erhalten wollen, müssen einen entsprechenden Antrag stellen und können dann unter bestimmten Bedingungen als asylberechtigt oder als Flüchtling im Sinne der Genfer Flüchtlingskonvention (GFK) anerkannt werden. Daraufhin erhalten sie einen festen Aufenthaltstitel. Das folgende Kapitel skizziert die verschiedenen Stationen des Asylverfahrens für Erwachsene. Damit will es Betroffenen und Unterstützenden bei der ersten Orientierung helfen.

---

58 Vgl. http://www.tagesschau.de/inland/inland-bamf-fluechtlinge-101.html; http://www.zeit.de/politik/deutschland/2015-12/asyl-bamf-verwaltung-ueberforderung-asylantraege

59 Vgl. www.bamf.de/asyl+fluechtlingsschutz

Das bundesdeutsche Asylrecht ist kompliziert. Geflüchtete Menschen stehen vor der Herausforderung, juristisch heikle Situationen meistern zu müssen; Unterschriften auf Formularen können mitunter weitreichende Konsequenzen haben. Ein Asylantrag sollte immer einzelfallspezifisch betrachtet werden. Vor der Stellung eines Asylantrags empfiehlt es sich, eine unabhängige Beratung in asyl- und aufenthaltsrechtlichen Fragen zu konsultieren. Bei der Suche nach geeigneten Angeboten können folgende Orientierungspunkte helfen:

- Als **Einstieg zum Thema Asyl in Deutschland** eignet sich ein sechsminütiger animierter **Kurzfilm**, den der Kölner Flüchtlingsrat erstellt hat und der in zehn Sprachen verfügbar ist.[60]

- Einen **Flyer zur Erstorientierung für Asylsuchende**[61] hat das Bundesamt für Migration und Flüchtlinge entwickelt. Darin werden unter anderem schrittweise die wichtigsten Stationen im Asylerfahren erläutert. Der Flyer liegt mittlerweile in 13 Sprachen vor.

- Auf der Webseite der unabhängigen Menschenrechtsorganisation Pro Asyl findet sich eine nach Bundesländern sortierte **Liste von Beratungsstellen für geflüchtete Menschen**.[62]

- Der **Blog »Refugees Welcome Information«**[63] sammelt zu verschiedenen Themen Informationen für geflüchtete/fliehende Menschen und Unterstützer*innen (z.B. nach alphabetisch nach Städten sortierte Adresslisten von Rechts- und anderen Beratungsstellen in Deutschland) und stellt diese online bereit.

- Eine weitere Anlaufstelle für Informationen zu Unterstützungs- und Beratungsstrukturen sind die **Landesflüchtlingsräte**.[64] Sie gehören der bundesweiten Arbeitsgemeinschaft Pro Asyl an und sind unabhängige

---

60 Vgl. http://www.asylindeutschland.de/de/film-2/

61 Vgl. http://www.bamf.de/SharedDocs/Anlagen/DE/Publikationen/Flyer/flyer-erst orientierung-asylsuchende.html?nn=6077414

62 Vgl. https://www.proasyl.de/beratungsstellen-vor-ort/; auch: http://www.igfm.de/ menschenrechte/hilfe-fuer-den-notfall/fluechtlingsberatung/

63 Vgl. https://refugeeswelcomepad.wordpress.com/legal-advice-counceling/germany/

64 Vgl. www.fluechtlingsrat.de

Vertretungen der in den Bundesländern engagierten Flüchtlingsselbst-organisationen, Unterstützungsgruppen und Solidaritätsinitiativen. Die Flüchtlingsräte der einzelnen Bundesländer sind untereinander vernetzt.

- Weiterführende Materialien bietet auch die **Webseite des Informationsverbunds Asyl & Migration**,[65] eines Zusammenschlusses verschiedener Träger der Flüchtlingsberatung. Ihm gehören z. B. der Deutsche Caritasverband, das Diakonische Werk der Evangelischen Kirche in Deutschland, der Deutsche Paritätische Wohlfahrtsverband und weitere, mit dem Thema befasste Vereine und Initiativen an. Das Online-Angebot umfasst eine Rechtsprechungsdatenbank, Arbeitshilfen und Informationen für Berater*innen und Fachkräfte,[66] aber auch für Asylsuchende (wie etwa Informationsblätter zur »Anhörung im Asylverfahren« in mehreren Sprachen[67]) sowie weiterführende Adressen und Links zu Beratungsangeboten für Flüchtlinge und Migrant*innen in den einzelnen Bundesländern.

3.3.2 Stationen des Asylverfahrens in Deutschland

- **Persönliche Antragstellung:** Die antragstellende Person[68] muss persönlich in den zuständigen Außenstellen des BAMF erscheinen, um ihre Personaldaten aufnehmen und mit bereits erfassten Daten vergleichen zu lassen. So ist festzustellen, ob es sich um einen Erstantrag, einen Folgeantrag oder möglicherweise um einen Mehrfachantrag handelt. Zudem erfolgt eine erkennungsdienstliche Behandlung (Anfertigung von Lichtbildern und Abnahme von Fingerabdrücken zum Abgleich mit der europäischen Fingerabdruckdatenbank »Eurodac«).

---

65 Vgl. http://www.asyl.net/startseite.html

66 Siehe etwa das Informationsblatt zum »Asylverfahren in Deutschland« unter: http://www.asyl.net/fileadmin/user_upload/redaktion/Dokumente/Publikationen/ Basisinformationen/Basisinf1.pdf

67 http://www.asyl.net/arbeitshilfen-publikationen/arbeitshilfen-zum-aufenthalts-und-fluechtlingsrecht/informationsblatt-anhoerung/

68 Im rechtlichen Sprachgebrauch wird durch die Antragstellung aus einem »Asylsuchenden« ein »Asylbewerber«. Der bundesweite Zusammenschluss Neue deutsche Medienmacher weist in seinem Glossar darauf hin, dass der Begriff »Asylbewerber« irreführend ist, weil ein Grundrecht auf Asyl besteht, Menschen sich aber nicht um Grundrechte bewerben können, sondern sie einfach haben; vgl. http://glossar.neue medienmacher.de/

Mit diesen Maßnahmen soll gemäß der »Dublin-Verordnungen« (siehe Info-Kasten → S. 76 f.) überprüft und ausgeschlossen werden, ob die betreffende Person nach einem bereits abgelehnten Asylantrag einen erneuten Einreiseversuch unternimmt oder in einem anderen EU-Mitgliedsstaat registriert ist und dort bereits einen Asylantrag gestellt hat. Sollte sich Letzteres bei der Überprüfung der Fingerabdrücke ergeben, so liegt die Zuständigkeit für die Durchführung des Asylverfahrens nicht beim deutschen Staat. In diesem Fall ist die Prüfung des Antrages beendet, er wird mangels Zuständigkeit abgelehnt. An die Betroffenen ergeht die Aufforderung, in jenen EU-Mitgliedsstaat, in dem sie bereits registriert wurden, zurückzukehren und dort Asyl zu beantragen. Diese Verpflichtung zur Ausreise kann auch zwangsweise in Form einer Abschiebung durchgesetzt werden.[69]

- **Eröffnung:** Gelten keine anderweitigen Zuständigkeitskriterien, so eröffnen die Mitarbeiter*innen des BAMF ein Asylverfahren. Die Antragstellenden erhalten eine vorläufige »Aufenthaltsgestattung«, die sie gegenüber staatlichen Stellen als Asylantragstellende ausweist und die belegt, dass sie sich rechtmäßig in Deutschland aufhalten. Die Aufenthaltsgestattung ist räumlich auf das administrative Gebiet beschränkt, in dem sich die Erstaufnahmeeinrichtung befindet, von der aus der Asylantrag gestellt wurde (»Residenzpflicht«, § 47 Abs. 1 AsylG). Nach spätestens sechs Monaten entfällt die Residenzpflicht. Der Aufenthaltsbereich umfasst dann das gesamte Bundesgebiet.

- **Persönliche Anhörung:** Die Anhörung, oft auch als »Interview« bezeichnet, findet in der jeweils zuständigen Außenstelle des BAMF statt, bei Bedarf unter Hinzuziehung von Dolmetscher*innen. Die Anhörung gilt als Kernstück des Asylverfahrens. Was dort zu Protokoll genommen wird, entscheidet über die Zuerkennung oder Ablehnung eines Schutzstatus. Die geflüchtete Person ist angehalten, alles zu berichten, was zu einem Schutz führen kann, und zwar idealerweise chronologisch geordnet und frei von Widersprüchen.[70] Das BAMF ist nicht verpflichtet, spätere Nachträge zu berücksichtigen. Die Niederschrift der Aussagen

---

69 Zahlreiche bundesdeutsche Gerichte haben in den letzten Jahren allerdings aufgrund der in einzelnen EU-Ländern herrschenden katastrophalen Bedingungen einzelfallbezogene Abschiebungen gestoppt; seit 2011 wird beispielsweise aus Deutschland nicht mehr nach Griechenland abgeschoben, auch für Malta, Italien und Bulgarien haben viele Gerichte Abschiebungen ausgesetzt (vgl. Hörich 2015: 7).

70 Ein zusammenhängendes und erklärendes Vorbringen der Fluchtgeschichte kann insbesondere durch fluchtbedingte Traumatisierungen erschwert oder gar verhindert werden.

erfolgt auf Deutsch. Rückübersetzungen dieses Protokolls können verlangt werden.[71] Die Anhörung besteht aus einem Katalog, der verschiedene Basis-Fragen umfasst.[72] Oftmals gibt es dazu zwei Termine: Geht es bei der Antragstellung um Fragen zur Person und zum Fluchtweg, mittels derer entschieden wird, ob ein »Dublin-III-Verfahren« einzuleiten ist, folgt – sofern feststeht, dass Deutschland für das Asylverfahren zuständig ist –, eine zweite Anhörung zu den Fluchtgründen.

Beratungsstellen und Initiativen für Geflüchtete betonen die wichtige Bedeutung der Angaben in den persönlichen Anhörungen: »Die meisten Flüchtlinge sind nicht ausreichend darüber informiert, welche Bedeutung diese Anhörung hat. Auch wissen sie häufig nicht, worauf es ankommt. Wer verdeckt politisch gearbeitet hat, ist es gewohnt, bei ›Verhören‹ keine Einzelheiten zu nennen – genau diese sind aber bei der Anhörung durch das Bundesamt wichtig. Viele schildern die Verhältnisse im Herkunftsland, die ein Bleiben unmöglich machten, gehen aber zu wenig auf das persönliche Schicksal ein« (Flüchtlingsrat Schleswig-Holstein e. V. 2015: 22). Deshalb sei es wichtig, »die Verfolgung und Gründe für die Flucht, auch Gefahren bei einer Rückkehr sehr ausführlich zu schildern« (ebd.: 21).

- **Entscheidung des BAMF:** Das Bundesamt entscheidet auf Grundlage der persönlichen Anhörung und nach Prüfung von Dokumenten und Beweismitteln. Die Entscheidung wird schriftlich begründet und den Beteiligten zugestellt. Die Entscheidung über einen Asylantrag erfolgt in Abstufungen. Geprüft wird, ob eine der drei sogenannten Schutzformen vorliegt – Asylberechtigung nach Art 16a des Grundgesetzes (GG), Flüchtlingsschutz nach §3 Abs. 1 Asylgesetz (AsylG) oder subsidiärer Schutz nach §4 AsylG (wird ausgesprochen, wenn stichhaltige Gründe bestehen, dass im Herkunftsland ein ernsthafter Schaden[73] droht). Werden die Voraussetzungen als erfüllt festgestellt, erhält die antragstellende Person entweder Asyl, Flüchtlingsschutz auf Grundlage der Genfer Flüchtlingskonvention oder subsidiären Schutz.

Werden eine drohende politische Verfolgung und Gefahr für Leib und Leben im Herkunftsland als nicht gegeben angesehen, wird entschieden,

---

71 Vgl. dazu auch die Hinweise des Flüchtlingsrats Sachsen-Anhalt unter: http://www.fluechtlingsrat-lsa.de/wp-content/uploads/2016/06/Hinweise-Dolmetscher-bei-der-Anh%C3%B6rung-Deutsch.pdf

72 Vgl. etwa https://nksnet.wordpress.com/die-anhoerung-im-bamf/

73 Vgl. http://www.bamf.de/DE/Fluechtlingsschutz/AblaufAsylv/Schutzformen/SubsidiaererS/subsidiaerer-schutz-node.html

ob aus anderen Gründen ein Abschiebungsschutz festzulegen bzw. ein »nationales Abschiebungsverbot« nach § 60 Abs. 5 und Abs. 7 Aufenthaltsgesetz (AufenthG) auszusprechen ist (etwa wenn im Falle einer schweren Erkrankung die medizinische Versorgung im Herkunftsland nicht sichergestellt ist). Ist auch dies nicht gegeben, kommt er zur Ablehnung des Asylantrags: Die betreffende Person erhält eine Aufforderung zur freiwilligen Ausreise, in der Regel mit einer Fristsetzung von einer bis vier Wochen. Für diesen Fall stehen den Betroffenen Rechtsmittel zur Verfügung. Sie können gegen die Entscheidung des Bundesamts klagen.[74]

Viele abgelehnte Asylantragsteller*innen reisen tatsächlich nach der Aufforderung »freiwillig«[75] aus Deutschland aus: 2016 entschieden sich nach Angaben des BAMF rund 55 000 abgelehnte Asylsuchende für diese Option, 20 000 mehr als im Jahr zuvor[76] (demgegenüber lag die Zahl der Abschiebungen im Jahr 2016 bei rund 25 000[77]). Eine selbstorganisierte Rückkehr in das jeweilige Herkunftsland stellt für viele Betroffene die am besten geeignete Möglichkeit dar, nicht die Aufmerksamkeit der Heimatbehörden zu erregen und eine Verfolgung auszulösen und überdies die Chancen für einen erneuten Einreiseversuch aufrecht zu halten.[78]

- **Ausgang des Asylverfahrens:** Auf die endgültige Entscheidung des BAMF – den Abschluss des Asylverfahrens – folgt entweder das Aufenthalts- bzw. Bleiberecht oder die Ausreisepflicht. Im ersteren Fall erhalten Asylberechtigte dann von der zuständigen kommunalen Ausländerbehörde einen befristeten Aufenthaltstitel, die Aufenthaltserlaubnis nach § 7 und § 8 AufenthG. Dasselbe gilt, wenn Flüchtlingsschutz zuerkannt wurde. Nach frühestens fünf Jahren können Betroffene aus diesem Personenkreis unter bestimmten Vorausset-

---

74 Vgl. Flüchtlingsrat Schleswig-Holstein e. V. (Hrsg.) 2015: 26 sowie https://www.bamf. de/SharedDocs/Anlagen/DE/Publikationen/Broschueren/das-deutsche-asylverfahren. pdf?__blob=publicationFile

75 Der Begriff »freiwillige Ausreise« wurde bereits 2006 zum »Unwort des Jahres« gewählt.

76 Vgl. http://www.bamf.de/DE/Infothek/Statistiken/FreiwilligeRueckkehr/freiwillige-rueckkehr-node.html

77 Vgl. http://www.migazin.de/2017/02/10/bamf-zahlen-asyl-abschiebungen-ausreisen/

78 Für Abgeschobene gilt ein Einreise- und Aufenthaltsverbot für Deutschland, das nach § 11 AufenthG in Einzelfällen und nach vorheriger Beantragung frühestens drei Jahre nach der Entscheidung über den Asylantrag und sofern die abgeschobene Person die Kosten ihrer Abschiebung beglichen hat, aufgehoben werden kann.

zungen, wie etwa Sicherung des eigenen Lebensunterhalts und ausreichend vorhandene deutsche Sprachkenntnisse, bei der zuständigen Ausländerbehörde eine unbefristete Niederlassungserlaubnis nach §9 AufenthG beantragen. Subsidiär Schutzberechtigte erhalten zunächst eine Aufenthaltserlaubnis nach §25 Abs. 2 AufenthG mit einjähriger Gültigkeit. Nach einer zuvor beantragten Verlängerung wird sie für weitere zwei Jahre erteilt. Nach frühestens fünf Jahren (die Zeit des Asylverfahrens wird eingerechnet) können subsidiär Schutzberechtigte ebenfalls eine unbefristete Niederlassungserlaubnis beantragen.

Wurde ein nationales Abschiebungsverbot festgestellt, darf keine Rückführung in den Staat erfolgen, für den dieses Abschiebungsverbot gilt. Die Betroffenen erhalten eine befristete Aufenthaltserlaubnis. Sie wird für mindestens ein Jahr erteilt und kann im Einklang mit den gesetzlichen Bestimmungen nach §8 AufenthG mehrfach verlängert werden. Für die Erteilung einer unbefristeten Niederlassungserlaubnis gilt das Gleiche wie bei subsidiär Schutzberechtigten.

- **Abschiebung:** Eine Abschiebung wird eingeleitet, wenn die in der Ablehnung des Asylantrages gesetzte Frist zur »freiwilligen Ausreise« abgelaufen ist. Die Abschiebung setzt voraus, dass eine Reiseverbindung ins Abschiebeland besteht und gültige Papiere vorliegen. Die Abschiebung kann jederzeit erfolgen, wenn sie vorher, z. B. in der Ablehnung des Asylantrags, angedroht wurde (und seitdem weniger als ein Jahr vergangen ist). Für den Vollzug der Abschiebung sind die Bundesländer zuständig. Ausreisepflichtige können einzeln oder in Form von sogenannten Sammelabschiebungen, zumeist in eigens dafür gecharterten Flugzeugen, außer Landes gebracht werden. In der Regel werden sie von Bundes- oder Landespolizist*innen und/oder privatem Sicherheitspersonal begleitet.[79]
- **Duldung:** Wenn eine Abschiebung nicht möglich ist (etwa wegen fehlender Papiere) oder ein Gericht nach eingereichter Klage einem Eilantrag stattgegeben hat, dem zufolge die Abschiebung bis zur Entscheidung auszusetzen ist, erhalten Geflüchtete, deren Asylantrag als »offensichtlich unbegründet« eingestuft wurde, eine Duldung. Dieses Dokument zeigt an, dass kein Aufenthaltsrecht besteht, eine Abschiebung aber

---

79 Vgl. https://mediendienst-integration.de/migration/flucht-asyl/abschiebungen.html. Die empfehlenswerte, 2017 mit dem Grimme-Preis ausgezeichnete TV-Dokumentation »Protokoll einer Abschiebung« zeichnet ein umfassendes und eindrückliches Bild von Abschiebungen – von der Planung der aufwendigen Maßnahmen über den nächtlichen Einsatz der sogenannten Zuführkommandos von Polizei und Ausländerbehörde in den Unterkünften bis hin zur Ankunft der Ausreisepflichtigen in deren Herkunftsländern.

im Moment nicht möglich ist. Fallen die Hinderungsgründe für eine Abschiebung (etwa Passlosigkeit, nicht vorliegende Reisefähigkeit oder gesundheitliche Gründe) weg, kann sie nach § 58 und § 58a AufenthG sofort stattfinden, unabhängig davon, für welchen Zeitraum die Duldung ausgestellt wurde.

▶ **Rechte und Pflichten während des Asylverfahrens**[80]

Aufenthaltsgestattung: Mit der Aufenthaltsgestattung wird bestätigt, dass sich der*die Inhaber*in während der Dauer des Asylverfahrens in Deutschland aufhalten darf. Die Aufenthaltsgestattung wird verlängert, solange das Asylverfahren nicht abgeschlossen ist – also auch für die Dauer eines möglichen Gerichtsverfahrens.

Bewegungsfreiheit: Im Rahmen der Gesetzesänderungen durch das »Asylverfahrensbeschleunigungsgesetz« (sogenanntes Asylpaket I)[81] wurde im Oktober 2015 die Residenzpflicht für Asylsuchende auf bis zu sechs Monate erhöht. In diesem Zeitraum (beginnend mit der Antragstellung) dürfen Asylsuchende den ihnen zugewiesenen Aufenthaltsbereich (Stadt oder Landkreis) nur mit behördlicher Genehmigung verlassen. Nach Ablauf der sechs Monate können sie sich dann auch ohne diese Genehmigung innerhalb Deutschlands bewegen.

Wohnsitzauflage: Ihren Wohnort dürfen Asylsuchende nicht frei wählen. Sie können kaum beeinflussen, welchem Bundesland sie zugeordnet werden. Innerhalb des Bundeslandes wird durch eine sogenannte Wohnsitzauflage verfügt, dass die Betroffenen nur in einer bestimmten Stadt oder einem bestimmten Landkreis wohnen dürfen. Wollen sie umziehen, müssen sie einen »Umverteilungsantrag« stellen.

Arbeit: Während der Zeit in der Erstaufnahmeeinrichtung gilt für Asylsuchende ein absolutes Arbeitsverbot.[82] Frühestens drei Monate nach der Antragstellung auf Asyl können sie bei der Ausländerbehörde eine (eingeschränkte) Arbeitserlaubnis beantragen. Eine Genehmigung zur Ausübung einer Beschäftigung (»eingeschränkte Arbeitserlaubnis«) wird allerdings nur unter bestimmten Voraussetzungen erteilt: Der*die potenzielle Arbeitgeber*in muss bei der zuständigen

---

80 Basisinformationen »Das Asylverfahren in Deutschland« des Informationsverbundes Asyl & Migration sind online abrufbar unter: http://www.asyl.net/fileadmin/user_upload/redaktion/Dokumente/Publikationen/Basisinformationen/Basisinf1.pdf, S. 3.

81 Siehe den entsprechenden Info-Kasten → S. 91 ff.

82 Davon ausgenommen sind Hauspflegetätigkeiten in den Unterkünften.

Ausländerbehörde für eine bestimmte Person, eine bestimmte Tätigkeit, in einer bestimmten Firma und mit bestimmten Arbeitszeiten eine Genehmigung beantragen. Die Bundesagentur für Arbeit (BA) prüft dann, ob für die gewünschte Stelle »bevorrechtigte« Bewerber*innen (in der Lesart der BA sind das Menschen mit deutscher Staatsangehörigkeit, EU-Bürger*innen oder ausländische Staatsangehörige mit einem sichereren Aufenthaltstitel) infrage kommen. Im Rahmen dieser Prüfung kann es passieren, dass die Arbeitsagentur bereits registrierte Arbeitslose auffordert, sich auf die betreffende Stelle zu bewerben. Eine Ablehnung »bevorrechtigter« Bewerber*innen ist von den künftigen Arbeitgeber*innen zu begründen. Die »Vorrangprüfung« entfällt 15 Monate nach der Asylantragstellung. Nach 48 Monaten entfallen weitere Voraussetzungen, dann brauchen Asylsuchende keine Genehmigung der Arbeitsagentur mehr, um eine Stelle anzutreten. Allerdings ist zur Ausübung einer Beschäftigung immer – auch nach 48 Monaten – die Genehmigung der Ausländerbehörde erforderlich.[83] Auch die Aufnahme einer Berufsausbildung in einem staatlich anerkannten Ausbildungsberuf muss bei der zuständigen Ausländerbehörde beantragt werden. Eine Zustimmung der Bundesagentur für Arbeit ist dabei nicht erforderlich.

3.3.3 Jüngste Entwicklungen

Seit 1953 und bis einschließlich 2016 haben rund 5,3 Millionen Menschen einen Asylantrag in der Bundesrepublik Deutschland gestellt, davon 4,4 Millionen (82 Prozent) seit 1990. Nach steigenden Zugangszahlen bis 1992 (1992 wurden 438 000 Anträge gestellt) ging die Zahl der Asylanträge bis zum Jahr 2008 (rund 28 000 gestellte Anträge) deutlich zurück.[84] Seither ist wiederum eine Steigerung der jährlichen Zugangszahlen zu verzeichnen – anfangs moderat, ab 2012/2013 aufgrund der Entwicklungen in verschiedenen internationalen Krisenherden sprunghaft. Im Jahr 2015

---

83 Vgl. http://www.bamf.de/DE/Infothek/FragenAntworten/ZugangArbeitFluecht linge/zugang-arbeit-fluechtlinge-node.html; http://www.nds-fluerat.org/16589/ aktuelles/leitfaden-arbeitserlaubnisrecht-fuer-fluechtlinge-und-migrantinnen-mit- aktuellenergaenzungen-zu-den-aenderungen-seit-01-08-2015/ sowie die Arbeits hilfen zum Sozialrecht und zum Arbeitserlaubnisrecht für Geflüchtete und Aner kannte unter: http://www.asyl.net/index.php?id=330

84 Mit dem 1993 verabschiedeten »Asylkompromiss« ist das bundesdeutsche Asylrecht erheblich eingeschränkt worden.

beantragten rund 477 000 Menschen in Deutschland Asyl, im Jahr 2016 wurden 745 545 Asylanträge gestellt – die bis dahin höchsten Jahreswerte seit Bestehen des Bundesamts für Migration und Flüchtlinge (vgl. BAMF 2016b: 3).[85]

Handelte es sich in den 2000er-Jahren bei den Asylbeantragenden vor allem um Menschen aus der Türkei, dem ehemaligen Jugoslawien, Irak und Afghanistan, so verdeutlicht ein Blick auf aktuelle Zahlen (vgl. BAMF 2016a: 16 ff.), dass zwischen 2013 und 2015 die Menschen vorwiegend aus Syrien, dem Kosovo, Albanien und Serbien sowie (weiterhin) aus Afghanistan und dem Irak kamen. Im Jahr 2016 sank die Zahl der Erstanträge von Menschen aus den genannten Balkanstaaten; 36,9 Prozent aller Erstanträge (absolut: 266 250) wurden von Menschen aus Syrien gestellt, 17,6 Prozent (127 012) von Menschen afghanischer Herkunft und 13,3 Prozent (96 116) von Menschen aus dem Irak (vgl. BAMF 2017: 8).

Die Mehrheit der Asylerstanträge (65,7 Prozent) stellten 2016 männliche Personen. Ihr Anteil überwog in nahezu allen Altersgruppen, lediglich in der (zahlenmäßig verhältnismäßig kleinen) Gruppe der 65-jährigen und älteren Antragsteller*innen war der Anteil von Frauen größer. 36,2 Prozent (absolut: 261 386) der Antragsteller*innen gehörten der Altersgruppe der Unter-18-Jährigen an, 73,8 Prozent (absolut: 314 409) waren jünger als 30 Jahre (vgl. BAMF 2017: 7).

Im Jahr 2015 stellten 22 255 unbegleitete Kinder und Jugendliche einen Asylantrag (2014: 4 399; vgl. BAMF 2016a: 23).[86] Ein knappes Drittel (30,5 Prozent; absolut: 6 793) dieser ohne eine erwachsene Begleitperson eingereisten Kinder und Jugendlichen gehörte der Gruppe der Unter-16-Jährigen an, die anderen der der 16- bis 18-Jährigen. Die überwiegende Zahl (rund 82 Prozent) der Kinder und Jugendlichen stammte aus vier Herkunftsländern (vgl. ebd.: 23): Afghanistan (34,4 Prozent), Syrien (31,2 Prozent), Irak (8,4 Prozent) und Eritrea (8,1 Prozent).[87]

Das Bundesamt für Migration und Flüchtlinge entschied 2016 über 695 733 Asylanträge (Erst- und Folgeanträge). In etwas mehr als einem Drittel der Verfahren (36,8 Prozent)[88] wurde den Antragstellenden Flücht-

---

85 Im Vergleich zum Jahr 2014 (mit einer Gesamtzahl von rund 203 000 Asylanträgen) handelte es sich um einen Zuwachs um 135 Prozent (vgl. BAMF 2016a: 10).

86 Zahlen für 2016 lagen zum Zeitpunkt des Redaktionsschlusses für dieses Buch (März 2017) noch nicht vor.

87 Mehr zum Thema unbegleitete Kinder und Jugendliche siehe → S. 103 ff.

88 Im Vorjahr (2015) lag der Anteil noch bei 49,2 Prozent (vgl. BAMF 2016a: 47).

lingsschutz nach § 3 Abs. 1 AsylG zuerkannt (davon wurden 0,3 Prozent auch als Asylberechtigte gemäß Artikel 16a GG anerkannt). In 22,1 Prozent der Entscheidungen wurde subsidiärer Schutz ausgesprochen, in 3,5 Prozent ein nationales Abschiebungsverbot. Ein Viertel (25 Prozent, absolut: 173 846) der Anträge wurde als »unbegründet« bzw. »offensichtlich unbegründet« abgelehnt. Für 12,6 Prozent (absolut: 87 967) traf das BAMF »formelle Entscheidungen«, etwa über die Zuständigkeit anderer EU-Mitgliedsstaaten oder über Verfahrenseinstellungen wegen Antragsrücknahme durch die Antragstellenden (BAMF 2016b: 11).

2015[89] lag die sogenannte bereinigte Gesamtschutzquote, d. h. der Anteil aller Asylanerkennungen, Gewährungen von Flüchtlingsschutz und Feststellungen eines Abschiebungsverbots in Verwaltungsverfahren des BAMF, bei 49,8 Prozent (Vorjahr: 31,5 Prozent; vgl. BAMF 2016a: 48). Die einzelnen Schutzquoten fielen 2015 je nach Herkunftsland der Antragstellenden recht unterschiedlich aus: 95,8 Prozent (Syrien), 88,3 Prozent (Eritrea), 86,4 Prozent (Irak), 28,6 Prozent (Afghanistan); 0,0 Prozent betrug die Schutzquote bei Asylanträgen von Menschen aus Albanien, das 2015 noch an zweiter Stelle der Hauptherkunftsländer lag (lediglich sieben Anträge waren positiv entschieden worden; vgl. ebd.: 50).

Im Jahr 2015 betrug die Dauer eines Asylverfahrens ·in Deutschland von der förmlichen Antragstellung bis zur Entscheidung durchschnittlich 7,9 Monate; in 81,6 Prozent der Fälle dauerte das Verfahren weniger als ein Jahr (vgl. BAMF 2016a: 55). Abhängig von Wartezeiten aufgrund einzuholender Informationen, besonderer Fallkonstellationen, Krankheitsfälle oder erhöhter Zugangszahlen, können Verfahren auch wesentlich länger dauern.[90] Extrem lang sind die Verfahren von Flüchtlingen aus Afghanistan und Somalia – trotz hoher Anerkennungsquoten. Laut Zahlen, die die Bundesregierung im Februar 2016 vorlegte, vergingen bei Asylanträgen von Menschen aus Afghanistan zwischen der Antragstellung und der Anhörung zehn Monate, danach mussten sie im Durchschnitt 14 Monate bis zur Entscheidung warten, Geflüchtete aus dem Iran sogar 17,1 Monate (vgl. Deutscher Bundestag 2016a: 14).

Als Folge aktueller internationaler politischer Entwicklungen und der 2015 und 2016 vollzogenen Verschärfung der nationalen Asylgesetzgebung (»Asylpaket I« und »Asylpaket II«) ist davon auszugehen, dass die Zahl der

---

89 Zahlen für 2016 lagen zum Zeitpunkt des Redaktionsschlusses für dieses Buch (März 2017) noch nicht vor.

90 0,5 Prozent der Verfahren dauerten insgesamt mehr als vier Jahre (vgl. BAMF 2016a: 55).

in Deutschland gestellten Asylanträge künftig zurückgehen wird. Insofern steht zu vermuten, dass 2015 und 2016 als jene Jahre mit der höchsten Zahl an Asylanträgen in die jüngere Geschichte der Bundesrepublik Deutschland eingehen werden.

▶ **»Asylpaket I« (2015) und »Asylpaket II« (2016)**

Als Reaktion auf die sogenannte Flüchtlingskrise des Jahres 2015 wurden durch (erneute) Änderungen des Asylbewerberleistungsgesetzes (AsylbLG) und Ergänzungen des Asyl- (AsylG) und Aufenthaltsgesetzes (AufenthG) mehrere gesetzliche Restriktionen durchgesetzt. Im Oktober 2015 trat zunächst das **Asylverfahrensbeschleunigungsgesetz (»Asylpaket I«)**[91] in Kraft: Während des Aufenthalts in Erstaufnahmeeinrichtungen sind seitdem vorrangig Sachleistungen zu gewähren; die wenige Monate zuvor im Rahmen des »kleinen Asylkompromisses« vollzogene Abkehr vom Sachleistungsprinzip wurde »rückabgewickelt«.[92] Auch in Sammelunterkünften können seitdem Geldzahlungen durch Sachleistungen ersetzt werden. Die Verpflichtung, in Aufnahmeeinrichtungen zu wohnen, wurde auf bis zu sechs Monate verlängert (zuvor bestand sie für drei Monate).

---

91 Vgl. https://www.proasyl.de/hintergrund/asylpaket-i-in-kraft-ueberblick-ueber-die-ab-heute-geltenden-asylrechtlichen-aenderungen/ sowie die Stellungnahmen im Rahmen der öffentlichen Anhörung zum Entwurf des Asylverfahrensbeschleunigungsgesetzes unter: http://www.portal-sozialpolitik.de/uploads/sopo/pdf/2015/2015-10-12_Asylverfahrensbeschleunigungsgesetz_schriftliche_Stellungnahmen.pdf

92 Erst im März 2015 war eine novellierte Fassung des Asylbewerberleistungsgesetzes (AsylbLG) in Kraft getreten. Sie setzte ein Urteil des Bundesverfassungsgerichts von 2012 um, nach dem Geflüchteten bei den Sozialleistungen das Existenzminimum nicht vorenthalten werden durfte. Die Novellierung fixierte ein Leistungsniveau, das sich grundsätzlich an der Sozialhilfe nach dem SGB XII bzw. dem Arbeitslosengeld II (»Hartz IV«) orientierte. Als Ergebnis eines zwischen Bundesregierung und Bundesrat ausgehandelten Kompromisses trat ebenfalls das sogenannte Rechtsstellungsverbesserungsgesetz in Kraft: Serbien, Bosnien-Herzegowina und Mazedonien wurden als »sichere Herkunftsstaaten« eingestuft, sodass Asylanträge von Menschen, die aus diesen Ländern nach Deutschland migrierten, im Regelfall abgelehnt und die Betroffenen schneller abgeschoben werden können. Im Gegenzug wurden als Teil des »kleinen Asylkompromisses« die »Residenzpflicht« für Menschen im Asylverfahren gelockert, das Arbeitsverbot von neun auf drei Monate verkürzt und der Sachleistungsvorrang (d. h. Lebensmittelpakete, Kleiderlieferungen und Gutscheine statt Geldzahlungen) aufgehoben (vgl. Jakob 2016: 249 f.).

In dieser Zeit dürfen Asylsuchende keiner Erwerbstätigkeit nachgehen. Asylsuchende aus sogenannten sicheren Herkunftsstaaten müssen für die gesamte Dauer des Asylverfahrens in der Erstaufnahmeeinrichtung wohnen. Die Liste der sicheren Herkunftsstaaten wurde erweitert um Albanien, Kosovo und Montenegro. Abschiebungen dürfen nun nicht mehr angekündigt werden, damit soll ein Untertauchen der Betroffenen verhindert werden.

Wer die Frist zur Ausreise verstreichen lässt, dem*r sollen nur noch Leistungen nach dem Asylbewerberleistungsgesetz, die Ernährung und Unterkunft einschließlich Heizung sowie Körper- und Gesundheitspflege decken, gewährt werden. Integrationskurse hingegen wurden für Geflüchtete mit guter Bleibeperspektive geöffnet. Überdies erhielten Geflüchtete bessere Möglichkeiten, ein Konto zu eröffnen und schneller Studienförderung zu erhalten.

Im März 2016 trat das **»Gesetz zur Einführung beschleunigter Asylverfahren« (»Asylpaket II«)**[93] in Kraft. Asylsuchende aus »sicheren Herkunftsstaaten« – die bestehende Liste (Albanien, Bosnien und Herzegowina, Ghana, Kosovo, Mazedonien, Montenegro, Senegal und Serbien) wurde erweitert um Algerien, Marokko und Tunesien – sowie Folgeantragsteller*innen können seitdem in »besonderen Aufnahmeeinrichtungen« untergebracht werden, wo beschleunigte Asylverfahren durchgeführt werden können. Hier hat das Bundesamt für Migration und Flüchtlinge (BAMF) innerhalb von einer Woche über Asylanträge zu entscheiden. Während des Aufenthalts gilt strikte Residenzpflicht. Generell wurden die Regelsätze des Bargeldbedarfs für Asylsuchende mit einer Änderung des AsylbLG abgesenkt (für Alleinstehende z.B. von 145 Euro auf 135 Euro/monatlich). Geflüchtete, die subsidiären Schutz erhalten haben, können ihre Familie nunmehr erst nach zwei Jahren nachholen. Dies gilt ebenfalls für den Nachzug von Eltern unbegleitet geflüchteter Kinder und Jugendlicher. Abschiebungen wurden erleichtert: Es wird davon ausgegangen, dass »gesundheitliche Gründe« kein Hindernis sind (§ 60a AufenthG); seitdem schützen nur lebensbedrohliche Erkrankungen vor Abschiebungen. Medizinische Gründe müssen durch eine »qualifizierte ärztliche Bescheinigung« glaubhaft gemacht werden (eigene Zusammenstellung nach Kalkmann 2015, Jakob 2016: 251, Pro Asyl 2016).

Die Signale, die von den Asylpaketen ausgingen, waren (und sind) Abschreckung nach außen und Handlungsfähigkeit nach innen. Die gesellschaftliche

---

93 Vgl. https://www.proasyl.de/hintergrund/asylpaket-ii-in-kraft-ueberblick-ueber-die-geltenden-asylrechtlichen-aenderungen/

und politische Debatte über Prinzipien der Asylgewährung wird seitdem kontroverser geführt, Fluchtmotive und -gründe von Asylsuchenden werden auch öffentlich eher angezweifelt. Ob mit den Gesetzesänderungen tatsächlich die intendierte »Verfahrensbeschleunigung« erreicht wurde, ist unklar; die in rascher Folge verabschiedeten Gesetze verkomplizierten das ohnehin komplexe Asyl- und Aufenthaltsrecht – nicht nur für Lai*innen, sondern auch für Expert*innen und professionelle Fachkräfte. Es bleibt abzuwarten, wie sich die Situation in den nächsten ein bis drei Jahren entwickeln wird.

→ Weiterlesen und Vertiefen

- Seit Januar 2016 bietet die Bundeszentrale für politische Bildung online auf ihrer Themenseite »Flucht« **Monatsrückblicke auf aktuelle Entwicklungen in der Migrations- und Asylpolitik** an.[94]

- Das Bundesamt für Migration und Flüchtlinge (BAMF) bereitet monatlich aktualisierte Daten zu ausgewählten Themen im Bereich »Asyl« auf und veröffentlicht diese **»Aktuellen Zahlen zu Asyl«** auf seiner Webseite.[95]

- Die in Münster ansässige GGUA Flüchtlingshilfe – Gemeinnützige Gesellschaft zur Unterstützung Asylsuchender e. V.[96] bietet über das **»Projekt Q – Qualifizierung der Flüchtlingsberatung«** Fortbildungen für Mitarbeitende in Beratungsstellen für Geflüchtete und Migrant*innen und andere Interessierte an. Hilfreiche Materialien zu den Bereichen »Migrationsrecht« und »Sozialrecht« sowie Arbeitshilfen, Übersichten und Broschüren zu weiteren Themenfeldern der Geflüchteten- und Migrationsberatung finden sich auf der Webseite des Projekts Q.[97]

---

94 Vgl. http://www.bpb.de/politik/innenpolitik/flucht/222455/migrationspolitik-der-monatsrueckblick

95 Vgl. http://www.bamf.de/DE/Infothek/Statistiken/Asylzahlen/AktuelleZahlen/aktuelle-zahlen-asyl-node.html

96 Vgl. http://www.ggua.de/startseite/

97 Vgl. http://www.einwanderer.net/willkommen/

3.3.4 Lebensbedingungen von Geflüchteten

Unterbringung

Wenn Menschen nach ihrer Flucht in Deutschland angekommen sind, müssen sie bis zu sechs Monate in einer sogenannten Erstaufnahmeeinrichtung wohnen. Diese wird vom jeweiligen Bundesland direkt verwaltet. Die Bundesländer sind nach § 44 Abs. 1 Asylgesetz (AsylG) verpflichtet, die Unterbringung von Asylsuchenden sicherzustellen. Eine Erstaufnahmeeinrichtung (EAE) muss zur Unterbringung von mindestens 500 Menschen geeignet sein.

Die weitere Unterbringung von Geflüchteten unterliegt keinen einheitlichen Standards. Sie unterscheidet sich teilweise von Bundesland zu Bundesland und von Kommune zu Kommune. Während Geflüchtete mancherorts in Wohnungen[98] leben können, werden sie in vielen Kommunen dauerhaft und ohne Mitspracemöglichkeiten in Sammelunterkünften (z. B. stillgelegte Kasernen, Schulgebäude, Turnhallen, Wohncontainer oder auch Jugendherbergen, Hostels und Hotels) untergebracht. Höchstgrößen, Kostenübernahmen und Erstattungsrichtlinien für »Gemeinschaftsunterkünfte« nach § 53 Abs. 1 AsylG werden von den Bundesländern festgelegt (in den meisten Bundesländern sind 4,5 Quadratmeter pro Person vorgesehen).

Die Unterbringung in diesen Sammelunterkünften kann zu einer Reihe von Belastungen und Problemen für die Betroffenen führen: Abgeschottet von der restlichen Gesellschaft, in räumlich sehr beengten Verhältnissen, in provisorisch für kleinere Gruppen abgetrennten Schlafbereichen, Tür an Tür oder auch Bett an Bett mit fremden Menschen aus verschiedenen Nationen und verschiedener Religionszugehörigkeit, alleine oder mit der Familie bzw. Teilen von ihr, ohne jegliche Privatsphäre oder Rückzugsmöglichkeiten, mit primitiven Sanitäreinrichtungen und in der Regel ohne jegliche Aufgabe müssen Geflüchtete einen monotonen Alltag bewältigen. Das Warten auf behördliche Entscheidungen zwingt sie zur Untätigkeit. Viele erkranken dabei oder können erst recht nicht von vorhandenen Leiden genesen. Mangelnde Arbeits- und Integrationsmöglichkeiten und fehlende (trauma-)psychologische Begleitung stellen zusätzliche Belastungen dar.

---

98 Unter bestimmten Voraussetzungen und auf Antrag kann die Unterbringung in einer sogenannten dezentralen Unterkunft, d. h. einer Wohnung, erfolgen. Einen Anspruch darauf haben Geflüchtete, denen ein ärztliches Gutachten bestätigt, dass sie für die Unterbringung in einer Sammelunterkunft nicht infrage kommen. Die Praxis, Geflüchteten den Umzug in Wohnungen zu gestatten, wird lokal sehr unterschiedlich geregelt. Siehe auch das Kapitel 4.2.3, dort insbesondere die Ausführungen zum »Leverkusener Modell«.

Überdies bieten Sammelunterkünfte und ihre Bewohner*innen ein Ziel für rassistische Übergriffe. Die Menschenrechtsorganisation Amnesty International verweist in ihrem Bericht »Leben in Unsicherheit« auf Zahlen des Bundeskriminalamts, nach denen im Jahr 2015 insgesamt 1 031 Straftaten gegen Unterkünfte registriert wurden und damit fünfmal mehr als im Vorjahr (199 Delikte; vgl. Amnesty International 2016: 50). Die gemeinsam von der Amadeu Antonio Stiftung und Pro Asyl erstellte Online-»Chronik flüchtlingsfeindlicher Vorfälle« dokumentiert entsprechende Vorfälle wie etwa Brandstiftungen, Sprengstoffanschläge, Körperverletzungen und weitere Übergriffe.[99]

→ Weiterlesen und Vertiefen

* Der Mediendienst Integration hat auf seiner Webseite hilfreiche **Informationsblätter zur ersten Orientierung rund um Fragen der Unterbringung** aufbereitet (z. B. zur besonderen Situation von Frauen in Sammelunterkünften).[100]

* Auf der Webseite von Pro Asyl finden sich eine Reihe von Informationen, Materialien und Stellungnahmen zum Thema Unterbringung und Versorgung,[101] etwa die **Studie »Unterbringung von Flüchtlingen in Deutschland. Regelungen und Praxis der Bundesländer im Vergleich«**.[102]

* Das Deutsche Institut für Menschenrechte hat 2014 das **Policy Paper »Menschenrechtliche Verpflichtungen bei der Unterbringung von Flüchtlingen«**[103] veröffentlicht, das zusammenfassende Empfehlungen an die Länder, Kommunen und den Bund formuliert.

---

99 Vgl. https://www.mut-gegen-rechte-gewalt.de/service/chronik-vorfaelle

100 Vgl. https://mediendienst-integration.de/migration/flucht-asyl/migrationflucht-asylversorgung.html

101 Vgl. https://www.proasyl.de/thema/unterbringung/

102 https://www.proasyl.de/material/studie-zur-unterbringung-von-fluechtlingen-in-deutschland/

103 http://www.institut-fuer-menschenrechte.de/uploads/tx_commerce/Policy_Paper_26_Menschenrechtliche_Verpflichtungen_bei_der_Unterbringung_von_Fluechtlingen_01.pdf

- 2008 erschien die **Dissertation** des Politikwissenschaftlers und Psychologen Tobias Pieper, »**Das Lager als Struktur bundesdeutscher Flüchtlingspolitik**«,[104] eine empirische Untersuchung zu Gemeinschaftsunterkünften und Ausreiseeinrichtungen (Abschiebelagern) in Berlin, Brandenburg und im niedersächsischen Bramsche.

- Die Zeichnerin Paula Bulling hat aus ihren Beobachtungen, Begegnungen und Erfahrungen bei der Unterstützung Geflüchteter in Sachsen-Anhalt gemeinsam mit Betroffenen die **Comicreportage** »**Im Land der Frühaufsteher**«[105] entwickelt, die unter anderem das Leben in Unterkünften für Geflüchtete thematisiert.

Sozialleistungen

Lebenssituation und -bedingungen von nach Deutschland geflüchteten Menschen sind abhängig von deren Aufenthaltstitel. Während eines laufenden Verfahrens haben Asylsuchende kein Anrecht auf im Sozialgesetzbuch (SGB) vorgesehene Sozialleistungen wie etwa Sozialhilfe, Wohngeld oder Kindergeld. Sie erhalten Leistungen nach dem Asylbewerberleistungsgesetz (AsylbLG).

Dies gilt ebenfalls für sogenannte Geduldete (vgl. Pro Asyl 2016). Eine Duldung erhalten jene, deren Antrag auf Asyl vom BAMF als »offensichtlich unbegründet« eingestuft wurde, die aber vorerst nicht abgeschoben werden können. Auch Geflüchtete, die ohne Visum nach Deutschland gekommen oder nach Ablauf des Visums in Deutschland geblieben sind und kein Asyl beantragen, erhalten ebenfalls eine Duldung, wenn eine Abschiebung nicht möglich ist. Dies ist beispielweise der Fall, solange kein Pass vorliegt oder es keine Flugverbindung in das Herkunftsland oder die Region gibt.[106] Insofern ist das Asylbewerberleistungsgesetz Grundlage für Sozialleistungen für einen großen Kreis von Menschen. Dabei handelt es sich um eine sogenannte abschließende Regelung. Das bedeutet, dass den Leistungsempfangenden keine weiteren Sozialleistungen zustehen.[107]

---

104 Vgl. http://www.diss.fu-berlin.de/diss/receive/FUDISS_thesis_000000003666; siehe auch https://heimatkunde.boell.de/2013/11/18/fl%C3%BCchtlingspolitik-als-lagerpolitik

105 Paula Bulling (2012): Im Land der Frühaufsteher, Berlin: avant-verlag.

106 Vgl. https://www.bpb.de/gesellschaft/migration/kurzdossiers/233846/definition-fuer-duldung-und-verbundene-rechte?p=all

107 Eine Ausnahme gilt lediglich für Leistungen nach dem sogenannten Bildungs- und Teilhabepaket; siehe → S. 101 f.

Die konkrete Umsetzung des AsylbLG ist in den einzelnen Bundesländern und manchmal auch von Kommune zu Kommune unterschiedlich geregelt. Für die Betroffenen kann es bedeuten, dass sie statt Bargeld Lebensmittelpakete erhalten und dass ihnen anstelle regulärer Gesundheitsversorgung nur eine medizinische Notversorgung gewährt wird. Gemäß §3 AsylbLG werden Grundleistungen gewährt, die einen Barbedarf (Taschengeld bzw. Regelsatz, gegebenenfalls auch Sachleistungen) sowie die Kosten der Unterkunft (Gemeinschaftsunterkunft oder Mietwohnung), Hausrat und Heizkosten umfassen.

Alleinstehende erhalten während eines laufenden Asylverfahrens derzeit (Stand: März 2016) monatliche Leistungen[108] im Wert von 354 Euro. Darin enthalten sind Leistungen für den unmittelbaren Bedarf wie etwa Lebensmittel und Kleidung (sogenanntes physisches Existenzminimum; in den Erstaufnahmeeinrichtungen ist dies gleichbedeutend mit Sachleistungen im Wert von insgesamt 219 Euro) sowie ein Bargeldbetrag (»Taschengeld«) in Höhe von 135 Euro (sogenanntes soziokulturelles Existenzminimum). Verheiratete bekommen Grundleistungen im Wert von je 318 Euro und ein »Taschengeld« von je 122 Euro monatlich, Kinder im Alter von unter fünf Jahren erhalten monatliche Leistungen von insgesamt 214 Euro (Grundleistungen: 135 Euro, »Taschengeld«: 79 Euro), Kinder zwischen sechs und 13 Jahren 242 Euro (Grundleistungen: 159 Euro, »Taschengeld«: 83 Euro) und Jugendliche zwischen 14 und 17 Jahren 276 Euro (Grundleistungen: 200 Euro, »Taschengeld«: 76 Euro). Gelten über 18-Jährige als Angehörige eines (elterlichen) Haushalts, ergibt sich ein Leistungsbetrag von 284 Euro (Grundleistungen: 176 Euro, »Taschengeld«: 108 Euro).[109]

> ▶ **Erfahrungsberichte von Geflüchteten**
>
> Im Oktober 2015 berichteten in der vom Deutschlandfunk ausgestrahlten Serie **»Fremde neue Heimat – Wie Flüchtlinge Deutschland erleben. 16 Menschen in 16 Bundesländern«** täglich Geflüchtete von ihrem Ankommen in Deutschland, ihren Hoffnungen, Wünschen, Sorgen und Nöten. Die Porträts und Erfahrungsberichte finden sich als Audiodateien im Online-Archiv des Radiosenders.[110]

---

108 Bedarfssätze addiert nach §3 Abs. 1 und Abs. 2 AsylbLG.

109 Zu weiteren Existenzsicherungsleistungen nach dem AsylbLG siehe http://www.fluecht lingsinfo-berlin.de/fr/asylblg/AsylbLG_kurz.pdf

110 Vgl. http://www.deutschlandfunk.de/fremde-neue-heimat.2552.de.html

Im Spätherbst 2015 besuchten zwei Autor*innen im Auftrag des Norddeutschen Rundfunks (NDR) mehrere Sammelunterkünfte für Geflüchtete. In zehn 30-minütigen Videoporträts sprechen Menschen aus Syrien, Mazedonien, Afghanistan, Liberia, Eritrea und Albanien über ihre Flucht. Das Projekt **»#EinMomentDerBleibt – Wenn Flüchtlinge erzählen«** steht online in den Mediatheken von NDR[111] und ARD[112] bereit.

Am 5. September 2015 wurde die Grenze zwischen Ungarn und Österreich für Flüchtende geöffnet, die sich nach Tagen der Ungewissheit am Budapester Ostbahnhof auf den Weg an die österreichische Grenze gemacht hatten. Die Wochenzeitung »Die Zeit« und ihr Internetangebot »Zeit Online« haben den ersten Jahrestag zum Anlass für die Serie **»Mein 5. September«**[113] genommen, die Menschen porträtiert, die dabei waren.

Die Journalistin Antonie Rietzschel begleitet zwei Brüder aus Syrien seit ihrer Ankunft in Deutschland im Herbst 2014. In ihrem Buch **»Dreamland Deutschland?«**[114] schildert sie das Leben der beiden in ihrem ersten Jahr nach der Flucht – zwischen Kriegstrauma und Neubeginn in einer westfälischen Kleinstadt: Wie wird man Teil der Gesellschaft? Wie lebt man weiter, wenn die eigene Familie im Kriegsgebiet um ihr Leben fürchtet? Wann ist man nicht mehr »Flüchtling«? Wie erleben Geflüchtete Unterstützung durch Fremde und den Rechtsruck in der deutschen Gesellschaft?

Berichte über die Lebensbedingungen von Geflüchteten in Deutschland finden sich auch regelmäßig im seit 2006 erscheinenden Magazin des Bayerischen Flüchtlingsrats **»Hinterland – das Vierteljahresmagazin für kein ruhiges«**.[115] Die Ausgaben beleuchten aus unterschiedlichen Perspektiven das Thema Flucht und Asyl (z. B. Beispiel Geflüchtete und rassistische Gewalt).

---

111 http://www.ndr.de/fernsehen/sendungen/ein-moment-der-bleibt/EinMoment
DerBleibt,einmomentderbleibt100.html

112 http://www.ardmediathek.de/tv/EinMomentDerBleibt-Wenn-Fl%C3%BCcht
linge-e/Thema?documentId=31952412

113 http://www.zeit.de/serie/mein-fuenfter-september

114 Antonie Rietzschel (2016): Dreamland Deutschland? Das erste Jahr nach der Flucht.
Zwei Brüder aus Syrien erzählen, München: Carl Hanser Verlag.

115 Vgl. www.hinterland-magazin.de

Gesundheitsleistungen und ärztliche Versorgung

Viele Geflüchtete sind bei ihrer Ankunft in einem körperlich und psychisch belasteten Zustand. In ihrem Herkunftsland und auch auf ihrer Flucht waren sie zumeist mit unterschiedlichen traumatischen Erlebnissen und Erfahrungen konfrontiert. Zudem belasten sie die Lebensbedingungen im neuen Land mitunter stark.

Das Asylbewerberleistungsgesetz regelt auch Gesundheitsleistungen bzw. den Anspruch auf ärztliche Versorgung. In den ersten 15 Monaten des Aufenthalts in Deutschland wird die erforderliche ärztliche Behandlung gemäß § 4 Abs. 1 AsylbLG eingeschränkt auf akute Erkrankungen, Schmerzzustände sowie zur Sicherung der Gesundheit unerlässliche Behandlungen.[116] Chronische Erkrankungen sowie prophylaktische Maßnahmen, Physio- und Psychotherapie, Hilfsmittel oder Zahnersatz sind davon nicht erfasst. Einzige Ausnahme stellen Notfälle, alle medizinischen Leistungen bei Schwangerschaft und Geburt, einschließlich Vorsorge und Hebammenhilfe (gemäß § 4 Abs. 2 AsylbLG), sowie allgemeine Vorsorgeuntersuchungen (z. B. Zahnvorsorge, Kinderuntersuchungen, Krebsvorsorge) und amtlich empfohlene Schutzimpfungen dar.[117]

Ärztliche Behandlungen, die keine Notfallbehandlungen darstellen, müssen in manchen Bundesländern zunächst bei den lokal zuständigen Sozialämtern beantragt und von den dortigen Fachkräften bewilligt werden. In einigen Bundesländern wurde für Geflüchtete mittlerweile die sogenannte Gesundheitskarte eingeführt, deren Leistungsumfang für übliche Behandlungen demjenigen gesetzlich Krankenversicherter entspricht und die eine Antragstellung vor einer Krankheitsbehandlung entbehrlich macht.[118] Nach 15 Monaten Aufenthaltsdauer können Asylsuchende und unter bestimmten Voraussetzungen auch Geduldete eine vollwertige Gesundheitskarte einer Krankenkasse erhalten.[119]

Bei der Hilfe für traumatisierte Geflüchtete und Asylsuchende stehen medizinische Fachkräfte in Praxen und Kliniken vor der Herausforderung, die Betroffenen gut versorgen zu wollen, ohne mit trauma- oder auch

---

116 Vgl. http://www.fluechtlingsinfo-berlin.de/fr/asylblg/Classen_AsylbLG_Gesundheit_08Juni2016.pdf; http://www.deutschlandfunk.de/gesundheitsversorgung-von-fluechtlingen-zwischen-kosten-und.724.de.html?dram%3Aarticle_id=323020

117 Vgl. http://www.fluechtlingsinfo-berlin.de/fr/asylblg/AsylbLG_kurz.pdf

118 Vgl. https://www.bertelsmann stiftung.de/fileadmin/files/BSt/Publikationen/GrauePublikationen/Studie_VV_Gesundheitskarte_Fluechtlinge_2016.pdf

119 Vgl. http://www.fluechtlingsinfo-berlin.de/fr/asylblg/AsylbLG_kurz.pdf

fluchtspezifischen Krankheiten vertraut zu sein. Ihre Arbeit wird zusätzlich dadurch erschwert, dass keine Dolmetscher*innen vorgesehen sind. Als Folge können insbesondere psychiatrische Erkrankungen und komplexe Traumafolgestörungen oftmals nur unzureichend diagnostiziert werden. Selten gelingt den Betroffenen der Zugang zu Expert*innen in spezialisierten psychosozialen Behandlungszentren, überdies sind die Kapazitäten dieser Zentren begrenzt.[120]

▶ Was ist ein Trauma und wer kann helfen?

Das Wort »Trauma« kommt aus dem Griechischen und bedeutet so viel wie »Verletzung«. Ein Trauma kann durch Naturkatastrophen, Terrorangriffe, aber auch durch einen schweren Unfall ausgelöst werden. Solche Ereignisse rufen bei fast jedem Menschen extremen Stress hervor. Zeigen sich unmittelbar nach dem Ereignis Symptome wie Betäubtheit oder Gefühlsschwankungen, sprechen Psycholog*innen von einer »Akuten Belastungsreaktion«. Sie klingt meist nach kurzer Zeit wieder ab. Halten die Symptome länger an, kann sich als typische Traumafolgestörung eine »Posttraumatische Belastungsstörung« (PTBS) mit Flashbacks, Schlafstörungen, Schreckhaftigkeit und Gleichgültigkeit entwickeln. Womöglich sind Betroffene nicht mehr in der Lage, sich sozialverträglich zu verhalten, und werden etwa in Stresssituationen auffällig. Ob und wie Menschen reagieren, hängt von ihrer Persönlichkeitsstruktur, dem Umfeld oder auch vom Alter ab. Sehr junge und sehr alte Menschen haben ein hohes Risiko, an einer PTBS zu erkranken.[121]

Laut Schätzungen von Expert*innen machten ca. 40 Prozent der nach Deutschland Geflüchteten mehrfach traumatisierende Erfahrungen und mussten Folter erleiden. Angenommen wird, dass bei jedem fünften bis siebten Geflüchteten Traumafolgestörungen vorliegen (vgl. Wirtgen 2009; siehe auch BafF e. V. 2016b: 20 ff.).

In Deutschland wurden in den 1970er-Jahren erste Behandlungszentren, Initiativen und Einrichtungen gegründet, die in der medizinischen, psychotherapeutischen und psychosozialen Versorgung und Rehabilitation von Opfern von Folter und anderen schweren Menschenrechtsverletzungen engagiert sind

---

120 Vgl. https://www.dgppn.de/fileadmin/user_upload/_medien/download/pdf/stellung
nahmen/2016/2016_03_22_DGPPN-Positionspapier_psychosoziale_Versorgung_
Fluechtlinge.pdf

121 Vgl. https://www.tagesschau.de/inland/fluechtlinge-traumata-101.html

(vgl. BAfF e. V. 2016a). 37 solcher Behandlungszentren haben sich vernetzt unter dem Dach der **Bundesweiten Arbeitsgemeinschaft der Psychosozialen Zentren für Flüchtlinge und Folteropfer e. V. (BAfF)**. Sie fördert den fachlichen Austausch der beteiligten Fachkräfte untereinander, vertritt gemeinsame Anliegen im Sinne einer Verbesserung der Lebenssituation der Überlebenden politisch motivierter Gewalt und entwickelt Qualitätsstandards für die Betreuung und Behandlung traumatisierter Geflüchteter durch professionelle traumaspezifische Therapieangebote.[122]

Auf der Webseite der BAfF finden sich eine Vielzahl von Informationen zum Thema, Positionspapiere sowie Adressen von Einrichtungen in den einzelnen Bundesländern zur Beratung und Therapie traumatisierter Geflüchteter und Folteropfer.[123]

Empfehlenswert und auch für grundsätzlich am Thema Interessierte geeignet ist zudem die von der BAfF entwickelte Handreichung für Ärzt*innen und Psychotherapeut*innen **»Flüchtlinge in unserer Praxis«**.[124]

Bildung

Für geflüchtete Kinder besteht derselbe rechtliche Anspruch auf einen Kinderkrippen- bzw. Kindergartenplatz wie für jedes andere Kind der jeweiligen Altersgruppe in Deutschland (vgl. § 24 SGB VIII). Geflüchtete Jugendliche, die noch nicht volljährig sind, unterliegen der Schulpflicht. Dies bedeutet, dass eine normale Beschulung in den staatlichen Bildungseinrichtungen stattzufinden hat. Entsprechende Regelungen sind in den Landesschulgesetzen getroffen, im Detail gibt es allerdings Unterschiede zwischen den Bundesländern. In den Schulen steht zunächst das Erlernen der deutschen Sprache im Mittelpunkt. Dazu werden in der Regel Sprachförderklassen (auch Vorbereitungs-, Übergangs- oder Auffangklassen genannt) und andere unterstützende Maßnahmen eingerichtet (wie etwa Coaching und Supervision für Erzieher*innen oder Lehrer*innen oder auch zusätzliche Mittel für Schulen, in denen migrationsspezifische

---

122 Vgl. http://www.baff-zentren.org/news/ehrenamt-in-der-psychosozialen-arbeit-mit-gefluechteten/

123 Vgl. http://www.baff-zentren.org/mitgliedszentren-und-foerdermitglieder/

124 Vgl. http://www.baff-zentren.org/wp-content/uploads/2016/03/BAfF-Fluechtlinge _in_unserer_Praxis.pdf

Bedarfe besonders ausgeprägt sind; vgl. Autorengruppe Bildungsberichterstattung 2016: 185 ff.).[125]

Während der Dauer des Asylverfahrens und solange sie Grundleistungen
nach § 3 AsylbLG beziehen, haben Geflüchtete Anspruch auf Leistungen
nach dem sogenannten Bildungs- und Teilhabepaket gemäß § 34 SGB XII
(z. B. spezifische Lernförderung, Kostenübernahme für Schulbedarf, Aus-
flüge und Klassenfahrten).[126]

Werden die entsprechenden Hochschulzugangsvoraussetzungen nach-
gewiesen, ist auch die Aufnahme eines Studiums in Deutschland grundsätzlich möglich. Hilfreich zur Bewertung ausländischer Bildungsabschlüsse ist
das Online-Informationsportal »anabin« der Kultusministerkonferenz.[127]
Mithilfe der dort bereitgestellten Datenbank kann recherchiert werden,
wie ein ausländischer Hochschulabschluss in Deutschland bewertet bzw.
als Hochschulzugangsvoraussetzung anerkannt wird.

Für erwachsene Geflüchtete sind während eines laufenden Asylverfahrens keine Sprach- und Bildungsangebote wie etwa Deutschkurse vorgesehen. Im Sommer 2016 hatten lediglich Geflüchtete aus Syrien, dem
Irak, Eritrea und dem Iran Zugang zu Integrationskursen – für Menschen
aus diesen Herkunftsländern wird eine »gute Bleibeperspektive« angenommen. Erst nach positivem Asylentscheid und Erhalt eines Aufenthaltstitels
besteht für Menschen aus anderen Herkunftsländern die Möglichkeit bzw.
dann auch Verpflichtung, an einem Sprach- oder Integrationskurs teilzunehmen (vgl. § 44 AufenthG).[128] Geduldete können nur, wenn es freie
Plätze gibt, an einem Integrationskurs teilnehmen. Für sie ist die Teilnahme zudem kostenpflichtig.

Sofern in anderen Ländern erworbene Bildungs- und Berufsabschlüsse
in Deutschland anerkannt werden, können sie als Berufszugangsvoraus-
setzung genutzt werden. Weiterführende Informationen zur Anerkennung
von im Ausland erworbenen Berufsqualifikationen finden sich in dem

---

125 Siehe auch http://www.zeit.de/2016/29/integration-fluechtlinge-schule-kinder-
jugendliche-deutschunterricht-sprachbarriere-bildungspolitik

126 Vgl. http://www.bmas.de/DE/Themen/Arbeitsmarkt/Grundsicherung/Leistungen-
zur-Sicherung-des-Lebensunterhalts/Bildungspaket/bildungspaket.html sowie http://
www.bamf.de/DE/Willkommen/KinderFamilie/Kindergeld/kindergeldnode.html

127 Vgl. http://www.anabin.kmk.org

128 Vgl. http://www.bamf.de/DE/Willkommen/DeutschLernen/Integrationskurse/inte
grationskurse-node.html sowie http://www.bmi.bund.de/DE/Themen/Migration-
Integration/Integration/Integrationskurse/integrationskurse_node.html

Online-Informationsportal der Bundesregierung »Anerkennung in Deutschland«.[129]

3.4 Geflüchtete Kinder und Jugendliche

Geflüchtete Kinder und Jugendliche sind eine besonders schutzbedürftige Gruppe. Sie kommen mit ihren Familien oder alleine in ein fremdes Land, dessen Sprache sie nicht sprechen und dessen Lebensgewohnheiten und Alltag sie nicht kennen. Sie sind geflohen vor nicht mehr erträglichen Zuständen und haben ihr Zuhause hinter sich gelassen. Vor und auf der Flucht haben sie häufig Schreckliches erlebt; aufgrund von Erfahrungen mit Gewalt und Tod, Entbehrungen und Strapazen sind sie oftmals physisch und psychisch stark belastet, teilweise traumatisiert. Sie leben mit Eltern zusammen, die nicht nur ihr Hab und Gut verloren haben, sondern ebenfalls bedrückende oder traumatisierende Erfahrungen gemacht haben, sodass es ihnen in vielen Fällen schwer fällt, ihren Kindern Halt in der für sie neuen Welt zu geben.

Sogenannte unbegleitete minderjährige Flüchtlinge (UMF) sind alleine geflohen, ohne erwachsene Bezugsperson, oder sie wurden auf der Flucht von ihren Eltern bzw. Familienangehörigen getrennt.

Nach Berechnungen des Bundesfachverbands unbegleitete minderjährige Flüchtlinge e. V. (BumF) hielten sich zum Stichtag 30.11.2015 rund 217000 geflüchtete Kinder und Jugendliche in Deutschland auf (BumF 2016: 19),[130] wobei von etwas über 60000 unbegleiteten Kindern und Jugendlichen ausgegangen wurde.[131] Ebenfalls nach einer Schätzung des BumF sind 2015 rund 36000 Kinder und Jugendliche unbegleitet nach Deutschland eingereist (vgl. BumF 2016: 17). 2014 betrug laut einer BumF-Auswertung die Zahl der unbegleitet nach Deutschland eingereisten Kinder und Jugendlichen 10400 (vgl. BumF 2015: 2f.). Im Vergleich zu 2009 (3015 Einreisen) handelte es sich dabei bereits um mehr als eine Verdreifachung; zwischen 2014 und 2015 verdreifachte sich die Zahl erneut. Zu über 90 Prozent handelte es sich um männliche Kinder und Jugendliche (vgl. ebd.: 8).

---

129 Vgl. https://www.anerkennung-in-deutschland.de

130 Vgl. http://www.b-umf.de/images/UNICEF_BUMF_FactFinding_Fl%C3%BC chtlingskinder.pdf

131 Angabe für Ende Januar 2016; vgl. http://www.b-umf.de/images/150129_PM_ AktuelleZahlenUMF.pdf

Im Jahr 2015 wurden laut Angaben des Bundesamts für Migration und Flüchtlinge 22 255 Asylerstanträge von unbegleiteten Kindern und Jugendlichen gestellt; Hauptherkunftsländer waren Afghanistan (34,4 Prozent),[132] Syrien (31,1 Prozent), Irak (8,4 Prozent) und Eritrea (8,1 Prozent). 30,5 Prozent der Kinder und Jugendlichen waren unter 16 Jahre alt, 69,5 Prozent im Alter von 16 bis unter 18 Jahren (vgl. BAMF 2016a: 23).

Mittlerweile ist international anerkannt, dass geflüchtete Kinder und Jugendliche eine Gruppe mit besonderen Schutzrechten sind. Das »Übereinkommen über die Rechte des Kindes« der Vereinten Nationen (kurz: UN-Kinderrechtskonvention) formuliert dies in Artikel 22 (»Flüchtlingskinder«): »Die Vertragsstaaten treffen geeignete Maßnahmen, um sicherzustellen, dass ein Kind, das die Rechtsstellung eines Flüchtlings begehrt oder nach Maßgabe der anzuwendenden Regeln und Verfahren des Völkerrechts oder des innerstaatlichen Rechts als Flüchtling angesehen wird, angemessenen Schutz und humanitäre Hilfe bei der Wahrnehmung der Rechte erhält, die in diesem Übereinkommen oder in anderen internationalen Übereinkünften über Menschenrechte oder über humanitäre Fragen, denen die genannten Staaten als Vertragsparteien angehören, festgelegt sind, und zwar unabhängig davon, ob es sich in Begleitung seiner Eltern oder einer anderen Person befindet oder nicht. (...) Können die Eltern oder andere Familienangehörige nicht ausfindig gemacht werden, so ist dem Kind im Einklang mit den in diesem Übereinkommen enthaltenen Grundsätzen derselbe Schutz zu gewähren wie jedem anderen Kind, das aus irgendeinem Grund dauernd oder vorübergehend aus seiner familiären Umgebung herausgelöst ist«.[133]

▶ **Die Kinderrechtskonvention (KRK)**

Die Kinderrechtskonvention (KRK) der Vereinten Nationen (UN) trat am 2. September 1990 in Kraft. Sie legt in 54 Artikeln weltweit gültige Standards im Umgang mit Kindern und zu deren Schutz fest und betont die Wichtigkeit kindlichen Wohlbefindens. Das Kind steht als Subjekt seines Lebens mit eigenen Rechten im Mittelpunkt (»best interests of the child«). Die KRK beruht auf vier Prinzipien:

---

132 Afghanistan ist seit vielen Jahren Hauptherkunftsland von nach Deutschland eingereisten unbegleiteten Kindern und Jugendlichen.

133 Zit. nach https://www.kinderrechtskonvention.info/uebereinkommen-ueber-die-rechte-des-kindes-370/

Recht auf Gleichbehandlung (Artikel 2): »Kein Kind darf benachteiligt werden – sei es wegen seines Geschlechts, seiner Herkunft, seiner Staatsbürgerschaft, seiner Sprache, Religion oder Hautfarbe, einer Behinderung oder wegen seiner politischen Ansichten.«

Vorrangigkeit des Kindeswohls (Artikel 3): »Wann immer Entscheidungen getroffen werden, die sich auf Kinder auswirken können, muss das Wohl des Kindes vorrangig berücksichtigt werden – dies gilt in der Familie genauso wie für staatliches Handeln.«

Recht auf Leben und Entwicklung (Artikel 6): »Jedes Land verpflichtet sich, in größtmöglichem Umfang die Entwicklung der Kinder zu sichern – zum Beispiel durch Zugang zu medizinischer Hilfe, Bildung und Schutz vor Ausbeutung und Missbrauch.«

Berücksichtigung der Meinung des Kindes (Artikel 12): »Alle Kinder sollen als Personen ernst genommen und respektiert und ihrem Alter und ihrer Reife gemäß in Entscheidungen einbezogen werden« (vgl. UNICEF Deutschland o.J.).

Aus diesen Prinzipien leiten sich z.B. das Recht auf medizinische Hilfe, auf Ernährung, auf den Schutz vor Ausbeutung und Gewalt sowie auf freie Meinungsäußerung und Beteiligung ab.

Der UN-Kinderrechtskonvention sind bislang 194 Staaten beigetreten. Die Bundesrepublik Deutschland hat die KRK am 6. März 1992 ratifiziert, zunächst allerdings nur unter ausländerrechtlichen Vorbehalten: Demgemäß hatte das bundesdeutsche Ausländerrecht Vorrang vor Verpflichtungen der Konvention, sodass die Bundesrepublik weiterhin Abschiebehaft gegen Kinder und Jugendliche verhängen konnte. Diese Praxis wurde erst mit Rücknahme der entsprechenden Vorbehalte zum 1. November 2010 beendet.

Die Bestimmungen der UN-Kinderrechtskonvention gelten gemäß Artikel 22 unabhängig davon, ob sich ein Flüchtlingskind in Begleitung seiner Eltern oder einer anderen Person befindet oder nicht. Die Europäische Union hat die Konvention als Ausgangspunkt für die Formulierung verbindlicher und konkreter Rechte und Garantien für asylrechtliche Verfahren und die Zuerkennung internationalen Schutzes für geflüchtete Kinder genommen.

So gewährleistet beispielsweise die EU-Richtlinie 2013/33/EU des Europäischen Parlaments und des Rates vom 26. Juni 2013 »zur Festlegung von

Normen für die Aufnahme von Personen, die internationalen Schutz beantragen« (»Aufnahmerichtlinie«) Zugang zum Aufnahmeverfahren, zu Bildung und kindgerechter Unterbringung in allen Mitgliedsstaaten der EU. Die EU-Richtlinie 2013/32/EU »zu gemeinsamen Verfahren für die Zuerkennung und Aberkennung des internationalen Schutzes« (»Verfahrensrichtlinie«) wiederum garantiert Kindern und Jugendlichen die Möglichkeit, einen Asylantrag zu stellen, das Recht auf eine kindgerechte Durchführung der Asylanhörung sowie die Inanspruchnahme einer rechtlichen Vertretung, die ihre Aufgaben im Sinne des Kindeswohls wahrnimmt. Die Dublin-III-Verordnung aus dem Jahr 2013 (siehe Info-Kasten → S. 76 f.) verpflichtet die Mitgliedsstaaten, die Möglichkeit einer Familienzusammenführung zu prüfen. Halten sich Familienangehörige, Geschwister oder Verwandte im Hoheitsgebiet anderer EU-Staaten auf, schreibt die Verordnung vor, dass sie eng miteinander kooperieren, um die Familienzusammenführung zu ermöglichen.

Für unbegleitet geflüchtete Kinder und Jugendliche, die die Volljährigkeit noch nicht erreicht haben, hat die Orientierung an der KRK einige Verbesserungen bewirkt: Ungeachtet ihres Aufenthaltsstatus sind sie in Deutschland mittlerweile eine reguläre, in das Jugendhilfesystem integrierte Zielgruppe des deutschen Kinder- und Jugendhilfegesetzes (KJHG), geregelt durch das Sozialgesetzbuch (SGB) VIII.

Seit 2005 sind deutsche Jugendämter verpflichtet, Kindern und Jugendlichen, die ohne sorgeberechtigte Erwachsene geflüchtet sind, bei Unterbringung, Versorgung und Betreuung den gleichen Schutz zu gewähren wie jedem anderen Kind in Deutschland auch, das dauerhaft oder vorübergehend, aus welchen Gründen auch immer, aus seiner familiären Umgebung herausgelöst wurde. Unmittelbar nach ihrer Ankunft werden sie nach § 42 SGB VIII (»Inobhutnahme«) durch das zuständige Jugendamt betreut; ihre Unterbringung erfolgt in der Regel nicht in Erstaufnahmeeinrichtungen, sondern in speziellen Einrichtungen der Kinder- und Jugendhilfe. Im Rahmen der Inobhutnahme sollen die unbegleiteten Kinder und Jugendlichen Schutz und Ruhe sowie medizinische und materielle Versorgung erfahren; eine Vormundschaft[134] wird eingerichtet. Zudem werden

---

134 Von Gesetzes wegen wird in Deutschland für noch nicht volljährige Kinder und Jugendliche, die ohne Eltern leben, eine der elterlichen Sorge nachempfundene Vormundschaft eingerichtet. Sie umfasst alle Lebensbereiche (§§ 1773-1895 BGB) und betrifft nur Minderjährige. Ein*e Vormund*in hat für die Person und das Vermögen des Mündels zu sorgen. Die Vormundschaft kann bei Fachkräften des zuständigen Jugendamts liegen (Amtsvormundschaft), sie kann aber auf Antrag

eine ausländerrechtliche Registrierung und gegebenenfalls eine Alterseinschätzung durchgeführt sowie Möglichkeiten einer Familienzusammenführung geprüft. Zeitnah soll die Hilfeplanung unter Federführung des zuständigen Jugendamts beginnen (Espenhort/Noske 2015: 277).[135]

Die aufenthaltsrechtliche Situation unbegleitet geflüchteter Kinder und Jugendlicher in Deutschland ist sehr unterschiedlich. Sie können ihren Aufenthalt über verschiedene Wege verfestigen und eine Aufenthaltserlaubnis erhalten. Eine Möglichkeit ist ein erfolgreich durchlaufenes Asylverfahren. Auch hier ist, wie bei Erwachsenen, die persönliche Anhörung zu Fluchtgründen das Kernstück des Verfahrens. Basierend auf den Angaben, die der junge Mensch im Rahmen der Anhörung macht, sowie aller weiteren Erkenntnisse, die gewonnen wurden, prüft das Bundesamt für Migration und Flüchtlinge (BAMF) den Antrag. Für die Anhörung von unbegleiteten Kindern und Jugendlichen gelten im Detail andere Verfahrensregeln als für erwachsene Antragsteller*innen: Unter besonderen Voraussetzungen wird die Möglichkeit einer schriftlichen Befragung eingeräumt, in den BAMF-Außenstellen sollen speziell geschulte Anhörer*innen (sogenannte Sonderbeauftragte für unbegleitete Minderjährige) die Befragung von Kindern und Jugendlichen durchführen, rechtliche Vertreter*innen des Kindes bzw. Jugendlichen müssen, weitere Vertrauenspersonen können anwesend sein (Vormund*innen wird eingeräumt, sich im Rahmen der Anhörung zu äußern), und bei der Anerkennung des Schutzbedarfs müssen die spezifischen Situationen von Kindern und Jugendlichen berücksichtigt werden. Die sogenannte kinderspezifische Verfolgung umfasst beispielsweise die Zwangsrekrutierung als Kindersoldaten, Kinderhandel, Genitalverstümmelung, familiäre und häusliche Gewalt, Zwangsprostitution oder Zwangsheirat.[136]

Nach Angaben der Bundesregierung lag die Schutzquote für unbegleitet geflüchtete Kinder und Jugendliche im Jahr 2015 bei 90 Prozent – wobei allerdings nach Hochrechnungen wohl nur in etwas mehr als einem Drittel der Fälle überhaupt Asylanträge gestellt wurden (vgl. Deutscher Bundestag

---

auch an einzelne, vom zuständigen Familiengericht als geeignet eingeschätzte Privatpersonen übertragen werden (private Einzelvormundschaft). Die Vormundschaft endet mit dem Wegfall der Voraussetzungen ihrer Anordnung, d. h. Erreichen der Volljährigkeit oder Zusammenführung mit den leiblichen Eltern bzw. einem Elternteil; siehe dazu auch die entsprechenden Anmerkungen in Kapitel 4, S. 160 ff.

135 Vgl. zur Inobhutnahme die Informationen unter: http://www.b-umf.de/de/themen/inobhutnahme

136 Vgl. http://www.b-umf.de/images/2016_07_05_Arbeitshilfe_Asylverfahren_UMF.pdf

2016a: 28).[137] Wegen des Abschiebungsschutzes nach § 58 Abs. 1a AufenthG ist der Aufenthalt von unbegleiteten Kindern und Jugendlichen auch unabhängig von einer Asylantragstellung zunächst gesichert.

Asylanträge von Kindern und Jugendlichen aus bestimmten Herkunftsländern, z. B. aus dem Maghreb, anderen afrikanischen Ländern oder vom Balkan, haben in der Regel geringere Chancen auf Erfolg. Hier können zur Aufenthaltssicherung – insbesondere für die Zeit nach Erreichen der Volljährigkeit – andere Wege gewählt werden (vgl. Espenhorst/Noske 2015: 277): Liegt ein zielstaatsbezogenes Abschiebeverbot vor, beispielsweise aufgrund einer Erkrankung, die schwierig zu behandeln ist, dann kann bei der Ausländerbehörde eine Aufenthaltserlaubnis beantragt werden. Sie kann auch dann erteilt werden, wenn eine Person unverschuldet ohne gültige Reisedokumente oder reiseunfähig ist. Bis zur Entscheidung durch die Ausländerbehörde erhalten die jungen Geflüchteten eine Duldung nach § 60a Aufenthaltsgesetz (AufenthG). Im Gegensatz zum Asylverfahren werden im Falle eines Antrags auf Duldung bei der Ausländerbehörde die Gründe schriftlich und ohne persönliche Anhörungen vorgebracht. Eine weitere Möglichkeit ist die Ausbildungsduldung nach § 60a Abs. 2 Satz 4 ff. AufenthG. Hier kann für ein Jahr (mit Verlängerungsoption) eine Duldung erteilt werden, wenn der*die betreffende Jugendliche vor Vollendung des 21. Lebensjahres eine qualifizierte Berufsausbildung aufgenommen hat.[138]

Bevor ein Asylantrag gestellt wird, empfiehlt es sich, unter Einbezug aller relevanten Beteiligten (Vormund*in, Betreuungspersonal aus der Jugendhilfeeinrichtung, Anwält*in und betroffenes Kind bzw. betroffene*r Jugendliche*r) ein sogenanntes aufenthaltsrechtliches Clearing durchzuführen. Dabei werden verschiedene Möglichkeiten der Aufenthaltssicherung ausgelotet. Je nach individueller Situation wird dann entschieden, ob ein Asylantrag zu stellen ist oder nicht.

Jüngste asyl- und aufenthaltsrechtliche Gesetzesänderungen, die im Zuge und zur Bewältigung der sprunghaft angestiegenen Zahl von Geflüchteten verabschiedet wurden, lassen Verschärfungen in den im Umgang mit unbegleiteten Kindern und Jugendlichen praktizierten Verfahren erwarten, sodass zuvor mühsam errungene Standards erneut zu erodieren drohen (vgl. Smessaert 2015): Wurden betroffene Kinder und Jugendliche bis

---

137 Hier ist zu vermuten, dass die rechtlichen Vertreter*innen vor allem Asylanträge bei Kindern und Jugendlichen aus Herkunftsländern mit guten Erfolgsaussichten stellen (vgl. Deutscher Bundestag 2016a: 28).

138 Vgl. http://www.einwanderer.net/fileadmin/downloads/tabellen_und_uebersichten/ausbildungsduldung.pdf

vor Kurzem – im Gegensatz zu anderen schutzsuchenden Menschen – nicht nach dem »Königsteiner Schlüssel« (→ S. 79) über das Bundesgebiet weiterverteilt, so regelt das zum 1. November 2015 in Kraft getretene »Gesetz zur Verbesserung der Unterbringung, Versorgung und Betreuung ausländischer Kinder und Jugendlicher« die bundesweite Verteilung unbegleitet eingereister Kinder und Jugendlicher nach einem bestimmten Verwaltungsschlüssel (§ 42b SGB VIII; vgl. BT-Drucksachen 18/5921, 18/6289, 18/6392); grenznahe Kommunen (wie etwa Aachen, Rosenheim, Trier, Passau und Flensburg) und einzelne, seit Jahren zugangsstarke Großstädte (z. B. Frankfurt a. M., Hamburg, Berlin, Köln, München) sollen dadurch entlastet werden. Zwar sieht das Gesetz vor, die betroffenen Kinder und Jugendlichen bei der Einschätzung der Verteilungsentscheidung zu beteiligen (§ 42a Abs. 3 SGB VIII), allerdings haben sie während dieser »vorläufigen Inobhutnahme« keine aktive Rechtsposition, aus der heraus sie Einfluss nehmen könnten. Erst nach ihrer Verteilung auf das Bundesgebiet (und nicht direkt nach ihrer Ankunft) steht ihnen eine unabhängige rechtliche Vertretung zur Verfügung. Bis dahin ist die Bestellung einer*s Vormund*in nicht verpflichtend.[139] Obgleich es seit Längerem fachpolitische Forderungen nach einer garantierten unabhängigen rechtlich und migrationssensibel qualifizierten Vertretung unbegleitet eingereister Kinder und Jugendlicher gibt, wurden diese auch in der jüngsten Gesetzesnovellierung (erneut) nicht beachtet (Meysen/González Méndez de Vigo 2015: 22 f.).

Eine andere Diskriminierung wurde im Zuge der aktuellen Novellierung der Asylgesetzgebung indes beseitigt: Bislang wurden 16- und 17-Jährige als rechtlich handlungsfähig eingestuft und somit im asyl- und aufenthaltsrechtlichen Verfahren wie Erwachsene behandelt. Mittlerweile wurde die Altersgrenze auf 18 Jahre angehoben. Damit wird den Anforderungen des Minderjährigenschutzes der UN-Kinderrechtskonvention nun auch mit Blick auf unbegleitet eingereiste Kinder und Jugendliche entsprochen (ebd.: 23). Dies hat allerdings zur Folge, dass Jugendliche nunmehr nur noch in Begleitung eines*r Vormundes*in einen Antrag auf Asyl stellen können.

Vor diesem Hintergrund kann abschließend festgehalten werden: Obgleich die fachpolitischen Diskussionen um unbegleitet eingereiste Kinder und Jugendliche zugenommen haben, fehlt es (noch) an Überblicken und durch empirische Forschung gesicherten Erkenntnissen über die kon-

---

139 Der BumF hat auf seiner Webseite Hintergrundinformationen zur Diskussion um die Einführung eines Umverteilungsverfahrens für unbegleitet geflüchtete Kinder und Jugendliche zur Verfügung gestellt, vgl. http://www.b-umf.de/de/themen/umverteilung

kreten Lebenssituationen der Betroffenen. Wissenslücken existieren im Hinblick auf die Einrichtungs- und Angebotslandschaft, die Unterbringungspraxis und die Bedarfe, Wünsche, Lebenswirklichkeiten und Perspektiven der geflüchteten jungen Menschen selbst.

→ Weiterlesen und Vertiefen

- Die englischsprachige **Online-Plattform »Birds of Immigrants«** veröffentlicht Erfahrungsberichte junger, nach Europa geflüchteter Menschen.[140]

- **Jugendliche ohne Grenzen (JOG)**, ein 2005 gegründeter, bundesweiter Zusammenschluss jugendlicher Geflüchteter, wendet sich unter anderem gegen jegliche Art von Diskriminierung, setzt sich gegen Abschiebungen sowie für ein tatsächliches Bleiberecht und Chancengleichheit junger Geflüchteter in den Bereichen Bildung und Arbeitsmarkt ein. Auf der Webseite sind ebenfalls **Berichte und Positionen von Jugendlichen mit Fluchterfahrungen** zu finden.[141]

- **»Young Refugees_NRW«**[142] – ein Gemeinschaftsprojekt der Arbeiterwohlfahrt Westliches Westfalen e. V. und des Frankfurter Instituts für Sozialarbeit und Sozialpädagogik (ISS) e. V. – zielt darauf, gleichermaßen für Lai*innen und Fachkräfte in verschiedenen Bereichen der Arbeit mit Geflüchteten Informationen zu schaffen, zu vernetzen und in die Entwicklung passgenauer Angebote für Kinder und Jugendliche mit Fluchterfahrungen zu übersetzen. Der im Juli 2016 erschienene **Zwischenbericht zum Projekt »Ich brauche hier nur einen Weg, den ich finden kann«**[143] enthält unter anderem Interviews mit jungen begleiteten und unbegleiteten Geflüchteten.

- Der 1998 gegründete Bundesfachverband unbegleitete minderjährige Flüchtlinge (BumF) setzt sich für geflüchtete Kinder und Jugendliche, die unbegleitet nach Deutschland einreisen, und deren Rechte ein.

---

140 Vgl. http://birdsofimmigrants.jogspace.net/

141 Vgl. http://jogspace.net/voices/

142 Vgl. http://www.youngrefugees.nrw/project.php

143 Vgl. http://www.youngrefugees.nrw/files/YR-Zwischenbericht_Einzelseiten.pdf

Neben Einzelpersonen sind mehr als 90 Organisationen Mitglieder des Vereins. Übergeordnete Ziele sind die Verbesserung der Aufnahmesituation unbegleiteter Kinder und Jugendlicher die Sicherstellung ihrer gesellschaftlichen Beteiligung, die Vermittlung von Wissen (nicht zuletzt auch in Form von Fachtagen und Schulungen), eine Vernetzung der Fachöffentlichkeit sowie politische Überzeugungsarbeit. Auf der Webseite des BumF sind verschiedene, für die Gruppe der UMF relevante Themen, **Projekte des BumF sowie weiterführende Hinweise zur Situation junger Geflüchteter** aufbereitet.[144] Zum Download steht dort auch die in verschiedenen Sprachen vorliegende **Broschüre »Willkommen in Deutschland – Ein Wegbegleiter für unbegleitete Minderjährige«** bereit.[145]

- Eine Fülle von **Informationen zum Themenfeld unbegleitete Kinder und Jugendliche in Deutschland** findet sich in einer Reihe von **Bundestagsdrucksachen**, in denen die Antworten der Bundesregierung auf parlamentarische Anfragen der Opposition dokumentiert sind, so etwa zur »Situation unbegleiteter minderjähriger Flüchtlinge in Deutschland« (DS 18/2999 vom 15.10.2014[146] und DS 18/5564 vom 15.07.2015[147]), zum »Entwurf eines Gesetzes zur Verbesserung der Unterbringung, Versorgung und Betreuung ausländischer Kinder und Jugendlicher« (DS 18/5921 vom 07.09.2015),[148] zu »Beteiligung, Förderung und Schutz von unbegleiteten minderjährigen Flüchtlingen durch die Kinder- und Jugendhilfe« (DS 18/7621 vom 22.02.2016),[149] zu »Unbegleitete minderjährige Flüchtlinge im Asylverfahren« (DS 18/9136 vom 06.07.2016),[150] zu »Zugangszahlen und Entwicklungen bei unbegleiteten minderjährigen Flüchtlingen« (DS 18/9615 vom 12.09.2016).[151]

---

144 Vgl. http://www.b-umf.de; insbesondere die Rubriken »Aktuelles« und »Themen«.

145 Vgl. http://www.b-umf.de/de/publikationen/willkommensbroschuere

146 Vgl. http://dip21.bundestag.de/dip21/btd/18/029/1802999.pdf

147 Vgl. http://dip21.bundestag.de/dip21/btd/18/055/1805564.pdf

148 Vgl. http://dip21.bundestag.de/dip21/btd/18/059/1805921.pdf

149 Vgl. http://dip21.bundestag.de/dip21/btd/18/076/1807621.pdf

150 Vgl. http://dip21.bundestag.de/dip21/btd/18/091/1809136.pdf

151 Vgl. http://dip21.bundestag.de/dip21/btd/18/096/1809615.pdf

3.5 Menschen in der aufenthaltsrechtlichen Illegalität

»Irreguläre Migrant*innen«, »Papierlose« (frz. »Sans Papiers«), »undokumentierte Einwander*innen«, »Clandestinos«, »Untergetauchte«, »Statuslose«, »Illegalisierte« – all dies sind Bezeichnungen für Menschen, die ohne Aufenthaltstitel und ohne formelle Duldung in einem Staat leben, dessen Staatsangehörigkeit sie nicht besitzen. Sie durften nach dem Recht des Staates, in dem sie sich aufhalten, nicht einreisen und haben es trotzdem getan; oder sie hätten ausreisen müssen und sind geblieben. Sie leben in einer aufenthaltsrechtlichen Illegalität[152] außerhalb der Reichweite offizieller Behörden. Deshalb gibt es nur wenige gesicherte Informationen über sie. Laut Schätzungen des EU-finanzierten Rechercheprojekts »CLANDESTINO« zur irregulären Migration[153] hielten sich 2014 zwischen 180 000 und 520 000 irregulär Eingewanderte in Deutschland auf (vgl. Vogel 2015). Der Anfang 2016 vom Bundesamt für Migration und Flüchtlinge herausgegebene »Migrationsbericht 2014« geht von rund 57 000 »unerlaubt eingereisten Personen« (BAMF 2016a: 178) aus. Der Bericht enthält allerdings keine Aussagen zu Einwander*innen, die zunächst legal in Deutschland gelebt haben und über die Dauer ihrer Aufenthaltsgenehmigung hinaus hier geblieben sind.

Bei irregulären Migrant*innen handelt es sich um heterogene, häufig von Stadt zu Stadt unterschiedlich zusammengesetzte Gruppen: Menschen mit einem Duldungsstatus oder laufenden Asylverfahren, die aus Angst, abgeschoben zu werden, abgetaucht sind; Menschen, die mit einem Touristenvisum eingereist sind, vielleicht um ihre Familien zu besuchen oder um zu studieren, und die geblieben sind (sogenannte Overstayer); Menschen, die aufgrund von Arbeitsgelegenheiten nach Deutschland gekommen und in den informellen Arbeitsmarkt (in Privathaushalten, Hotels und Gaststätten, in der Landwirtschaft oder im verschleppte Frauen, die hier zur Prostitution gezwungen werden; Kinder, die in der Illegalität zur Welt gekommen sind.

---

152 In offiziellen Dokumenten taucht zudem immer wieder der – stigmatisierende – Begriff »illegaler Migrant« auf. Associated Press (AP), die weltweit größte Nachrichtenagentur, gab im April 2013 bekannt, den Begriff aus ihrem »Stylebook«, an dem sich Journalist*innen auf der ganzen Welt orientieren, zu streichen. Die rechtswidrige Handlung einer »illegalen Einwanderung« könne zwar auch künftig als solche benannt werden, Menschen seien allerdings niemals illegal, so die dazugehörige Erklärung; vgl. https://blog.ap.org/announcements/illegal-immigrant-no-more

153 Vgl. http://irregular-migration.net//typo3_upload/groups/31/4.Background_ Information/4.3.Policy_Briefs_NATIONAL/Germany_PolicyBrief_Clandestino_ Nov09_2_de.pdf sowie http://irregular-migration.net/index.php?id=177

Nach außen hin unterscheidet sich das Leben von »Papierlosen« oft kaum von dem anderer: Sie arbeiten, haben eine Wohnung, versuchen, ihren Kindern einen Kindergarten- oder Schulbesuch zu ermöglichen und im Krankheitsfall Zugang zu medizinischer Versorgung zu erhalten. Allerdings sind die Bedingungen, unter denen sie dies tun, komplett andere – nämlich die der aufenthaltsrechtlichen Illegalität (vgl. dazu m. w. N. Wilmes 2013[154]). Erfahren Ordnungsbehörden von ihrer Existenz, besteht die Gefahr einer Abschiebung oder Ausweisung.[155] Das führt dazu, dass »Papierlose« auf dem Arbeits- und Wohnungsmarkt besonders prekäre Positionen einnehmen müssen: Sie arbeiten ohne aufenthalts- und arbeitsrechtliche Absicherungen, häufig zu niedrigen Löhnen, unter schlechten Arbeitsbedingungen und mit mangelndem Arbeitsschutz; bei nicht ausgezahlten Löhnen können sie sich nirgends beschweren; viele wohnen teilweise unter schwierigen Bedingungen, in überbelegten und sanierungsbedürftigen Räumlichkeiten. Oft sind sie der Willkür von Arbeitgeber*innen und Vermieter*innen schutzlos ausgeliefert.

Aufgrund fehlender gesetzlicher und zu teurer privater Krankenversicherungen ist die medizinische Versorgung von Menschen ohne legalen Aufenthaltsstatus in Deutschland unzureichend: Für die Betroffenen ist die einzige Option in der Regel der Besuch offener, anonymer und kostenloser ärztlicher Sprechstunden, die – zumeist lediglich in Großstädten – von zivilgesellschaftlichen und/oder kirchlichen Initiativen organisiert werden. Schwangerschaften und Geburten, chronische und schwere Erkrankungen, Unfälle und schwere Verletzungen stellen die Menschen vor existenzielle Herausforderungen. Neben den finanziellen Kosten müssen sie befürchten, dass regelmäßige Arztbesuche oder Krankenhausaufenthalte zur Aufdeckung ihres besonderen Status führen.[156]

---

154 Vgl. http://www.bpb.de/apuz/172380/kommunaler-umgang-mit-menschen-ohne-papiere?p=all

155 Zur Kritik daran vgl. den Beitrag von Vogel (2013) unter: http://www.bpb.de/gesellschaft/migration/newsletter/159165/darf-illegaler-aufenthalt-strafbar-sein; siehe auch http://www.bpb.de/gesellschaft/migration/kurzdossiers/57344/irregulaere-migration

156 Aufgrund einer entsprechenden Verwaltungsvorschrift zum Aufenthaltsgesetz ist das Verwaltungspersonal von Krankenhäusern seit 2009 nicht mehr verpflichtet, die Daten von Menschen ohne Aufenthaltsgenehmigung, die sich zur Behandlung in ein Krankenhaus begeben haben, an die zuständigen Behörden zu übermitteln. Gesundheitsämter dagegen sind »übermittlungspflichtig«; vgl. die Informationen des Mediendienstes Integration unter: https://mediendienst-integration.de/migration/sans-papiers.html

Auf die Lebensbedingungen von Kindern irregulärer Migrant*innen hat es sich positiv ausgewirkt, dass die Übermittlungspflicht für Kindertagesstätten und Schulen im Jahr 2011 abgeschafft wurde: Seitdem muss der Ausländerbehörde nicht mehr mitgeteilt werden, wenn ein Kind ohne Papiere zum Besuch von Kindergarten oder Schule angemeldet wird. In der Praxis müssen irreguläre Migrant*innen allerdings häufig für die Betreuung ihrer Kinder in Kindertagesstätten den Höchstsatz zahlen, da sie keine Verdienstbescheinigungen oder adäquate Nachweise eines Sozialamts vorlegen können.[157] Zudem gibt es keine bundesweit einheitlich geregelte gesetzliche Schulpflicht für Kinder in der aufenthaltsrechtlichen Illegalität, sodass landesrechtliche Auslegungen und kommunale Anmeldeverfahren von Ort zu Ort unterschiedlich aussehen können. Datenabgleiche von öffentlichen Stellen im Zuge von Anmeldeverfahren und/oder uninformierte pädagogische Fachkräfte können für die betroffenen Familien zu unkalkulierbaren Risiken werden.

Grundsätzlich unterscheiden sich Hilfe und Unterstützung für irreguläre Migrant*innen von den meisten anderen Formen freiwilligen Engagements in der Geflüchtetenhilfe in einem wichtigen Punkt: Sie können schneller mit ordnungsrechtlichen Bestimmungen kollidieren.[158] Entsprechend fordern Vereine und Organisationen, die sich für irreguläre Migrant*innen engagieren, die Abschaffung von §87 des Aufenthaltsgesetzes (AufenthG). Er verpflichtet öffentliche Stellen dazu, die Ausländerbehörde zu unterrichten, wenn sie Kenntnis von einem irregulären Aufenthalt erlangen (wie bereits erwähnt, sind Kindertagesstätten und Schulen seit 2011 davon ausgenommen). Solche Regelungen führen nicht zuletzt dazu, dass irreguläre Migrant*innen es im Zweifelsfall vorziehen, anonym zu bleiben. Die Unterstützung von Selbstorganisation und Empowerment der Betroffenen ist folglich schwierig (vgl. Breyer 2015).

---

157 Vgl. https://mediendienst-integration.de/migration/sans-papiers.html

158 Während in Deutschland beispielsweise das Engagement für die sozialen Rechte irregulärer Migrant*innen im Vordergrund steht, wird in anderen Ländern – wie etwa Frankreich oder Spanien – der Fokus stärker auf Legalisierungsforderungen gelegt (vgl. Breyer 2015: 1).

→ Weiterlesen und Vertiefen

- Unter dem Titel »**Aufenthaltsrechtliche Illegalität**« haben der Deutsche Caritasverband und das Deutsche Rote Kreuz ein »**Beratungshandbuch**« zusammengestellt.[159] Es beschreibt rechtliche Situationen, in denen sich »Papierlose« befinden (können), und erläutert Handlungsvorschläge zu verschiedenen Themenfeldern (z. B. Schul- und Kindergartenbesuch, Gesundheitsversorgung, Sozialleistungen und Arbeitsmarktzugang). Der Anhang enthält **Adressen von Beratungs- und anderen Anlaufstellen** sowie ein Glossar zur Erklärung relevanter Begriffe.

- Auf der **Webseite der Internationalen Gesellschaft für Menschenrechte (IGFM)**, einer Nichtregierungsorganisation in Frankfurt/Main, finden sich in der Rubrik »**Hilfe für den Notfall**« häufig gestellte Fragen und entsprechende Antworten bzw. Hilfestellungen zum Thema »**Illegal in Deutschland**«.[160] Die Informationen sind mit Hinweisen auf weiterführende Internetquellen und Beratungsmöglichkeiten versehen.

- In verschiedenen deutschen Städten engagieren sich sogenannte **Medibüros** (mancherorts heißen sie »Medinetze« oder »Büros für medizinische Flüchtlingshilfe«) in der medizinischen Versorgung von Menschen ohne geregelten Aufenthaltsstatus. Die »Medibüros« verfügen über ein Netz von Ärzt*innen verschiedener Fachrichtungen, Hebammen und weiteren Expert*innen, die kostenlos und anonym bereit sind, Menschen ohne Papiere zu behandeln. Die **Webseite medibueros.org** enthält eine Liste von »Medibüros« in Deutschland.[161]

- Medizinische Hilfe für Menschen ohne gültigen Aufenthaltsstatus und/oder ohne Krankenversicherung bietet auch die **Malteser Migranten Medizin (MMM)** in mittlerweile 14 deutschen Städten.[162] In den Anlaufstellen behandeln Ärzt*innen und medizinische Fachkräfte kostenlos vor Ort und unter Wahrung der Anonymität und vermitteln die Betroffenen gegebenenfalls (und nur nach vorheriger Absprache) weiter.

---

159 Siehe unter: https://www.drk-wb.de/download-na.php?dokid=19382

160 Vgl. http://www.igfm.de/menschenrechte/hilfe-fuer-den-notfall/illegal-in-deutschland/

161 Vgl. http://medibueros.m-bient.com/standorte.html

162 Vgl. http://www.malteser-migranten-medizin.de/mmm-vor-ort.html?type=

Geflüchtete Menschen konkret unterstützen

Das folgende Kapitel versucht vorläufig, aber durchaus konkret Antworten darauf zu geben, welche Formen und Möglichkeiten der Hilfe und Unterstützung für geflüchtete Menschen mittlerweile in Deutschland, teilweise auch über die Grenzen der Bundesrepublik hinaus, existieren. Es zielt nicht nur darauf, einen Überblick über das Spektrum möglichen Engagements zu liefern und themenbezogen Organisationen, Anlaufstellen und Quellen zu nennen, sondern illustriert die verschiedenen Ansätze in Form von konkreten Beispielen; es hält weiterführende Hinweise zu selbstständiger Recherche im jeweiligen Feld bereit sowie – an dafür geeignet erscheinenden Stellen – grundsätzliche Tipps für ein ehrenamtliches Engagement. Insofern ist es als Orientierungshilfe bzw. Leitfaden bei der Entscheidungsfindung gedacht und soll auf Anforderungen vorbereiten, die mit bestimmten Unterstützungsformen zusammenhängen. Zudem bietet das Kapitel auch Anknüpfungspunkte für bereits in dem Feld Aktive.

Die Unterstützungsmöglichkeiten lassen sich einteilen nach den Ressourcen, die ihnen zugrunde liegen, grob umrissen sind das: (a) finanzielle und materielle Mittel, (b) Zeit sowie (c) Platz bzw. Raum. Dies greift das Unterkapitel 4.2 auf: Im Fokus stehen hier Themen wie Geld- und Sachspenden, Bürgschaften, Optionen, die sich aus der Engagementressource Zeit ergeben, z. B. Unterstützung im Alltag, Begleitung zu Ämtern und Behörden, gemeinsame Freizeitgestaltung sowie Unterstützung bei Bildungs- und Qualifizierungsprozessen. Auch Formen des Engagements und der Unterstützung insbesondere für unbegleitet geflüchtete Kinder und Jugendliche werden vorgestellt sowie schließlich Möglichkeiten, geflüchteten Menschen privaten Wohnraum zur Verfügung zu stellen.

Den Auftakt bildet indes ein Überblick mit Kurzporträts ausgewählter Organisationen, Initiativen und Anlaufstellen zur Erstinformation bzw. ersten allgemeinen Orientierung bei der Suche nach geeigneten Anknüpfungspunkten für ein Engagement.

Hinzuweisen ist an dieser Stelle noch auf einen weiteren Zusammenhang: Die Hilfe für geflüchtete Menschen erlebte im Spätsommer 2015 einen regelrechten Boom. Obgleich sich die Bedarfe seitdem verändert haben – von der Erstorientierung zur konkreten Unterstützung im Prozess des Ankommens in Deutschland –, entstehen in beiden Bereichen weiterhin neue, teilweise differenziertere Angebote und Initiativen. Insofern haben wir es mit einem dynamischen, sich verändernden Feld zu tun. Um größtmögliche Aktualität zu gewährleisten, haben wir uns im Zweifelsfall immer für die Angabe von Internetquellen entschieden; wohl wissend, dass in manchen Fällen die Gültigkeit der dort aufgeführten Informationen begrenzt ist und von neuesten Entwicklungen (z. B. Änderungen gesetzlicher oder rechtlicher Vorgaben) überholt werden kann. Alle im Folgenden angeführten Quellen spiegeln den Stand vom März 2017 wider.

4.1 Erstinformationen »Unterstützung für geflüchtete Menschen«

Sie wollen geflüchtete Menschen unterstützen, wissen aber noch nicht genau, in welcher Form Sie dies tun können und an wen Sie sich dazu wenden sollten? Dann ist es hilfreich, sich zunächst einen Überblick zu verschaffen über die lokale Engagementlandschaft, in der Sie aktiv werden wollen. Vermutlich gibt es an Ihrem Wohnort bereits Initiativen, Aktivitäten und verschiedene Anlaufstellen, über die Sie erfahren können, in welchen Kontexten aktuell welche Hilfen und Unterstützung benötigt werden: Lokale Asyl- und Migrationsfachberatungsstellen, Abteilungen in Ordnungsämtern und Ausländerbehörden, die für die Themen Asyl und Migration zuständig sind, bereits langjährig aktive Organisationen der lokalen Geflüchtetenhilfe, der Flüchtlingsrat Ihres Bundeslands, neu gegründete Willkommensinitiativen und -bündnisse, Kirchengemeinden, Büros der Wohlfahrtsverbände, Sozialdienste der Stadt oder der Gemeinde, Leiter*innen von Wohnheimen und Unterkünften, aber auch regionale Freiwilligenagenturen oder Ehrenamtsbörsen.

Bevor Sie jedoch zum Telefon greifen, um sich über lokale Bedarfe und Mitwirkungsmöglichkeiten zu informieren, bedenken Sie bitte: In all den genannten Behörden, Organisationen und Initiativen sind haupt-

oder ehrenamtlich Menschen tätig, die sich um verschiedene Aufgaben und Themen kümmern und nicht unbedingt auf Ihren Anruf warten. In unmittelbaren Beratungskontexten tätige Expert*innen können sich aufgrund des hohen Beratungsbedarfs in asyl- und aufenthaltsrechtlichen Fragen häufig nicht direkt mit Anfragen von Interessierten befassen, die sich engagieren wollen. Haben Sie dafür bitte Verständnis. Sollten Sie im Einzelfall dennoch im persönlichen Gespräch mit Fachleuten bestimmte Fragen klären wollen, dann ist es ratsam, zunächst eine E-Mail zu schicken, um einen Termin für ein Gespräch zu vereinbaren.

Bei der Suche nach individuell geeigneten Formen der Unterstützung geflüchteter Menschen sind Sie auch nicht unbedingt auf das direkte Gespräch mit bereits Aktiven angewiesen. Detaillierte Übersichten zu lokalen Bedarfen und Unterstützungsmöglichkeiten finden sich auch im Internet. Oftmals sind diese Angebote für eine erste Orientierung vollkommen ausreichend. Eine gute Anlaufstelle sind die Webseiten lokaler Medien, wie etwa Tageszeitungen, Radiosender, oder auch Stadt- bzw. Gemeindeportale. Auch Schlagwortrecherchen im Internet eignen sich: Wenn Sie beispielsweise die Suchbegriffe »Unterstützung«, »Hilfe« oder auch »Willkommen« und »Flüchtlinge« zusammen mit dem Namen Ihrer Stadt oder Gemeinde in das Eingabefeld einer Suchmaschine im Internet eingeben, dann ist es sehr wahrscheinlich, dass Sie eine Ergebnisliste mit Hinweisen auf Projekte und Initiativen vor Ort erhalten. Man kann aber auch gezielter nach einzelnen Themen, bestimmten Akteur*innen und Organisationen bzw. deren Angeboten oder nach weiterführenden Informationen suchen.

Die folgenden Kurzporträts zu ausgewählten Organisationen, Initiativen und Anlaufstellen für die Unterstützung geflüchteter Menschen bieten Ihnen bei der Suche nach geeigneten Anknüpfungspunkten eine erste Orientierung:

- Die **Landesflüchtlingsräte** informieren darüber, welche unabhängigen Strukturen es in einem Bundesland bereits gibt. Mittlerweile hat jedes Bundesland einen Landesflüchtlingsrat (die ältesten Initiativen entstanden bereits Anfang der 1980er-Jahre). Die Landesflüchtlingsräte sind unabhängige Vertretungen der Flüchtlingsselbstorganisation, Unterstützungsgruppen und Solidaritätsinitiativen, die sich in den Bundesländern engagieren. Sie verstehen sich als Lobby für geflüchtete Menschen, Migrant*innen und Menschen in der aufenthaltsrechtlichen Illegalität. Sie setzen sich für deren Schutz und Unterstützung sowie eine Verbesserung ihrer Lebensbedingungen ein. Sie sind untereinander vernetzt. Die zentrale **Webseite www.fluechtlingsrat.de** stellt Informationen bereit mit Adressen, Öffnungszeiten und Angaben zu der telefonischen Erreichbarkeit der Landesflüchtlingsräte in den einzelnen Bundesländern. Die Landesflüchtlingsräte unterhalten auch eigene Webseiten, die über lokale und regionale Aktivitäten und Kampagnen sowie Mitwirkungsmöglichkeiten und z.B. auch Schulungsangebote informieren.

▶ **Webadressen der Landesflüchtlingsräte und ausgewählte regionale Übersichtsseiten[1]**

Baden-Württemberg
- Flüchtlingsrat Baden-Württemberg e.V.: www.fluechtlingsrat-bw.de
- Kontaktadressen für die Flüchtlingsarbeit in Baden-Württemberg, sortiert nach Landkreisen: http://fluechtlingsrat-bw.de/lokale-adressen-in-baden-wuerttemberg.html
- Portal der Arbeits- und Helferkreise Asyl in Baden-Württemberg: http://www.asyl-bw.de/

Bayern
- Bayerischer Flüchtlingsrat: www.fluechtlingsrat-bayern.de
- Portal der Arbeits- und Helferkreise Asyl in Bayern: http://www.asylhelfer.bayern/
- Initiative und Freiwilligenladen »Flüchtlingen helfen in München«: http://www.fluechtlingshilfemuenchen.de/mithelfen/
- Karte »Aktiv werden für Flüchtlinge in und um München«: https://muc-fluechtlingsrat.github.io/helferkreis-map/

Berlin
- Flüchtlingsrat Berlin e.V.: www.fluechtlingsrat-berlin.de
- Möglichkeiten zur Unterstützung geflüchteter Menschen in Berlin: http://www.fluechtlingsrat-berlin.de/mitarbeit.php
- Netzwerk »Berlin hilft«: http://berlin-hilft.com/

Brandenburg
- Flüchtlingsrat Brandenburg: www.fluechtlingsrat-brandenburg.de

---

1   Bei allen nachfolgend aufgeführten Webadressen handelt es sich um Angebote und Portale, die in unterschiedlichen Abständen, aber regelmäßig aktualisiert werden. Insofern sind dort immer wieder neue Informationen zu finden.

Bremen

- Flüchtlingsrat Bremen: www.fluechtlingsrat-bremen.de
- flucht.bremen – Online-Wegweiser für Beratung und Engagement: http://frauen seiten.bremen.de/blog/online-wegweiser-fuer-beratung-und-engagement/
- Portal der Flüchtlingsinitiativen Asyl in Bremen und Niedersachsen: http://www.asyl-nds.de/

Hamburg

- Flüchtlingsrat Hamburg e. V.: www.fluechtlingsrat-hamburg.de
- Arbeitsgemeinschaft Kirchliche Flüchtlingsarbeit Hamburg: http://www.hamburgasyl.de/
- Flüchtlings-Netzwerk Hamburg: http://fluechtlingsnetzwerkhamburg.de.tl/

Hessen

- Hessischer Flüchtlingsrat: www.fr-hessen.de
- Flüchtlingshilfe im Hochtaunuskreis: http://fluechtlingshilfe-htk.de/
- Flüchtlingshilfe im Main-Taunus-Kreis: http://www.fluechtlinge-mtk.de/index.php?s=/vor_ort/

Mecklenburg-Vorpommern

- Flüchtlingsrat Mecklenburg-Vorpommern e. V.: www.fluechtlingsrat-mv.de

Niedersachsen

- Niedersächsischer Flüchtlingsrat e. V.: www.nds-fluerat.org
- Portal der Flüchtlingsinitiativen Asyl in Bremen und Niedersachsen: http://www.asyl-nds.de/

Nordrhein-Westfalen

- Flüchtlingsrat NRW: www.frnrw.de
- Portal »Flüchtlingshilfe NRW«[2]: https://ich-helfe.nrw/
- Portal der Flüchtlingsinitiativen im Ruhrgebiet: http://www.asyl.ruhr/
- Netzwerk »Willkommenskultur in Köln«: http://wiku-koeln.de/

Rheinland-Pfalz

- Arbeitskreis Asyl Rheinland-Pfalz: www.asyl-rlp.org
- Portal der Flüchtlingsinitiativen Asyl in Rheinland-Pfalz: http://www.asyl-rlp.de/
- Karte »Aktiv für Flüchtlinge Rheinland-Pfalz«: http://www.aktiv-fuer-fluechtlinge-rlp.de/adressen-rlp.html

---

2   Bei diesem Portal handelt es sich um ein Angebot der Staatskanzlei des Landes Nordrhein-Westfalen.

Saarland
- Saarländischer Flüchtlingsrat e. V.: www.asyl-saar.de

Sachsen
- Sächsischer Flüchtlingsrat e. V.: www.saechsischer-fluechtlingsrat.de
- Afeefa.de – Plattform zur Vernetzung von geflüchteten Menschen, Zivilgesellschaft und Initiativen (Dresden): https://afeefa.de/
- Infoportal des Landesverbands Soziokultur Sachsen: http://soziokultur-sachsen.de/infoportal-flucht-asyl

Sachsen-Anhalt
- Flüchtlingsrat Sachsen-Anhalt e. V.: www.fluechtlingsrat-lsa.de

Schleswig-Holstein
- Flüchtlingsrat Schleswig-Holstein e. V.: www.frsh.de
- »Flüchtlinge in Schleswig-Holstein – Refugees Welcome«:[3] http://www.schleswig-holstein.de/DE/Schwerpunkte/InformationenFluechtlinge/fluechtlinge_node.html

Thüringen
- Flüchtlingsrat Thüringen e. V.: www.fluechtlingsrat-thr.de

- Die Landesflüchtlingsräte sind – gemeinsam mit Kirchen, Gewerkschaften, Wohlfahrts- und Menschenrechtsorganisationen – Mitglied der Bundesweiten Arbeitsgemeinschaft für Flüchtlinge e. V. Pro Asyl. Auf der **Webseite von Pro Asyl** findet sich die Rubrik »Mitmachen«, die unterteilt ist in »Ehrenamtliches Engagement«, »Spenden, Stiften, Fördern« und »Kampagnen und Aktionen«. Im Bereich **»Ehrenamtliches Engagement«** werden auf einer regelmäßig aktualisierten interaktiven Deutschlandkarte lokale Initiativen und Projekte für Flüchtlinge, versehen mit den jeweiligen weiterführenden Kontaktdaten, gesammelt.[4] Hier können Sie sich über Mitwirkungsmöglichkeiten in Ihrer Stadt oder Gemeinde informieren. Im Online-Angebot von Pro Asyl steht auch die **Broschüre »Herzlich Willkommen. Wie man sich für Flüchtlinge engagieren kann«** zum Download bereit.[5]

---

3   »Flüchtlinge in Schleswig-Holstein – Refugees Welcome« ist ein Angebot der Staatskanzlei des Landes Schleswig-Holstein.

4   Vgl. https://www.proasyl.de/ehrenamtliches-engagement/

5   Vgl. https://www.proasyl.de/wp-content/uploads/2015/12/PRO_ASYL_Leitfaden_Herzlich_Willkommen_Mai_2015.pdf

- Die Nichtregierungsorganisation Campact hat auf ihrer Webseite das **Online-Verzeichnis »Willkommensnetz«**[6] eingerichtet. Es dokumentiert mithilfe einer interaktiven Deutschlandkarte Hinweise der Nutzer*innen über Initiativen, die geflüchtete Menschen unterstützen. Dieses Verzeichnis kann als Ausgangspunkt für Recherchen dienen. Campact.de ist ein Beteiligungsportal, das nicht nur Informationen zu aktuellen Themen – zumeist aus den Bereichen Politik und Umweltschutz – multimedial aufbereitet; über das Portal werden auch Petitionen gestartet, Unterschriften oder Spenden gesammelt, Aufrufe formuliert und Protest-E-Mails gebündelt an politische Entscheidungsträger*innen geleitet. Bis zum Sommer 2016 haben sich mehr als 1,8 Millionen Menschen bei Campact registriert, um sich an Kampagnen der Organisation zu beteiligen.[7]

- Die freie Journalistin Birte Vogel hat im Herbst 2014 den **Blog »Wie kann ich helfen?«**[8] als praktische Hilfe und Vernetzungsangebot eingerichtet. Hier können sich Interessierte erkundigen, was Menschen deutschlandweit tun, um geflüchteten Menschen zu helfen. Das Informationsportal leitet nicht nur zu lokalen Initiativen weiter, sondern stellt beispielsweise auch Foren zum Austausch und zur Vernetzung von Ehrenamtlichen vor, ebenso Handbücher und spezielle Ratgeber, etwa für geflüchtete Frauen. Überdies bietet es wichtige alltagspraktische Informationen für geflüchtete Menschen.[9]

- Die **Webseite des Bundesnetzwerks Bürgerschaftliches Engagement (BBE)**[10] stellt in ihrem Themenbereich »**Engagement von und für Flüchtlinge**«[11] unter anderem Hilfen für Helfende, für geflüchtete Menschen, häufig gestellte Fragen und Informationen zum Engagement für geflüchtete Menschen sowie engagementpolitische Positionen aus dem BBE-Netzwerk vor. Die Webseite verweist auch auf weitere Portale, Publikationen und Internetseiten mit vielfältigen

---

6 Vgl. https://willkommensnetz.campact.de/#!/containers/das-willkommensnetz

7 Vgl. www.campact.de/campact/

8 Vgl. http://wie-kann-ich-helfen.info/

9 Vgl. http://wie-kann-ich-helfen.info/hilfen-fuer-ehrenamtliche

10 Vgl. http://www.b-b-e.de/

11 Vgl. http://www.b-b-e.de/themen/migration-teilhabe1/engagement-fluechtlinge/

Informationen (wie etwa Kontaktadressen, rechtliche Darstellungen und Praxisbeispiele) für Helfer*innen und Hilfsbereite in der Flüchtlingsarbeit.

- Das »**Handbuch für die ehrenamtliche Flüchtlingshilfe in Baden-Württemberg**«[12] ist nicht nur speziell für Menschen aus Baden-Württemberg von Interesse, da es grundsätzliche Fragen des Engagements in der Flüchtlingsarbeit aufgreift – wie z.b. Welche Voraussetzungen brauche ich, um mich zu engagieren? Wie gehe ich mit Konflikten um? Wie kann ich meine Privatsphäre vom Engagement abgrenzen? –, aber sich auch Gesichtspunkten wie der Zusammenarbeit von Ehrenamtlichen und Hauptamtlichen oder Fundraising und Öffentlichkeitsarbeit widmet. Derzeit (Stand: November 2016) wird das Handbuch überarbeitet; auf dem **Webportal www.fluechtlingshilfe-bw.de** kann es weiterhin kostenlos heruntergeladen werden.[13]

Eine andere Möglichkeit, sich über Aktivitäten, Angebote und Projekte im Umkreis zu informieren, ist eine Kontaktaufnahme mit den **örtlichen Büros der Wohlfahrtsverbände.** Zu nennen sind z.B. die Einrichtungen der Diakonischen Werke der evangelischen Landeskirchen als Landesverbände der Diakonie Deutschland oder die ebenfalls unter dem Dach der Diakonie aktiven evangelischen altkonfessionellen Kirchen sowie die Freikirchen, die Dependancen des Roten Kreuzes oder der Caritas.

- Auf der **Webseite der Diakonie Deutschland**[14] gibt es einen Informationsbereich »**Angebote für Geflüchtete**«. Hier werden Kontaktadressen von Notunterkünften, Erstaufnahmeeinrichtungen, Migrationsberatungsstellen u.a. bereitgestellt. Über ein Suchfeld ist die Recherche nach den Angeboten für geflüchtete und eingewanderte Menschen möglich.

- Als Zusammenschluss von mehr als 8000 Trägern ist der Deutsche Caritasverband als Wohlfahrtsverband der römisch-katholischen Kirche bundesweit mit einer Vielzahl von Einrichtungen vertreten, in denen

---

12 Vgl. http://www.fluechtlingshilfe-bw.de/fileadmin/_flh/Praxistipps/Handbuch-Fluechtlingshilfe-3.Aufl-WEB-DB.pdf

13 Vgl. http://www.fluechtlingshilfe-bw.de/praxistipps/handbuch

14 Vgl. http://www.diakonie.de

sowohl haupt- als auch ehrenamtlich Unterstützende aktiv sind. Auch auf der **Webseite der Caritas** findet sich ein eigener Bereich – **»Willkommen in Deutschland – Engagiert für Flüchtlinge«**.[15] Hier werden Projekte und Initiativen zur Unterstützung geflüchteter Menschen vorgestellt, unter anderem eine interaktive Deutschlandkarte zur kleinteiligen Recherche, aber auch konkrete Beispiele, Hintergrundinformationen oder auch eine umfangreiche Zusammenstellung kostenloser Online-Hilfen für geflüchtete Menschen.[16]

• Das Deutsche Rote Kreuz (DRK) betreut bundesweit 30 000 geflüchtete Menschen in rund 371 Notunterkünften (Stand: November 2016) und greift dabei auf über 1 500 haupt- und ehrenamtlich Unterstützende zurück,[17] deren Aufgabengebiete Aufnahme, Erste Hilfe, Betreuung, Verpflegung, sanitätsdienstliche Versorgung, Suchdienst und Beratung sind. Auf der **Webseite des DRK** finden sich weitere Informationen.[18] Dort steht auch die **Broschüre »Gemeinsam mit Flüchtlingen – Angebote des DRK zum Mitmachen«** zum Download bereit.[19]

• Der Informationsverbund Asyl und Migration, ein Zusammenschluss von in der Flüchtlings- und Migrationsarbeit aktiven (Wohlfahrts-) Organisationen (Deutscher Caritasverband, Diakonisches Werk der EKD, Deutsches Rotes Kreuz, Arbeiterwohlfahrt, Deutscher Paritätischer Wohlfahrtsverband, Amnesty International u. a.) betreut die **Webseite fluechtlingshelfer.info**.[20] Das Angebot richtet sich zum einen an (hauptamtliche) Koordinator*innen und stellt zahlreiche Informationen für deren Beratungs- und Entscheidungspraxis (etwa Leitfäden

---

15 Vgl. https://www.caritas.de/magazin/schwerpunkt/einwanderungsland-deutsch land/einwanderungsland-deutschland

16 Vgl. https://www.caritas.de/hilfeundberatung/ratgeber/migration/lebenindeutsch land/kostenlose-online-hilfen-fuer-fluechtlin?dossier=8808e4d137f84b358051358bf1 881b79

17 Vgl. https://www.drk.de/hilfe-weltweit/was-wir-tun/fluechtlingshilfe/fluecht lingshilfe-im-inland/

18 Vgl. https://www.drk.de/hilfe-weltweit/was-wir-tun/im-zeichen-der-mensch lichkeit-das-drk-hilft-fluechtlingen-im-inland-wie-im-ausland/

19 Vgl. https://www.drk.de/fileadmin/user_upload/PDFs/Gemeinsam_mit_Fluecht lingen.pdf

20 Vgl. http://www.fluechtlingshelfer.info/start/

und Arbeitshilfen zu Fragen des Flüchtlings- und Asylrechts) bereit. Auf der Webseite finden sich aber auch viele Materialien für freiwillig engagierte Menschen.[21]

- Auch die beiden großen Kirchen in Deutschland halten entsprechende Informationsportale zum kirchlichen Engagement für Flüchtlinge bzw. der kirchlichen Flüchtlingshilfe bereit: Die **Webseite der Evangelischen Kirche in Deutschland (EKD)** informiert im **»Themenportal Flüchtlinge«**[22] über Positionen, Aktivitäten und Projekte, ebenso das **Internetportal der Deutschen Bischofskonferenz (DBK)** mit seiner Rubrik **»Flüchtlingshilfe der katholischen Kirche«**.[23]

- Verschiedene muslimische Organisationen sind ebenfalls in der Unterstützung von geflüchteten Menschen aktiv; Informationen finden sich beispielsweise im **Online-Angebot des Zentralrats der Muslime in Deutschland (ZMD) e. V.**[24]

- Ein Weg, um sich über religiös inspiriertes Engagement für geflüchtete Menschen und entsprechende Mitwirkungsmöglichkeiten vor Ort zu informieren, ist sicherlich auch die unmittelbare Kontaktaufnahme mit der nächstgelegenen Kirchengemeinde oder dem nächstgelegenen Moscheeverein.

Eine weitere Anlaufstelle sind **lokale Freiwilligenagenturen**, die sich die Beratung und Vermittlung von Menschen, die sich engagieren wollen, zur Aufgabe gemacht haben:

- In der Bundesarbeitsgemeinschaft der Freiwilligenagenturen (bagfa) e. V. sind 181 Freiwilligenagenturen organisiert. Auf ihrer Webseite findet sich ein **»Agenturatlas«**, in dem nach der nächstgelegenen Freiwil-

---

21 Fluechtlingshelfer.info ist im Rahmen der Umsetzung des Programms »Koordinierung, Qualifizierung und Förderung der ehrenamtlichen Unterstützung von Flüchtlingen« entstanden. Mit diesem von der Beauftragten der Bundesregierung für Migration, Flüchtlinge und Integration geschaffenen Förderprogramm sollen private Unterstützer*innen qualifiziert und Projekte für Asylsuchende und Geflüchtete entwickelt werden.

22 Vgl. http://www.ekd.de/themen/fluechtlinge/index.html

23 Vgl. http://www.dbk.de/fluechtlingshilfe/home/

24 Vgl. http://www.zentralrat.de/fluechtlinge

ligenagentur gesucht werden kann.[25] Ein »**Infopool**«[26] informiert über Angebote und Beispiele der Arbeit von Freiwilligenagenturen in der Geflüchtetenhilfe und gibt einen Überblick über Webportale, Webseiten, Studien, Artikel, Leitfäden etc. rund um das Thema Engagement für und von Flüchtlinge(n).

Mittlerweile engagiert sich auch eine Vielzahl von **Stiftungen** für die Belange geflüchteter Menschen:

- Auf dem **Webportal des Bundesverbands Deutscher Stiftungen**[27] finden sich in dem Bereich »**Integration von Geflüchteten**«[28] Beschreibungen von Projekten, in denen sich Stiftungen (Familien-, Unternehmens- und Bürgerstiftungen) für die Integration von Flüchtlingen in Deutschland engagieren.

- Einen Überblick über Engagementformen und Unterstützungsangebote hält das **Internetportal »Wegweiser Bürgergesellschaft« der Stiftung Mitarbeit**[29] mit seinem Themenbereich »**Flüchtlinge**«[30] bereit. Neben einer Übersicht über Portale einzelner Bundesländer und Informationen für und aus Kommunen finden sich Links zu Selbstorganisationen von geflüchteten Menschen, zu Initiativen, die sich im Rahmen ihrer politischen Arbeit mit dem Thema befassen, und zu weiteren Übersichtsseiten.

- Die Deutsche Kinder- und Jugendstiftung gGmbH (DKJS) hat im Rahmen des Programms »**Willkommen bei Freunden – Bündnisse für junge Flüchtlinge**«,[31] das Landkreise, Städte und Gemeinden bei der Betreuung geflüchteter Kinder und Jugendlicher unterstützt, die

25 Vgl. http://www.bagfa.de/freiwilligenagenturen.html

26 Vgl. http://www.bagfa.de/infopool/engagement-fuer-und-mit-fluechtlingen. html#c512

27 Vgl. https://www.stiftungen.org/startseite.html

28 Vgl. https://www.stiftungen.org/de/stiftungswissen/integration-von-fluechtlingen.html

29 Vgl. http://www.mitarbeit.de/ sowie »Wegweiser Bürgergesellschaft« unter: http://www.buergergesellschaft.de/

30 Vgl. http://www.buergergesellschaft.de/mitgestalten/handlungsfelder-themen/ fluechtlinge/

31 Vgl. https://www.willkommen-bei-freunden.de/

»**Willkommen bei Freunden**«-**App**[32] entwickelt. Sie vereinfacht die Suche nach Engagementmöglichkeiten. So können sich freiwillige Helfer*innen bedarfsgenau mit den entsprechenden Initiativen, Projekten, Institutionen und Behörden vernetzen.

Überdies liegen auch einige **wissenschaftliche Untersuchungen** zum Engagement für geflüchtete Menschen vor, die sich mit verschiedenen Fragen beschäftigen, etwa: Welche Personen engagieren sich mit welchen Motiven? Wie sind sie organisiert? Was machen sie konkret? Wo sehen sie Probleme und Bedarfe? Wie kann das Engagement verstetigt werden? Zu nennen sind hier beispielsweise:

- Die **Studien »Strukturen und Motive der ehrenamtlichen Flüchtlingsarbeit (EFA) in Deutschland«** des Berliner Instituts für empirische Integrations- und Migrationsforschung (BIM) – die erste EFA-Studie[33] erschien im April 2015, die Folgestudie (»EFA-Studie 2«)[34] wurde im August 2016 vorgelegt;

- die im Auftrag der Bertelsmann Stiftung ebenfalls durch Mitarbeiter*innen des BIM erstellte **Untersuchung »Koordinationsmodelle und Herausforderungen ehrenamtlicher Flüchtlingshilfe in den Kommunen«** (Hamann u. a. 2016);[35]

- die von der Hochschule München in Zusammenarbeit mit dem Münchener Forschungsinstitut miss erarbeitete **Studie »Engagement für Flüchtlinge in München«** (Mutz u. a. 2015);[36]

- die Arbeiten von **Misun Han-Broich** zu (ehrenamtlichem) Engagement in der Flüchtlingshilfe (vgl. Han-Broich 2012, 2015).

---

32 Vgl. https://www.willkommen-bei-freunden.de/helfen

33 Vgl. https://www.bim.hu-berlin.de/media/2015-05-16_EFA-Forschungsbericht_Endfassung.pdf

34 Vgl. https://www.bim.hu-berlin.de/media/Studie_EFA2_BIM_11082016_VÖ.pdf

35 Vgl. https://www.bertelsmann-stiftung.de/fileadmin//files/BSt/Publikationen/GrauePublikationen/Koordinationsmodelle_und_Herausforderungen_ehrenamtlicher_Fluechtlingshilfe_in_den_Kommunen.pdf

36 Vgl. https://w3-mediapool.hm.edu/mediapool/media/dachmarke/dm_lokal/presse/pm/2015_4/Abschlussbericht_final_30092015.pdf

4.2 Formen der Unterstützung für geflüchtete Menschen

Die Möglichkeiten für die Unterstützung geflüchteter Menschen sind vielfältig. Sie reichen von der Hilfe bei der Ankunft (beispielsweise Erstaufnahme, Unterbringung, Ernährung, Kleidung, Gesundheit) über das Organisieren von Sach- und Kleiderspenden, Beistand im Asylverfahren, Mentoring bei der Bewältigung des Alltags in Deutschland und Unterstützung bei Bildungs- und Qualifizierungsprozessen, bis hin zur Möglichkeit der Übernahme einer Vormundschaft für einen unbegleitet geflüchteten Jugendlichen oder etwa die Aufnahme eines Schutzsuchenden in den eigenen vier Wänden.

Im Folgenden sollen – eingeteilt nach den jeweils zugrunde liegenden Ressourcen Geld, Zeit, Raum – verschiedene Unterstützungsmöglichkeiten vorgestellt werden. Dieser Überblick soll dabei helfen, eine geeignete Engagementform zu finden.

> ▶ Eine zentrale Bedingung jeglichen Engagements und jeglicher Form von Unterstützung
>
> Niemand weiß so gut, woran es fehlt bzw. was helfen und unterstützen kann, wie geflüchtete Menschen selbst. Wenn möglich, versuchen Sie, sich mit den Menschen, um die es gehen soll bzw. die es betrifft, auszutauschen. Selbstverständlich gilt für den unmittelbaren Kontakt mit geflüchteten Menschen und Asylsuchenden das Gleiche wie für jeden anderen Kontakt auch: **Begegnen Sie Ihrem Gegenüber mit Respekt, Achtsamkeit – und vor allem »auf Augenhöhe«.** Sollte Ihnen von einzelnen Schicksalen und biografischen Werdegängen berichtet werden, ist es wichtig, den Schutz persönlicher Daten und Verschwiegenheit unbedingt zu gewährleisten.
>
> Und last but not least: Akzeptieren Sie es, wenn Ihr Angebot abgelehnt werden sollte – Unterstützung kann nur auf freiwilliger Basis gegeben und angenommen werden. Entscheidend ist nicht, welche Form von Hilfe und Unterstützung Sie selbst in einer bestimmten Situation für sinnvoll und angebracht halten. Ihr Gegenüber hat das Recht, über das Annehmen oder Ablehnen von Angeboten zu entscheiden.
>
> Lassen Sie sich nicht entmutigen, sollten Sie Ihre Vorstellungen von Unterstützung nicht unmittelbar umsetzen können. Sollten Sie gar nicht weiterkommen: Besteht die Möglichkeit, dass Sie Ihre Unterstützung, Ihr Know-how oder Ihre Kontakte vielleicht an anderer Stelle einbringen?

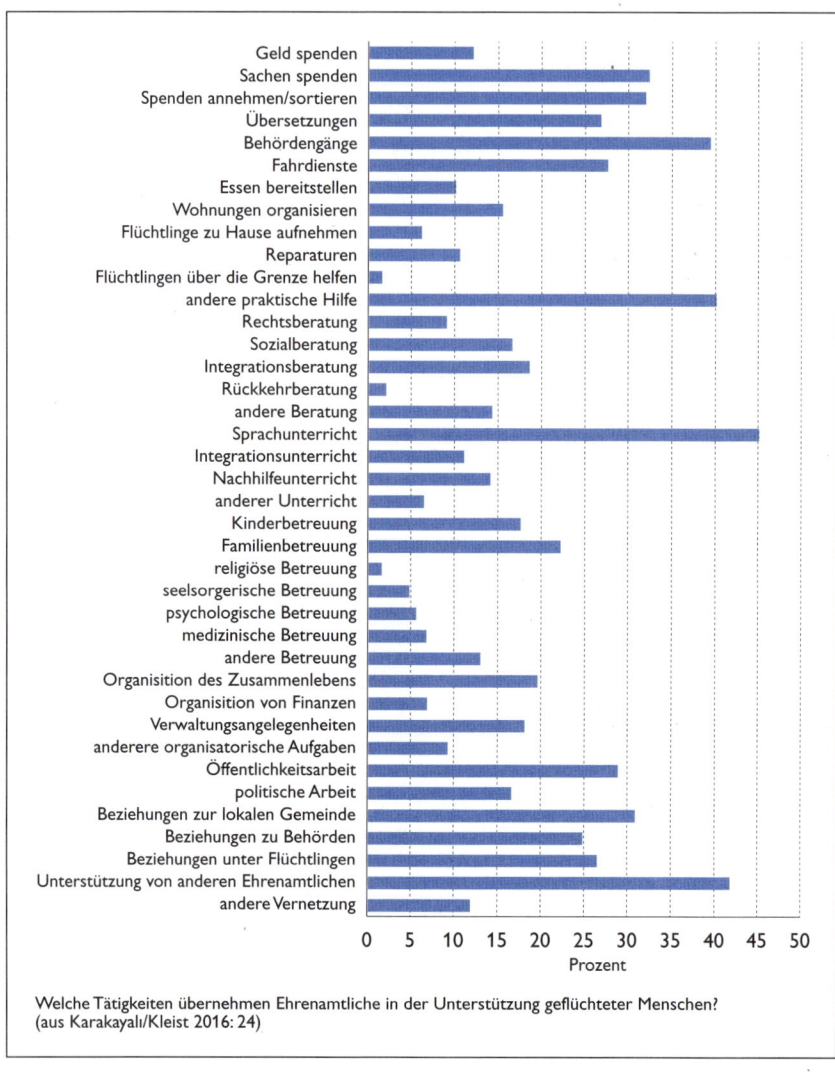

Welche Tätigkeiten übernehmen Ehrenamtliche in der Unterstützung geflüchteter Menschen? (aus Karakayalı/Kleist 2016: 24)

4.2.1 Spenden und Bürgschaften

Geldspenden

Sie können verschiedene Organisationen unterstützen, die Flüchtenden helfen – in ihren Herkunftsländern, unterwegs auf der Flucht (z. B. Seenotrettung) oder in Deutschland. Möchten Sie eher die Arbeit lokaler Initiativen fördern, so finden Sie auf den Portalen der Landesflüchtlingsräte[37] Informationen über Angebote und Projekte an Ihrem Wohnort oder Sie wenden sich direkt an den Flüchtlingsrat Ihres Bundeslandes. Selbstverständlich können Sie auch die Arbeit der Landesflüchtlingsräte selbst mit einer Spende unterstützen. Die im Folgenden vorgestellten internationalen Hilfsorganisationen stehen stellvertretend für eine Vielzahl von auf Spenden angewiesenen Organisationen, die sich für Menschen einsetzen, die weltweit vor Krieg, Hunger und Verfolgung auf der Flucht sind.[38]

- Mitarbeiter*innen der Hilfs- und Menschenrechtsorganisation **medico international e. V.**[39] organisieren seit Jahren die gesundheitliche und psychosoziale Betreuung von Menschen mit Flucht- und Abschiebeerfahrungen, unterstützen lokale Partner*innen bei der Arbeit mit geflüchteten Menschen in humanitären Notsituationen sowie bei ihrer rechtlichen und politischen Interessenvertretung.[40]

- Die Hilfsorganisation **Ärzte der Welt e. V.**,[41] der deutsche Zweig der international tätigen Médecins du Monde (MdM), sieht ihre Hauptaufgabe in der Nothilfe in Krisensituationen. Ein Schwerpunkt dabei ist Hilfe zur Selbsthilfe. Zudem widmet sich Ärzte der Welt der medizinischen Versorgung flüchtender Männer, Frauen und Kinder und versucht, ihnen die Orientierung auf ihrem gesamten Fluchtweg zu erleichtern.[42]

- **UNHCR, das Flüchtlingshilfswerk der Vereinten Nationen**, schützt und unterstützt geflüchtete Menschen und ist dazu durch die Genfer Flüchtlingskonvention (GFK) mandatiert.[43] Die vom Flücht-

---

37 Für Kontaktadressen der Flüchtlingsräte in den einzelnen Bundesländern siehe die Zusammenstellung → S. 120 ff.

38 Für einen Überblick siehe die vom Deutschen Zentralinstitut für soziale Fragen (DZI) erstellte Liste von Organisationen, die Geflüchteten helfen, unter: https://www.test.de/ Hilfe-fuer-Fluechtlinge-Den-Heimatlosen-helfen-aber-wie-4909165-4910687/

39 Vgl. https://www.medico.de/

40 Vgl. https://www.medico.de/fluechtlingshilfe-weltweit-16230/

41 Vgl. http://www.aerztederwelt.org/

42 Vgl. http://migrants.medecinsdumonde.org/startseite/

43 Die GFK ist eine völkerrechtlich verbindliche Regelung zum Umgang mit Flüchtlingen und damit wichtigste Grundlage des internationalen Flüchtlingsrechts. Sie defi-

lingshilfswerk organisierten Lager sind oftmals der einzig sichere Platz für Menschen auf der Flucht. Insbesondere Kinder und Familien werden dort mit dem Lebensnotwendigsten versorgt: Sie erhalten etwas zu essen, sauberes Trinkwasser und eine Unterkunft.[44]

• Einen Überblick über weitere Initiativen, Organisationen und Hilfswerke bietet die **Webseite des Deutschen Zentralinstituts für soziale Fragen (DZI),**[45] die in der Rubrik »Spenderberatung« Informationen unter anderem zur »Hilfe für Flüchtlinge« bereithält.[46]

Als Reaktion auf Berichte über im Mittelmeer in Seenot geratene und ertrunkene Flüchtende, die in nicht seetüchtigen oder überfüllten Booten auf dem Weg nach Europa ihr Leben verloren haben, sind überdies seit 2013, nach großen Bootsunglücken vor der italienischen Mittelmeerinsel Lampedusa, verschiedene Hilfsorganisationen entstanden, die sich auf die **Rettung Schiffbrüchiger** konzentrieren. Anders als die Wohlfahrtsverbände werden sie jedoch nicht staatlich unterstützt und sind deshalb auf private Spenden angewiesen. Sie lehnen die Politik der Abschottung der Europäischen Union ab und belassen es nicht bei Appellen, sondern setzen das, was sie fordern, um.[47] Beispielhaft sollen an dieser Stelle erwähnt werden:

---

niert, wer als Flüchtling anzusehen ist und welche sozialen Rechte – etwa Zugang zu medizinischer Versorgung, Bildung und Sozialleistungen – Flüchtlinge erhalten sollen, vgl. auch die Ausführungen zum UN-Flüchtlingshilfswerk in Kapitel 3, S. 63 f.

44 Vgl. https://www.uno-fluechtlingshilfe.de/spenden-schutz/wc/J102?gclid=CPSN nZaLjs0CFQPgGwodaAgJlg

45 Das Deutsche Zentralinstitut für soziale Fragen (DZI) ist eine unabhängige Stiftung, die soziale und karitative, in Deutschland aktive Nichtregierungsorganisationen auf die Verwendung ihrer Spendengelder prüft. Nach Antrag und Prüfung anhand eines feststehenden Kriterienkatalogs verleiht das DZI ein Spenden-Siegel, das für die sparsame und satzungsgemäße Verwendung von Spendengeldern und damit für die Seriosität und Transparenz der geprüften Organisation steht. Das DZI gibt Auskunft über Spenden sammelnde Organisationen aus den Bereichen Soziales, Umwelt und Naturschutz, unabhängig davon, ob sie das Siegel tragen; vgl. http://www.dzi.de/

46 Vgl. http://www.dzi.de/wp-content/pdfs_Spendentipps/Spenden-Info_Fl%C3% BCchtlinge.pdf; siehe auch unter: https://www.test.de/Hilfe-fuer-Fluechtlinge-Den-Heimatlosen-helfen-aber-wie-4909165-4910687/

47 Siehe dazu die Reportage von Christian Jakob unter: http://www.taz.de/Freiwillige-Helfer-retten-Fluechtlinge/!5306813/

- Die gemeinnützige, von zwei Brandenburger Familien gegründete und seit Frühjahr 2014 aktive Initiative **Sea-Watch e. V.**[48] unterhält mittlerweile zwei umgebaute Schiffe, um Flüchtende im Mittelmeer vor dem Ertrinken zu retten. Ein ständig wachsendes Team aus Freiwilligen (darunter Kapitän*innen, Ärzt*innen, Sozialarbeiter*innen, Journalist*innen, Übersetzer*innen) stellt die Crews der Schiffe, organisiert die Einsätze vom Festland aus und koordiniert Unterstützung und Öffentlichkeitsarbeit für Sea-Watch e. V. Im Sommer 2015 haben zwei Filmemacherinnen eines der Schiffe bei einem Einsatz begleitet. Ihre Reportage wurde unter anderem vom Norddeutschen Rundfunk ausgestrahlt.[49]

- Die Seenotrettung von Flüchtenden im Mittelmeer ist ebenfalls Hauptziel von **Migrant Offshore Aid Station (MOAS)**.[50] Die komplett privat finanzierte, von einem maltesischen Unternehmerpaar gegründete Stiftung stellt professionelle Such- und Rettungsdienste bereit und unterhält zwei Schiffe, zwei ferngesteuerte Drohnen und zwei Festrumpfschlauchboote. Im Ägäischen Meer zwischen der Türkei und Griechenland sowie im zentralen Mittelmeer und vor der libanesischen Küste haben die Teams bereits 33 455 Menschen gerettet.[51]

- Die Hilfsorganisation **Ärzte ohne Grenzen e. V.**[52] – international unter dem Namen Médecins sans Frontières tätig und 1999 für ihr humanitäres Engagement mit dem Friedensnobelpreis ausgezeichnet – ist mit drei Schiffen und Teams aus Ärzt*innen, Logistiker*innen und anderen Expert*innen ebenfalls aktiv in der Nothilfe für Flüchtende, die auf dem Mittelmeer in Seenot geraten sind.[53] Die Hilfsorganisation hat im Jahr 2016 mehr als 21 000 Menschen im zentralen Mittelmeer aus Seenot geborgen und versorgt.[54]

---

48 Vgl. http://sea-watch.org/

49 »Rettet die Flüchtlinge! Mit der ›Sea-Watch‹ auf hoher See« von Carolin Fromm und Johanna Leuschen; siehe auch: http://programm.ard.de/TV/Themenschwerpunkte/Politik/Fluechtlinge-in-Europa/Startseite/?sendung=2800715964480854

50 Vgl. https://www.moas.eu/de/

51 Stand: März 2017; vgl. https://www.moas.eu/de/

52 Vgl. https://www.aerzte-ohne-grenzen.de/

53 Vgl. https://www.aerzte-ohne-grenzen.de/mittelmeer-fluechtlinge

54 Vgl. https://www.aerzte-ohne-grenzen.de/fluechtlinge-rettung-mittelmeer-faq

- Die Initiative **Watch The Med AlarmPhone**[55] unterhält keine Schiffe zur Rettung Schiffbrüchiger, sondern betreibt seit Oktober 2014 ein Notrufsystem für geflüchtete Menschen in Seenot. Eine Telefonnummer[56] ist rund um die Uhr erreichbar und wird in Transitregionen verbreitet. Mit Satellitentelefonen, die sich häufig auf den Booten befinden, können in Seenot geratene Flüchtende die Nummer anrufen. Die Aktivist*innen von Watch the Med versuchen dann, Informationen über die Anzahl der Menschen an Bord und den Zustand des Bootes zu erhalten und dessen Koordinaten zu bestimmen, übermitteln diese an Küstenwachen und zivile Seenotrettungsschiffe und überwachen die Rettungsaktionen. Wenn Hilfe ausbleibt, macht die Initiative dies öffentlich und versucht, politisch Druck auszuüben.[57]

Sachspenden

Sachspenden werden weiterhin benötigt. In vielen Städten existieren Bedarfslisten (zumeist in Unterkünften und Wohnheimen für geflüchtete Menschen, aber auch bei lokalen Initiativen oder zuständigen Ämtern), was aktuell gebraucht wird. Informieren Sie sich im Vorfeld, was genau gesucht wird. Viele Organisationen und Unterkünfte machen inzwischen darauf aufmerksam, dass sie wenig bis keine Lagermöglichkeiten für Sachspenden haben – nur dringend Benötigtes wird angenommen. Oftmals fehlt es nicht unbedingt an Oberbekleidung, sondern an neuer Unterwäsche, Drogerie- und Hygieneartikeln, Kinderwagen, Decken, Wörterbüchern, Mal-, Schreib- und Bastelmaterialien, Spielzeug, Fahrrädern.[58] Für alle Sachspenden gilt: Sie müssen sauber, vollständig und nutzbar sein.

Wenn Sie bei einer Internetrecherche im Eingabefeld der Suchmaschine die Begriffe »Bedarfsliste« und »Flüchtlinge« und den Namen Ihres Wohnorts eingeben, dann ist es sehr wahrscheinlich, dass Sie eine Ergebnisliste mit Hinweisen auf Projekte und Initiativen vor Ort erhalten. Auch mittels der kostenlosen **App »helphelp2«**[59] können Sie sich über Annahmestellen für Sachspenden informieren und darüber, was dort aktuell benötigt wird.

---

55   Vgl. http://www.watchthemed.net/

56   Vgl. https://alarmphone.org/en/

57   Vgl. http://www.taz.de/!160836/

58   Vgl. auch die Vorschläge unter: http://wie-kann-ich-helfen.info/sachspenden-was-benoetigen-fluechtlinge-denn-so/1202#more-1202

59   Vgl. https://helphelp2.com/

▶ Spendentipps »Hilfe für Flüchtlinge« des DZI (Deutsches Zentralinstitut für soziale Fragen):[60]

Es muss nicht immer Geld sein: »Sie können die Menschen auf der Flucht auf ganz unterschiedliche Weise unterstützen: durch ehrenamtlichen Einsatz (›Zeitspenden‹), durch Sachspenden und Geldspenden. (…)«

Global denken, lokal handeln: »Entscheidend für eine wirksame Hilfe ist es, die Art von Spende bereitzustellen, die vor Ort gerade am meisten benötigt wird. Orientieren Sie sich deshalb insbesondere an konkreten Spenden- und Hilfsaufrufen kompetenter Stellen an Ihrem eigenen Wohnort, das heißt an den Berichten und Aufrufen der örtlichen Medien, der Stadtverwaltung, von Kirchengemeinden, Wohlfahrtsverbänden und anderen bekannten, seriösen Vereinen und Stiftungen vor Ort.«

Auf das richtige Timing achten: »Vorsicht: Sachspenden (Kleider, Lebensmittel, Spielzeug etc.) sind nur dann wirklich hilfreich, wenn die richtigen Gegenstände zum rechten Zeitpunkt am geeigneten Ort abgegeben werden. Deshalb sollten Sie hierbei ganz genau die entsprechenden Aufrufe und Hilfsbitten kompetenter Einrichtungen an Ihrem Wohnort befolgen.«

Auf Zweckbindung verzichten: »Hilfe ist überall gleich wichtig und willkommen: hier in Deutschland, in den Ländern entlang der Fluchtwege und in den Krisenländern. Geldspenden sind eine besonders große Hilfe, weil sie viel flexibler eingesetzt werden können als Sachspenden. Damit die Flexibilität auch erhalten bleibt, sollten Sie bei der Überweisung als Verwendungszweck nur Flüchtlingshilfe allgemein angeben und den Zweck nicht auf das In- oder Ausland verengen. Am wirksamsten können seriöse Hilfsorganisationen die Gelder verwenden, die ihnen sogar ganz ohne Zweckbindung überwiesen werden.«

Dem eigenen Gespür vertrauen: »Kleineren lokalen oder regionalen Einrichtungen sollten Sie dann spenden, wenn Sie sie persönlich als zuverlässig einschätzen. (…)« [61]

---

60 Vgl. http://www.dzi.de/wp-content/pdfs_Spendentipps/Spenden-Info_Fl%C3%BCcht linge.pdf

61 Im Herbst 2015 hat zudem das Bundesfinanzministerium im Rahmen der Hilfe für Geflüchtete vereinfachte Regelungen für private Spender*innen und steuerbegünstigte Organisationen beschlossen. Siehe dazu die Webseite des Ministeriums: http:// www.bundesfinanzministerium.de/Content/DE/Pressemitteilungen/Finanzpolitik/ 2015/09/2015-09-23-PM37.html

Bürgschaften im Rahmen von speziellen Aufnahmeprogrammen

»Resettlement« – die dauerhafte Neuansiedlung besonders schutzbedürftiger Flüchtlinge in einem zur Aufnahme bereiten Staat – ist eine wichtige Möglichkeit der nachhaltigen Unterstützung Geflüchteter. Weltweit bieten einige Staaten in Zusammenarbeit mit dem Flüchtlingshilfswerk der Vereinten Nationen (UNHCR) spezielle Resettlement-Programme an, durch die eine festgelegte Anzahl von Geflüchteten aufgenommen wird. Die jährlich angebotenen Kontingente liegen derzeit bei rund 80 000 Plätzen,[62] Deutschland hat im Jahr 2016 insgesamt 800 Aufnahmeplätze für Schutzsuchende verschiedenster Staatsangehörigkeiten bereitgestellt.[63] Überdies wurden auf Bundesebene 2013 und 2014 drei humanitäre Aufnahmeprogramme (»Aufnahmeanordnungen«) aufgelegt für insgesamt 20 000 besonders schutzbedürftige Menschen, die dem syrischen Bürgerkrieg entkommen wollten.[64] Diese (mittlerweile beendeten) Programme sollten eine sichere und legale Einreise nach Deutschland ermöglichen; die Aufnahmeentscheidung traf das Bundesamt für Migration und Flüchtlinge (BAMF).

Ergänzt wurden diese sogenannten Kontingentprogramme des Bundes durch Aufnahmeprogramme der Länder, die sich ebenfalls ausschließlich an Menschen aus Syrien wandten.[65] Mittlerweile sind die Fristen der meisten Länderprogramme abgelaufen; nur in Hamburg, Schleswig-Holstein, Berlin und Brandenburg wurden sie bis 2017, in Thüringen bis 2018 verlängert.[66] Regelmäßig aktualisierte Informationen und weiterführende Links zu den verschiedenen Länderanordnungen finden sich auf der Webseite von Pro Asyl.[67]

---

62 Vgl. http://www.unhcr.de/mandat/dauerhafte-loesungen/resettlement.html

63 Vgl. http://www.bmi.bund.de/DE/Themen/Migration-Integration/Asyl-Fluechtlings schutz/Humanitaere-aufnahmeprogramme/humanitaere-aufnahmeprogramme_node. html

64 Vgl. dazu die Informationen auf der Webseite des Bundesamts für Migration und Flüchtlinge (BAMF) unter: http://www.bamf.de/DE/Migration/AufnahmeSyrien/ aufnahmeverfahren-syrien-node.html

65 Zwischen 2013 und 2015 wurden im Rahmen der Aufnahmeprogramme etwa 35 000 Visa erteilt; vgl. http://www.bpb.de/gesellschaft/migration/kurzdossiers/ 224847/fluechtlingsaufnahme-und-ihre-folgen?p=all

66 In Berlin gibt es zudem ein zusätzliches Aufnahmeprogramm für Menschen aus dem Irak, in Thüringen werden syrische Kurd*innen ohne Staatsangehörigkeit in dem Programm berücksichtigt; vgl. https://www.proasyl.de/thema/aufnahmeprogramme/ syrien-aufnahmeprogramme/

67 Vgl. https://www.proasyl.de/thema/aufnahmeprogramme/syrien-aufnahmeprogramme/

Insbesondere die Regelungen der Länder betonten die Bedeutung familiärer Bindungen: In Deutschland lebende Syrer*innen können für enge Verwandte eine Aufnahme beantragen und müssen sich verpflichten, für die Schutzsuchenden sämtliche Lebenshaltungs- und bei Bedarf auch Versicherungskosten für die Dauer von bis zu fünf Jahren zu übernehmen (»Verpflichtungserklärung« nach § 68 AufenthaltG). Die kommunalen Ausländerbehörden führen eine Bonitätsprüfung über die Einkommensverhältnisse der Verpflichtungsgeber*innen durch. In der Regel können sich nur wohlhabende Familien solche Bürgschaften leisten. In manchen Bundesländern konnten bzw. können sich auch Dritte, z.B. Freund*innen, Bekannte oder auch Organisationen, zur Kostenübernahme verpflichten.[68]

- Der Berliner Verein **Flüchtlingspaten Syrien e. V.**[69] versucht, die Kosten, die im Zuge einer Verpflichtungserklärung anfallen, auf möglichst viele Schultern zu verteilen. Mit der Hilfe von über 1 000 regelmäßigen Spender*innen ist es dem Verein gelungen, bereits mehr als 150 Menschen aus Syrien zu ihren Angehörigen nach Deutschland nachzuholen und ihnen so die lebensgefährlichen Fluchtrouten zu ersparen.[70]

- Orientiert am Berliner Vorbild, sucht in Hamburg der Verein **Herberge für Menschen auf der Flucht e. V.**[71] nach Pat*innen, die mit persönlichen Verpflichtungserklärungen oder regelmäßigen Spenden die Zusammenführung syrischer Familien unterstützen. Ende 2015 wurden der Verein und seine Mitglieder in der ARD-Reportage »Aktion Syrer retten« vorgestellt.[72]

---

68 Für weitere Informationen siehe auch: http://www.ggua.de/fileadmin/downloads/ tabellen_und_uebersichten/verpflichtungserklaerung-neu.pdf

69 Vgl. http://fluechtlingspaten-syrien.de/

70 Vgl. auch den Beitrag in der Wochenzeitung »Die Zeit« vom 18.09.2015 unter: http://www.zeit.de/wirtschaft/2015-09/fluechtlingshilfe-buergschaft-syrische-fluechtlinge

71 Vgl. https://herberge-fuer-menschen.de/

72 Siehe auch unter: http://www.mdr.de/nah_dran/aktion-syrer-retten-100.html

4.2.2 Patenschaften/Mentoring-Programme

Es gibt eine Vielzahl von Möglichkeiten, als Pat*in, Begleiter*in, Lots*in oder Mentor*in für eine geflüchtete Person oder auch eine Familie aktiv zu werden: Sie können sich in Initiativen rund um Unterkünfte und Treffpunkte von geflüchteten Menschen, in Projekten von Vereinen oder Stiftungen oder auch ohne Anbindung an eine Organisation engagieren. Für geflüchtete Menschen können regelmäßige Kontakte mit Menschen, die bereits länger oder auch immer schon in Deutschland leben, eine große Unterstützung sein, sich zu orientieren und zurechtzukommen.

Solche Patenschaften gestalten sich individuell. Es gibt keine Auflagen für ihre Ausgestaltung, vielmehr sollten sie sich an den Bedürfnissen und Möglichkeiten der Beteiligten ausrichten. Sie sind abhängig vom Orientierungs- und Unterstützungsbedarf der geflüchteten Menschen, ihrer Bereitschaft und ihrem Interesse, von der Lebenssituation der Unterstützer*innen, deren Möglichkeiten und zeitlichen Kapazitäten. Im Mittelpunkt können stehen: die Unterstützung bei Besorgungen, die Orientierung am Wohnort und die Erkundung der Nachbarschaft, gemeinsame Unternehmungen, die Begleitung bei Behördengängen, zu Beratungsstellen und medizinischen Sprechstunden, die Erläuterung von Formularen und amtlichen Schreiben, die Unterstützung beim Erlernen der deutschen Sprache oder auch die Hilfe bei der Wohnungssuche.

Mittlerweile existieren an vielen Orten Netzwerke, in denen Begleiter*innen gesucht und Patenschaften geknüpft werden und/oder Mentor*innen sich untereinander austauschen; oftmals suchen einzelne Träger oder Initiativen auch aktiv nach Menschen für die Begleitung eines geflüchteten Menschen. Einige Beispiele aus verschiedenen Städten und Kommunen sollen das Spektrum der Patenschaftsansätze verdeutlichen:

- In Berlin bringt der 2014 gegründete Verein **Start with a Friend e. V. (SwaF)**[73] sogenannte Tandems zusammen: Jeweils ein*e Unterstützer*in (»Locals« genannt) wird dabei einem geflüchteten Menschen zur Seite gestellt, um die Herausforderungen des Alltags in Deutschland zu bewältigen: gemeinsam die Stadt erkunden, Deutsch sprechen (lernen), Wohnungen, Kindergarten- oder Praktikumsplätze suchen und Behördengänge meistern. Das Team von Start with a Friend unterstützt mit Informationen rund um das Asylverfahren, konkreten Tipps zu Fragen und Problemen der Alltagsbewältigung und mit Adressen von Bera-

---

73 Vgl. https://www.start-with-a-friend.de/

tungsstellen und weiteren Angeboten (etwa einer Liste der Berliner Sozialkaufhäuser). Zur Beantwortung häufig gestellter Fragen entstand unter anderem ein **»Leitfaden für die Unterstützung geflüchteter Menschen in Berlin«**. Das Info-Material steht auf der SwaF-Webseite zum Download bereit. Bestehende Helfer*innenkreise oder interessierte Gruppen können sich bei der Initiative melden, die dann die Engagierten professionell und kompetent unterstützt. Inzwischen gibt es auch in anderen Städten Standorte des Projekts, so z.B. in Aachen, Bonn, Dresden, Frankfurt/Main, Freiburg, Hamburg, Köln, Leipzig, Stuttgart, weitere Standorte sind geplant.[74]

- Im oberfränkischen Bamberg engagiert sich seit 2011 der Verein **Freund statt fremd e.V.**[75] in der Unterstützung von geflüchteten Menschen in Stadt und Landkreis. Der Verein steht im regelmäßigen Austausch mit anderen Initiativen, Organisationen und Behörden und ist mittlerweile eine lokale Plattform für jegliche Form der Unterstützung von geflüchteten Menschen in Bamberg und Umgebung. Unter dem Dach des Vereins haben sich mehrere Arbeitskreise zu verschiedenen Themen und mit jeweils spezifischen Aufgabenstellungen etabliert, darunter auch speziell zu »Patenschaften«.[76] Im Frühjahr 2015 konnte Freund statt fremd e.V. mithilfe der finanziellen Unterstützung verschiedener lokaler Institutionen und Akteur*innen eine professionelle Patenschaftskoordination zwischen »Locals« und geflüchteten Menschen einrichten.[77]

- In Langförden, einem Ortsteil der niedersächsischen Stadt Vechta, hat sich – ausgehend von der katholischen Gemeinde – mit der **Flüchtlingshilfe Langförden**[78] und unter dem Motto »Konkrete Hilfe für konkrete Leben« seit Herbst 2013 ein Netzwerk aus Unterstützer*innen entwickelt. Die Unterstützung reicht von praktischen Hilfen im Alltag, über begleitete Arztbesuche und Behördengänge bis hin zu gemeinsamen Unternehmungen. Jede*r Pat*in entscheidet dabei selbst, wie viel Zeit er*sie investieren möchte.

---

74 Vgl. https://www.start-with-a-friend.de/standorte/

75 Vgl. http://freundstattfremd.de/

76 Vgl. http://freundstattfremd.de/arbeitskreise/

77 Vgl. http://freundstattfremd.de/wp-content/uploads/2016/01/Taetigkeitsbericht_2015_final-2016_01_18.pdf

78 Vgl. http://pfarrgemeinde-langfoerden.de/fluechtlinge/

- In mehr als 50 Städten und Gemeinden unterstützen bundesweit Tausende Pat*innen im Rahmen der Kampagne »**Save me – eine Stadt sagt ja!**«[79] geflüchtete Menschen bei der Alltagsorganisation (wie etwa Hausaufgabenhilfe, Deutschunterricht oder Begleitung zu Behörden). Die Kampagne ist 2008 auf Initiative des Bayerischen Flüchtlingsrats, des Münchner Flüchtlingsrats und anderer Unterstützer*innen sowie unter maßgeblicher Förderung von Pro Asyl entstanden, um zu erreichen, dass die Bundesrepublik Deutschland im Rahmen der Resettlement-Programme[80] schutzbedürftige Menschen (sogenannte Kontingentflüchtlinge) ins Land holt und ihnen so die Strapazen und Gefahren der Flucht erspart. Per Ratsbeschluss erklärte sich als erste Kommune München zur aktiven Aufnahme von geflüchteten Menschen bereit. Die lokalen Initiativen leisten Öffentlichkeitsarbeit und politische Aufklärung.[81]

- Im Rahmen des von der »Aktion Mensch« geförderten Projekts »**join! – Stadtteilfamilien treffen Flüchtlingsfamilien**«[82] werden in acht deutschen Städten (Aachen, Düsseldorf, Hamm, Hannover, Münster, Osnabrück, Wiesbaden) Familienpatenschaften initiiert. Das Projekt will Strukturen für ein Zusammenleben etablieren, die von Toleranz und Respekt geprägt sind. Die lokalen Projektinitiativen werden von vorab eigens für diese Aufgabe qualifizierten Freiwilligen geplant und durchgeführt; für die jeweilige Koordination vor Ort sind lokale Familienzentren und/oder Familienbildungsträger zuständig. Träger des Projekts ist der in Detmold ansässige Verein für präventive Pädagogik praepaed e. V.

- An der Universität Oldenburg haben Studierende mit Fluchterfahrungen die Initiative »**Hochschule ohne Grenzen**«[83] gegründet, um sich für die Unterstützung geflüchteter Studierender an deutschen Hoch-

---

79   Vgl. http://www.save-me-kampagne.de/, siehe auch den Flyer der Kampagne unter: https://www.proasyl.de/wp-content/uploads/2015/12/PRO_ASYL_Flyer_Save_me_Fluechtlinge_aufnehmen_Juli_2014.pdf

80   Vgl. http://resettlement.de/; vgl. auch die Anmerkungen im Abschnitt »Bürgschaften im Rahmen von speziellen Aufnahmeprogrammen«, S. 136 f.

81   Vgl. beispielhaft http://www.save-me-muenchen.de/de/unsere-forderungen/

82   Vgl. http://www.praepaed.de/join/

83   Vgl. https://de-de.facebook.com/HochschuleOhneGrenzen/

schulen und Universitäten einzusetzen. Im Rahmen eines Mentoring-Programms[84] können sich Studierende höherer Semester, die mit Organisation und Abläufen in der Bildungsinstitution vertraut sind, mit geflüchteten Studierenden vernetzen und sie beispielsweise beim Ausfüllen von Anträgen, bei der Stundenplanerstellung oder beim Aufsuchen von Sprechstunden unterstützen.[85]

- Das Bundesministerium für Familie, Senioren, Frauen und Jugend (BMFSFJ) hat Anfang 2016 unter dem Titel **»Menschen stärken Menschen«**[86] ein Programm aufgelegt, das insbesondere die Unterstützung von geflüchteten Kindern und Jugendlichen sowie Familien in den Fokus rückt und die Förderung von Patenschaften zwischen geflüchteten und bereits in Deutschland lebenden Menschen zum Ziel hat. Das Spektrum reicht von Tandems zum Deutschlernen und zur Alltagsbewältigung über die Übernahme von Vormundschaften für unbegleitete Kinder und Jugendliche durch Privatpersonen bis hin zu Gastfamilien, die ein Pflegekind aufnehmen. Über ein **»Wegweiser-Telefon«** können Interessierte sich über Unterstützungsmöglichkeiten in den Bereichen Patenschaften, Vormundschaften und Gastfamilien informieren.[87] Neben dem Aufbau von Patenschaften soll der Großteil der Fördergelder aus dem Bundesprogramm für die Qualifizierung und professionelle fachliche Begleitung von Pat*innen eingesetzt werden. Weiterführende Informationen zum **Patenschaftsprogramm des Bundes** einschließlich einer Liste aller beteiligten Projektträger finden sich auf der **Webseite des Bundesministeriums für Familie, Senioren, Frauen und Jugend.**[88]

---

84 Vgl. http://hochschule-ohne-grenzen.org/service/mentoring/

85 Ähnliche Initiativen sind mittlerweile an vielen deutschen Hochschulen und Universitäten entstanden; vgl. beispielhaft das Projekt »Campus ohne Grenzen« an der Hochschule Osnabrück unter: https://hochschulfreun.de/profil/campus-ohne-grenzen/

86 Vgl. https://www.bmfsfj.de/bmfsfj/themen/engagement-und-gesellschaft/fluechtlingspolitik-und-integration/menschen-staerken-menschen

87 Das »Wegweiser-Telefon« des Bundesfamilienministeriums ist von montags bis freitags, jeweils von 7:30 Uhr bis 16:00 Uhr unter der Telefonnummer 0800/2005070 erreichbar.

88 Vgl. https://www.bmfsfj.de/bmfsfj/patenschaften/96626

Sollten Sie nach Patenschaftsprojekten in Ihrer Nähe suchen, dann können Sie sich bei lokalen Initiativen, den Landesflüchtlingsräten oder bei Organisationen und Vereinen, die in Ihrem Wohnort in der Unterstützung von geflüchteten Menschen aktiv sind, erkundigen. Eine Internetrecherche, die die Suchbegriffe »Patenschaft« oder »Mentorenschaft«, »Flüchtlinge« oder »Geflüchtete« und den Namen Ihres Wohnorts kombiniert, kann ebenfalls Informationen zutage fördern.

▶ Formen der Alltagsbegleitung und was zu berücksichtigen ist

Patenschaften, Tandems, Mentoring-Programme und daraus entstandene Freundschaften können geflüchteten Menschen das Zurechtkommen in Deutschland enorm erleichtern. Diese Form der Unterstützung wird nicht von hauptamtlichen Sozialarbeiter*innen geleistet.

Wenn Sie Pat*in werden wollen, dann sollten sie Interesse an einer kontinuierlichen, auf Prinzipien der Gleichwertigkeit beruhenden Zusammenarbeit mit geflüchteten Menschen haben. Hilfreich können dabei Grundkenntnisse in Englisch oder Französisch sein, sie sind aber keine notwendige Bedingung. Sie sollten in der Lage sein, sich mindestens einmal wöchentlich ein bis zwei Stunden Zeit nehmen zu können, und für Lebensentwürfe anderer Menschen grundsätzlich offen sein.

Hilfe kann nur auf freiwilliger Basis gegeben und angenommen werden. Entscheidend ist nicht, was Sie selbst als Unterstützung für angebracht halten. Es kann durchaus passieren, dass sich die Erwartungen der Beteiligten nicht immer treffen. Haben Sie Geduld. Überfordern Sie weder sich noch ihr Gegenüber.[89]

4.2.3 Unterstützung bei der Erstorientierung in Deutschland

Es bestehen vielfältige Möglichkeiten, geflüchtete Menschen dabei zu unterstützen, sich im Alltag in Deutschland bestmöglich zurechtzufinden: Sie können beispielsweise im direkten Miteinander gemeinsam klären, wie öffentliche Verkehrsmittel oder Mülltrennung funktionieren, Feste, Gebräuche und Gepflogenheiten erläutern, beim Einkaufen und Organisieren bestimmter Lebensmittel behilflich sein oder einfach individuell bei Fragen und Unsicherheiten mit Rat und Tat zur Seite stehen.

---

89 Vgl. mit weiteren Nachweisen: https://blog.campact.de/helfer-atlas-fluechtlingshilfe/
    4-ich-moechte-fluechtlinge-besuchen-und-persoenlich-kennenlernen-geht-das/

Im Internet existieren mittlerweile zahlreiche Informationsangebote. Die folgende Auswahl soll dies illustrieren.[90]

Ankunftshilfen

- Die **Informationsbroschüre »Refugee Guide«**[91] ist eine mittels Crowdsourcing entstandene Orientierungshilfe, die nützliche Tipps und Informationen zur Orientierung speziell in der ersten Zeit des Aufenthaltes in Deutschland vermittelt. An ihrer Entstehung waren Menschen mit unterschiedlichen Flucht- und Migrationserfahrungen beteiligt. Die Broschüre liegt in 16 Sprachen vor, alle Übersetzungen stehen als Download im PDF-Format zur Verfügung (Deutsch, Englisch, Französisch, Arabisch, Kurdisch, Türkisch, Paschtu, Dari, Farsi, Urdu, Tigrinya, Russisch, Serbisch, Albanisch, Mazedonisch). Auf Deutsch gibt es auch eine Übersetzung in Leichter Sprache.

- Der Bundesfachverband unbegleitete minderjährige Flüchtlinge (BumF) e. V. hat die **Broschüre »Willkommen in Deutschland – Ein Wegbegleiter für unbegleitete Minderjährige«** entwickelt. Junge Geflüchtete erhalten hier beispielsweise Antworten auf Fragen wie »Was passiert am Anfang?«, »Mit welchen Behörden, Ämtern und Organisationen habe ich es zu tun?«, »Wo werde ich wohnen?«, »Welche Rechte habe ich?« und vieles mehr. Die Broschüre findet sich auf der Webseite des BumF[92] (die Printversion kann gegen eine Gebühr beim BumF bestellt werden). Sie steht derzeit (Stand: März 2017) nur auf Deutsch zur Verfügung, Übersetzungen sind geplant.

- Die Bloggerin Birte Vogel hat speziell für weibliche Geflüchtete den **Infoflyer »Geh deinen Weg! Deine Rechte als Frau in Deutschland«** verfasst, der mittlerweile in den Sprachen Albanisch, Arabisch, Bosnisch, Deutsch, Englisch, Farsi/Dari, Französisch, Serbisch, Somali, Urdu vorliegt und heruntergeladen werden kann;[93] Übersetzungen in

---

90 Für weitere Recherchen vgl. beispielsweise https://www.proasyl.de/hintergrund/uebersicht-informationsangebote-fuer-fluechtlinge-im-internet/

91 Vgl. http://www.refugeeguide.de/downloaden-und-drucken/

92 Vgl. http://www.b-umf.de/de/publikationen/willkommensbroschuere

93 Vgl. http://wie-kann-ich-helfen.info/geh-deinen-weg-deine-rechte-als-frau-in-deutschland-infoflyer-fuer-weibliche-fluechtlinge/3063; in dem Blog hat Vogel auch weitere Unterstützungsangebote gesammelt, vgl. http://wie-kann-ich-helfen.info/vergessen-sie-die-frauen-nicht-wie-sie-speziell-den-gefluechteten-frauen-helfen-koennen/1556

weitere Sprachen (Hausa, Kroatisch, Kurdisch, Mazedonisch, Paschtu, Romenes, Russisch, Tibetisch, Tigrinisch, Tschetschenisch, Ukrainisch) sind in Vorbereitung. Mit dem Flyer können sich geflüchtete Frauen von Beginn an über ihre Rechte in Deutschland informieren. Der mehrsprachige **Flyer »Gleiche Rechte für Frauen und Männer«**[94] von Terre des Femmes Menschenrechte für die Frau e. V. kann ebenfalls zur Orientierung herangezogen werden.[95]

- In der englischsprachigen **Question & Answer-Community »Wefugees – Community without Borders«**[96] können neu in Deutschland angekommene geflüchtete Menschen gezielt nach spezifischen Informationen fragen und sich untereinander austauschen und helfen. Thematisiert werden nicht nur asyl- und aufenthaltsrechtliche Anliegen, sondern auch Fragen zu Gesundheitsversorgung, zu Arbeits- und Bildungsmöglichkeiten oder auch zu Freizeitaktivitäten oder zur Wohnungssuche. Ausgewählte Expert*innen beantworten die Fragen und unterstützen so die neu Angekommenen. In der Rubrik »Information & Offers« finden sich weiterführende Hinweise auf Initiativen, Beratungs- und sonstige Informationsangebote.

- Der **Blog »Refugees Welcome Information«**[97] bietet in fünf Sprachen (Arabisch, Deutsch, Englisch, Farsi, Französisch) wichtige Informationen für fliehende/geflüchtete Menschen und Unterstützer*innen. Der Blog stellt Linksammlungen und Kontaktadressen zu verschiedenen Themenkreisen bereit: Asylverfahren in Deutschland; Rechtsberatung und Beratungsstellen in Deutschland, Österreich und Ungarn; Sprache (wie etwa Wörterbücher, Tipps für die Zusammenarbeit mit Dolmetscher*innen, Deutschunterricht); Gesundheit/Medizin; Organisationen der Flüchtlingshilfe und Selbstinitiativen geflüchteter Menschen (bundesweit und alphabetisch nach Städten sortiert) sowie europaweite Anlaufstellen für die Suche nach vermissten Angehörigen.

---

94 Vgl. http://www.frauenrechte.de/online/images/downloads/allgemein/TDF_Flyer_Women_Men.pdf

95 Terre des Femmes e. V. sammelt online auch Beratungs- und Unterstützungsangebote für geflüchtete Frauen; siehe unter: http://www.frauenrechte.de/online/index.php/themen-und-aktionen/flucht-und-frauenrechte/unterstuetzungsangebote

96 Vgl. http://www.wefugees.de/k

97 Vgl. https://refugeeswelcomepad.wordpress.com/

- Die Deutsche Welle, der staatliche Auslandsrundfunk der Bundesrepublik Deutschland, der über Radio, TV und Internet Informationen in 30 Sprachen bietet, unterhält seit September 2015 das **Online-Portal »Erste Schritte in Deutschland«**.[98] Dort können sich geflüchtete Menschen unter anderem über die Asylantragstellung, Arbeitssuche und das Zurechtkommen im Alltag in Deutschland informieren. Das Angebot ist neben Deutsch auch in den Sprachen Arabisch, Englisch, Paschtu, Dari und Urdu verfügbar. Auch vielfältige Übungen zum Deutschlernen (Video, Audio, Text, interaktive Übungen, Online-Kurse zum Selbstlernen) hält das Portal bereit.

- Das **Nachrichten- und Informations-Portal »Guide for Refugees«** der ARD[99] bietet einen kompakten Überblick zu Fragen des Ankommens in Deutschland, des Alltagslebens (z. B. Arztbesuche, Internetzugang, Öffentliche Verkehrsmittel) und zum Spracherwerb. Das Angebot steht in Englisch und Arabisch zur Verfügung.

- Mit **»Refugee Radio«**[100] sendet COSMO (vormals Funkhaus Europa), ein internationales und transkulturelles Hörfunkprogramm, produziert vom Westdeutschen Rundfunk (WDR), Radio Bremen und dem Rundfunk Berlin-Brandenburg (RBB), montags bis freitags ein Format speziell für geflüchtete Menschen, die die deutsche Sprache noch nicht gut verstehen: Im Mittelpunkt stehen Nachrichten, Informationen und Servicehinweise auf Arabisch. Die Folgen können auch nachträglich als Podcast angehört werden.

- Handreichungen zur Alltagsbewältigung stehen auch im Mittelpunkt des **Online-Portals »handbook germany«**,[101] das von den Neuen Deutschen Medienmachern e. V. betrieben wird, ein bundesweites Netzwerk von Medienschaffenden unterschiedlicher Herkunft. In vier Sprachen (neben Deutsch in Arabisch, Englisch, Persisch) bietet dieser »Informationsknotenpunkt für Deutschland« zu den Bereichen Leben, Lernen, Recht und Arbeiten hilfreiches Wissen, Informations-

---

98 Vgl. http://www.dw.com/de/themen/erste-schritte-in-deutschland/s-32443

99 Vgl. http://www.ard.de/home/ard/guide-for-refugees-wegweiser-fuer-fluecht linge/Guide_for_refugees/2214428/index.html

100 Vgl. http://www1.wdr.de/radio/funkhauseuropa/programm/refugee-radio/deutsch/ index.html

101 Vgl. https://handbookgermany.de/de.html

videos und ein Lexikon (mit Begriffserläuterungen von »Abschiebung« bis »Visum«). Das Portal ist mit der Webseite der Question & Answer-Community »Wefugees« (→ S. 144) verlinkt.

- Seit Anfang 2016 gibt es die kostenlose **App »Ankommen«**,[102] ein mobiles Service- und Lernangebot, das als Wegbegleiter für die ersten Wochen in Deutschland konzipiert ist: Neben eigenständig zu erledigenden Übungen zum Deutschlernen werden praktische Aspekte der Alltagsbewältigung erläutert und Informationen über wichtige Fragen für Asylsuchende aufbereitet, wie etwa die Schritte im Asylverfahren, der Weg zu einer Arbeitserlaubnis, was im Krankheitsfall zu tun ist oder welche Fragen es beim Schulbesuch von Kindern zu beachten gilt. Die App steht für die Betriebssysteme Android und iOS in den Sprachen Arabisch, Englisch, Farsi, Französisch und Deutsch zur Verfügung und ist nach dem Download auch unabhängig vom Internetzugang nutzbar. »Ankommen« ist ein Kooperationsprojekt des Bundesamts für Migration und Flüchtlinge (BAMF), der Bundesagentur für Arbeit, des Goethe-Instituts und des Bayerischen Rundfunks.

- Viele Kommunen haben mittlerweile **»Willkommensmappen«** (auch **»Orientierungsmappen«** genannt) für geflüchtete Menschen zusammengestellt.[103] Darin finden sich beispielsweise Kontaktadressen wichtiger Ämter und Behörden, Kultur- und Weiterbildungseinrichtungen (Bibliotheken, Volkshochschulen), gesundheitlicher Dienste und Ansprechpersonen bzw. Anlauf- und Beratungsstellen speziell für Geflüchtete.

- Für Berlin haben geflüchtete Menschen mit **»Arriving in Berlin«**[104] einen interaktiven Stadtplan erstellt, der sich an Menschen richtet, die neu in der Stadt sind. Er soll dabei helfen, z.B. kostenlose Beratungsstellen, Deutschkurse, medizinische Versorgung oder Bibliotheken mit kostenlosen Zugang ins Internet zu finden. Der interaktive Wegweiser steht auf Arabisch, Englisch, Farsi und Französisch zur Verfügung.

---

102 Vgl. https://www.ankommenapp.de/

103 Ein Beispiel ist die Willkommensmappe des Bezirksamts Berlin-Mitte (Deutsch, Englisch, Arabisch, Farsi), siehe unter: https://www.berlin.de/ba-mitte/politik-und-verwaltung/beauftragte/integration/artikel.393124.php

104 Vgl. https://arriving-in-berlin.de/

Übersetzungshilfen/Deutschlernen

Mittlerweile existieren zahlreiche Webseiten, Anwendungen und Online-Angebote, die für Übersetzungsfragen und beim Deutschlernen hilfreich sind.

- Das Online-Bildwörterbuch »**Babadada**«[105] stellt thematisch sortiertes Basisvokabular für 20 Sprachen und Dialekte zur Verfügung.

- Im mehrsprachigen (Englisch, Deutsch, Arabisch, Farsi) Online-Wörterbuch »**Refugees Phrasebook**«,[106] das ehrenamtlich von Übersetzer*innen erstellt wurde, finden sich neben Einstiegsvokabular und Beispielsätzen zur ersten Verständigung von Geflüchteten in Deutschland auch ein medizinisches (»Medical Phrasebook«) und ein juristisches Wörterbuch (»Juridical Phrasebook«). Für Unterstützer*innen gibt es eine Tabelle mit wichtigem Vokabular und zahlreichen Beispielsätzen für eine Verständigung über die vier genannten Sprachen hinaus.

- Das »**Bildwörterbuch Deutsch-Arabisch**«[107] der Deutsch-Arabischen Freundschaftsgesellschaft (DAFG) e. V., das sich speziell an geflüchtete Menschen und deren Unterstützer*innen wendet, beinhaltet mittlerweile über 250 Begriffe.

- Die Ernst Klett Sprachen GmbH hat für Geflüchtete und Helfende mit »**Refugees Welcome**« einen »**Erste-Hilfe-Wortschatz für den Start**«[108] in Deutsch, Arabisch, Englisch und Französisch aufgelegt, der online durch Audioaufnahmen[109] ergänzt wird.

- »**Welcomegrooves**«[110] ist ein kostenloser Online-Einstiegskurs, der – um den Wortschatz besser im Gedächtnis zu verankern – die deutsche Sprache mithilfe von Musik vermittelt; die Lektionen (wie z. B. »Willkommen in Deutschland«, »Essen und Trinken«, »Ins Gespräch kommen«)

---

105 Vgl. http://babadada.com/

106 Vgl. http://www.refugeephrasebook.de/refugee_phrasebook/

107 Vgl. http://dafg.eu/de/links/bildwoerterbuch/

108 Vgl. http://www.klett-sprachen.de/download/8638/W100255%5FRefugees%5F Welcome%5FWortschatz.pdf

109 Vgl. http://www.klett-sprachen.de/refugees-welcome-audio-dateien/c-1223

110 Vgl. http://www.welcomegrooves.de/

können angehört und als MP3-Dateien heruntergeladen werden, viele Übersetzungen werden zum Mitlesen und/oder Ausdrucken zur Verfügung gestellt (als PDF-Dokument). An der Entstehung von »Welcomegrooves« waren mehr als 70 Sprachvermittler*innen und Kulturschaffende beteiligt. Das Projekt kooperiert mit Stadtbibliotheken, Buchhandlungen und Hilfsorganisationen in verschiedenen Orten. Dort können die Materialien heruntergeladen und an manchen Standorten auch ausgedruckt werden.[111]

- »**Language Transfer**«[112] ist ein spendenfinanziertes, von Aktivist*innen initiiertes Projekt, das mittels Audiodateien (abrufbar über den Online-Musikdienst SoundCloud oder das Videoportal YouTube) das Erlernen verschiedener Sprachen unterstützt. Dabei stehen linguistische Erläuterungen im Mittelpunkt, die unmittelbar in Übungen übersetzt werden. In der Regel werden die verschiedenen Kurse auf Englisch gehalten.

- Die Deutsche Welle bietet kostenlose **Online-Deutschkurse**[113] in verschiedenen Niveaustufen für 28 Sprachen und mit unterschiedlichen Methoden an – E-Learning, Video, Audio, Podcast, Arbeitsblätter und sogar eine Telenovela (»Jojo sucht das Glück«).[114]

- Das Goethe-Institut hat auf seiner Webseite den Bereich »**Willkommen – Deutschlernen für Flüchtlinge**«[115] eingerichtet; dort finden sich auf Smartphones und Tablets funktionierende Selbstlernkurse, Sprechübungen, Videos und ein interaktives Wortschatztraining.

- Die Stiftung Warentest hat **Apps zum Deutschlernen** für arabischsprachige Erwachsene und Kinder getestet und den Testbericht in deutscher und arabischer Sprache auf ihrer Webseite veröffentlicht.[116]

---

111 Viele Stadtbibliotheken halten kostenlose Angebote für Geflüchtete bereit, nicht nur zum Deutschlernen. Informieren Sie sich am besten direkt vor Ort.

112 Vgl. http://www.languagetransfer.org/

113 Vgl. http://www.dw.com/de/deutsch-lernen/deutschkurse/s-2068

114 Vgl. http://www.dw.com/de/deutsch-lernen/telenovela/s-13121

115 Vgl. https://www.goethe.de/de/spr/flu.html?wt_sc=willkommen

116 Vgl. https://www.test.de/Apps-zum-Deutschlernen-Nur-zwei-von-zwoelf-empfehlens wert-4989440-0/

- Auch die **Webseite des Bundessprachenamts (BSprA)** hält zur Unterstützung Geflüchteter Verständigungshilfen in neun Sprachen zum Download bereit (Albanisch, Bosnisch, Dari, Englisch, Französisch, Mazedonisch, Paschtu, Serbisch, Syrisch-Arabisch).[117]

Gesundheit

- Auf der **Webseite der Bundeszentrale für gesundheitliche Aufklärung (BzgA)** finden sich in verschiedenen Sprachen Informationen für geflüchtete Menschen, Unterstützer*innen und Fachkräfte, etwa zu den Themen AIDS-Prävention, Suchtprävention, Impfungen und Infektionsschutz.[118] Das Material kann als Printversion kostenlos bestellt oder von der Webseite heruntergeladen werden. Das von der BgzA verantwortete **Online-Portal »Zanzu – Mein Körper in Wort und Bild«**[119] liefert mehrsprachige Informationen in den Rubriken »Körper«, »Sexualität«, »Familienplanung und Schwangerschaft«, »Beziehungen und Gefühle«, »Infektionen« sowie »Rechte und Gesetze«; zudem wird ein Online-Wörterbuch für medizinische Begriffe angeboten.

- Auf der **Webseite des Bundesheitsministeriums für Gesundheit (BMG)** steht in sieben Sprachen (Deutsch, Englisch, Arabisch, Kurdisch, Paschtu, Dari, Farsi) der **»Ratgeber Gesundheit für Asylsuchende in Deutschland«**[120] als PDF zum Download zur Verfügung. Der **»Online-Ratgeber für Asylsuchende«** ist auf der Webseite des Ministeriums bislang ausschließlich auf Deutsch erhältlich.[121]

- Das Online-Portal der Bundesvereinigung Deutscher Apothekerverbände (ABDA) e. V., **»aponet.de«**, hält grundlegende Informationen über das deutsche Gesundheitssystem auf Arabisch, Englisch und Farsi bereit.[122]

---

117 Vgl. http://www.bundessprachenamt.de/deutsch/wir_ueber_uns/nachrichten/2015/20151103/20151103.htm

118 Vgl. http://www.infodienst.bzga.de/?id=Seite3233

119 Vgl. http://www.zanzu.de/de

120 Vgl. www.ratgeber-gesundheit-fuer-asylsuchende.de/

121 Vgl. http://www.bundesgesundheitsministerium.de/themen/internationale-gesundheitspolitik/migration-und-integration/fluechtlinge-und-gesundheit/online-ratgeber-fuer-asylsuchende.html

122 Vgl. http://www.aponet.de/medical-information-for-refugees.html

- Im Rahmen einer »Bedienungsanleitung für Deutschland« ist in Zusammenarbeit mit Ärzt*innen aus Syrien und Deutschland und Sozialpädagog*innen des bayerischen Roten Kreuzes der animierte **Videoclip »Arztbesuch«** entstanden, der auf Arabisch, Deutsch und Englisch verfügbar ist.[123]

- Im **Online-Angebot des Niedersächsischen Landesgesundheitsamts** finden sich verschiedene mehrsprachige Informationen für Geflüchtete, Ärzt*innen und medizinisches Fachpersonal, beispielsweise Übersetzungen eines allgemeinen Anamnesebogens in 15 Sprachen, Informationen zum Arzneimittelgebrauch und weiterführende Links zu Symbolen als Kommunikationshilfen.[124]

Alltagspraktische Informationen
- Der Verband für interkulturelle Arbeit (VIA) e. V. entwickelt mittels Crowdsourcing eine bundesweite »**Refugees Welcome Map**« mit wichtigen Adressen für Hilfe und Unterstützung für geflüchtete Menschen. Auf seinem Online-Portal hat der Verband unter der Überschrift »Infos an geflüchtete Menschen weitergeben«[125] eine Sammlung von Angeboten (Flyer, Infoplattformen, Videos etc.) bereitgestellt, die speziell zur Erstinformation dienen; Themenbereiche sind z. B. Arbeit, Beruf, Ausbildung, Medizin, Gesundheit und Sexualität. Auch Hinweise auf (mehrsprachige) Info-/Merkblätter, weiterführende Links oder nützliche Apps mit allgemeinen alltagspraktischen Erstinformationen (z. B. Erläuterungen zu deutschen Feiertagen, Verkehrsregeln für Radfahrer*innen, Eröffnung eines Girokontos, günstige Mobilfunk-Tarife) sind hier zusammengestellt.

Konto und Handytarife
- Praktische Hinweise für die Eröffnung eines Girokontos einschließlich englisch- und arabischsprachiger Merkblätter finden sich auf der **Web-**

---

123 Vgl. http://muenchner-fluechtlingsrat.de/bedienungsanleitung-deutschland-erklaer videos-fuer-fluechtlinge/

124 Vgl. http://www.nlga.niedersachsen.de/portal/live.php?navigation_id=37343&article_ id=138115&_psmand=20.

125 Vgl. http://refugeeswelcomemap.de/infoportal/ehrenamtliche-hilfe/informationen-fuer-fluechtlinge/

seite konto.org;[126] Informationen zu günstigen Handytarifen für Auslandstelefonate hat die Stiftung Warentest auf der **Webseite test.de** zusammengestellt (Englisch und Arabisch).[127]

▶ **Smartphone**

Das Smartphone ist ein wichtiges Medium für Menschen auf der Flucht und auch für Angekommene: Es dient als Kompass und Karte, verbindet mit in der Heimat gebliebenen Freund*innen und Angehörigen, verteilt Informationen von bereits Angekommenen, kann bei der Orientierung in der Fremde, etwa beim Erlernen der Sprache, hilfreich sein.

Über die sozialen Netzwerke tauschen sich geflüchtete Menschen aus und informieren sich gegenseitig über Routen, Schlepper*innen und Unterkünfte. Der Migrationsforscher Vassilis Tsianos erläutert: »Teure Geräte für die Flucht sind alles andere als ein Statussymbol. Das ist eine Art mobile Bank, eine Investition. Sie sind nicht nur essentiell für die Navigation und Kommunikation unterwegs. Man kann sie auch in Geld verwandeln, verleihen oder als Hypothek für einen Teil der Reise hinterlegen«.[128]

Angekommene können kostenlose Apps zum Erlernen der jeweiligen Sprache des Aufnahmelandes, für Wörterbücher oder Vokabeltrainer installieren. An seine Grenzen stößt das Medium hierzulande beim Internetzugang. Möglichkeiten, um schnell und preisgünstig ins Internet zu kommen, sind rar. Diese Bedarfslücke versuchen Initiativen wie »Refugees Emancipation« oder »Freifunker« zu füllen, indem sie Flüchtlingsunterkünfte mit Online-Zugängen ausstatten;[129] zugleich sind sie auch als Teil einer Bewegung zu verorten, die die digitale Selbstorganisation von geflüchteten Menschen unterstützt.[130]

---

126 Vgl. http://www.konto.org/ratgeber/allgemein/basiskonto/?

127 Vgl. https://www.test.de/Handytarife-fuer-Fluechtlinge-So-telefonieren-Sie-guenstig-in-die-Heimat-4935914-0/

128 Vgl. https://www.wired.de/collection/latest/ohne-smartphones-hatten-fluchtlinge-kaum-eine-chance-sagt-der-migrationsforscher

129 Vgl. https://netzpolitik.org/2015/internet-fuer-asylsuchende-warum-dieses-wichtige-werkzeug-der-selbstbestimmung-meist-verwehrt-bleibt/; http://www.zeit.de/digital/internet/2015-09/fluechtlinge-refugees-emancipation-wlan-unterkuenfte-freifunk

130 Vgl. https://www.hkw.de/de/programm/projekte/2016/civil_society_4_0/civil_society_4_0_start.php

> Hingewiesen sei auch auf die Problematik, dass geflüchtete Menschen das Smartphone in erster Linie für Messaging-Dienste nutzen und daher häufig nicht mit dem Prinzip von Webseiten zur Informationsvermittlung vertraut sind, sodass entsprechende digitale Angebote nicht bei ihnen ankommen.[131]

Erstorientierung in asyl- und aufenthaltsrechtlichen Fragen

Wenn Sie Geflüchtete und Asylsuchende in diesem Bereich unterstützen möchten, dann können Sie für einen ersten Überblick auf verschiedene Informationsangebote und Ratgeber zurückgreifen:

- Die »Arbeitsgemeinschaft Ausländer- und Asylrecht« im Deutschen Anwaltsverein (DAV) e. V.[132] sammelt auf ihrer Webseite nützliche Informationen zum Asylverfahrensrecht und hat unter anderem einen kurzen **»Fragen und Antworten«-Überblick für Asylsuchende** erstellt, der den Ablauf den Asylverfahrens erklärt.[133]

- Links zu in vielen Sprachen verfassten Hilfestellungen zum Asylverfahren in Deutschland finden sich auch auf dem **Blog »Refugees Welcome Information«**.[134]

- Der Informationsverbund Asyl & Migration bietet **Infoblätter für die Anhörung im Asylverfahren** in verschiedenen Sprachen (Albanisch, Amharisch, Arabisch, Bosnisch, Chinesisch, Deutsch, Englisch, Farsi, Französisch, Kurmandschi, Russisch, Türkisch) an.[135] Zudem findet sich auf seiner Webseite eine Vielzahl von Arbeitshilfen und Publikationen[136] zum Thema, nicht zuletzt auch Materialien für die Beratung geflüchteter Jugendlicher.[137]

---

131 Vgl. http://www.sueddeutsche.de/politik/webseiten-fuer-fluechtlinge-hilfe-die-verpufft-1.3033064

132 Vgl. http://www.dav-auslaender-und-asylrecht.de/

133 Vgl. http://anwaltauskunft.de/magazin/gesellschaft/migration/1101/wie-laeuft-ein-asylverfahren-ab/

134 Vgl. https://refugeeswelcomepad.wordpress.com/asylum-process/

135 Vgl. http://www.asyl.net/index.php?id=337

136 Vgl. http://www.asyl.net/index.php?id=328

137 Vgl. http://www.asyl.net/index.php?id=338

- Der Bürgerservice des Bundesamts für Migration und Flüchtlinge (BAMF) beantwortet telefonisch Fragen rund um das Zuwanderungsgesetz, etwa zu Integrationskursen oder zum Aufenthaltsrecht; das **BAMF-Service Center**[138] ist von Montag bis Freitag zwischen 9:00 und 15:00 Uhr telefonisch erreichbar, die dortigen Mitarbeiter*innen sprechen Deutsch und Englisch.

> ▶ Beratung bei asyl- und aufenthaltsrechtlichen Fragen
>
> Das bundesdeutsche Asylrecht ist kompliziert. Geflüchtete Menschen stehen vor der Herausforderung, juristisch heikle Situationen meistern zu müssen; Unterschriften auf Formularen können mitunter weitreichende Konsequenzen haben. Vor der Stellung eines Asylantrags ist auf jeden Fall eine unabhängige Beratung in asyl- und aufenthaltsrechtlichen Fragen zu konsultieren.
> Eine **nach Bundesländern gegliederte Liste von Beratungsstellen für geflüchtete Menschen**[139] findet sich beispielsweise auf der Webseite der Internationalen Gesellschaft für Menschenrechte (IGFM); der Blog »Refugees Welcome Information« hält online **bundesweite und alphabetisch nach Städten sortierte Adresslisten von Rechts- und anderen Beratungsstellen**[140] bereit.

Wenn Sie aufgrund einer juristischen Ausbildung oder Tätigkeit über detailliertere Kenntnisse des bundesdeutschen Asylrechts verfügen und diese bei der Beratung von geflüchteten Menschen einsetzen wollen, dann können Sie sich bei der **Rechtsberaterkonferenz (RBK)**[141] melden. Die RBK ist ein Zusammenschluss von Rechtsanwält*innen aus dem gesamten Bundesgebiet, der in Zusammenarbeit mit den Wohlfahrtsverbänden Caritas, Diakonie und Deutsches Rotes Kreuz sowie dem Flüchtlingshilfswerk der Vereinten Nationen Rechtsberatung für geflüchtete und asylsuchende Menschen durchführt.[142]

---

138 Telefonnummer +49 911 943-0; vgl. http://www.bamf.de/DE/Willkommen/InformationBeratung/ServiceCenter/Buergerservice/buergerservice-node.html

139 Vgl. http://www.igfm.de/menschenrechte/hilfe-fuer-den-notfall/fluechtlingsberatung/

140 Vgl. https://refugeeswelcomepad.wordpress.com/legal-advice-counceling/germany/

141 Vgl. http://www.rechtsberaterkonferenz.de/

142 Eine Liste der Mitglieder findet sich ebenfalls auf der Webseite der Rechtsberaterkonferenz unter: http://www.rechtsberaterkonferenz.de/mitgliederliste.html

4.2.4 Umgang mit Behörden und Ämtern

Eine weitere Möglichkeit, geflüchtete Menschen zu unterstützen, besteht darin, ihnen offizielle Briefe und amtliche Schreiben zu erklären und beantworten zu helfen. Auch zu Behörden und Ämtern können Sie die Menschen begleiten und dort kommunikativ vermitteln bzw. dolmetschen.

Oft entstehen fachlich komplexe Situationen. Beispielsweise sind auch nach einem genehmigten Asylantrag hohe bürokratische Hürden zu meistern – der Antrag auf Aufenthaltserlaubnis, Termine beim Jobcenter für den Bezug von Leistungen nach dem Sozialgesetzbuch II, die Sicherstellung einer Krankenversicherung, gegebenenfalls Beantragung von Kindergeld, die Anmeldung für einen Integrationskurs und die Teilnahme an dem vorgeschalteten Einstufungstest, Wohnungssuche, möglicherweise sind auch Fragen zum Familiennachzug zu klären.[143]

Informieren Sie sich vor den entsprechenden Terminen umfassend über die Rechte der Menschen, denen sie helfen wollen. Viele in der individuellen Unterstützung von geflüchteten Menschen Tätige berichten, dass sie bei der Begleitung zu Ämtern und Behörden erstmals Willkür und strukturelle Gewalt erlebt haben. Auch wenn diese Erlebnisse durchaus abschreckende Wirkung haben können, bedenken Sie, dass ohne die Anwesenheit von Unterstützer*innen die Situation für die geflüchteten Menschen möglicherweise noch schwieriger wäre. Um das Erfahrene zu verarbeiten und Handlungsstrategien zu entwickeln, empfiehlt es sich zudem, den Austausch mit anderen Begleiter*innen oder mit erfahrenen Fachkräften (z.B. Jurist*innen, Sozialarbeiter*innen) zu suchen.

Überdies werden in verschiedenen Kontexten (z.B. in Unterkünften, bei Ärzt*innen und Ämtern, in Beratungssituationen) Menschen, die dolmetschen können, benötigt. Auch wenn Sie nicht über Zertifikate als Übersetzer*in verfügen, so können Ihre Sprachkenntnisse dennoch weiterhelfen. Informationen finden sich auf der **Webseite des Bundesverbands der Dolmetscher und Übersetzer (BDÜ)**.[144] Eine Vielzahl nützlicher Links und Adressen zu unterschiedlichen Fragen rund um das Dolmetschen (z.B. im Asylprozess) findet sich zudem auf dem **Blog »Refugees Welcome Information«**.[145]

---

143 Siehe den »Wegweiser Behörden und Ämter nach genehmigtem Asylantrag« des Internationalen Zentrums Friedberg; vgl. http://www.internationales-zentrum-friedberg.de/wp-content/uploads/bsk-pdf-manager/2016-03-02_105.pdf

144 Vgl. http://www.bdue.de/der-bdue/aktuell/hilfen-fuer-fluechtlinge/

145 Vgl. https://refugeeswelcomepad.wordpress.com/language/

4.2.5 Freizeitgestaltung

Wenn Sie zum Beispiel gerne kochen, in Ihrer Freizeit musizieren, Sport machen oder sich handwerklich betätigen, dann können Sie dies gemeinsam mit geflüchteten Menschen tun. Vielleicht entsteht aus einer einmaligen Verabredung eine kontinuierliche Form der gemeinsamen Freizeitgestaltung, etwa eine »internationale Kochgruppe«, ein mehrsprachiger Chor, ein Lauftreff oder auch ein regelmäßiger Spieleabend. Sie können Ihr Hobby auch nutzen, um Hilfe zur Selbsthilfe zu initiieren: Gemeinsames Gärtnern unter Selbstnutzungsaspekten, das Reparieren von defekten Fahrrädern oder Schneidern in der Gruppe haben sich bereits vielerorts als Anknüpfungspunkte bewährt. Die folgende Aufzählung von Projekten und Initiativen in verschiedenen deutschen Städten ist als Inspiration gedacht:

• Der Berliner Verein **SolidariGee e. V.** schafft kostenlose Freizeitangebote für Kinder und Jugendliche mit Fluchterfahrungen. Die Programme umfassen vielfältige Aktivitäten (z. B. Sport, kreative Angebote, Musik, gemeinsames Kochen). Sie bringen junge Menschen und Vereine zusammen und sind mit relevanten Institutionen (z. B. Jugendzentren) und Fachkräften vernetzt.[146]

• Der Leipziger Sportverein **SV Lindenau 1848 e. V.** hat seine Fußballsparte für geflüchtete Kinder, Jugendliche und Erwachsene geöffnet und veranstaltet regelmäßig fremdsprachige Trainingseinheiten, qualifiziert Übungsleiter*innen im Hinblick auf ihre interkulturellen Kompetenzen und bestärkt seine Mitglieder darin, geflüchtete Menschen bei Behördengängen zu unterstützen.[147]

• In Bayreuth bietet die Bergsportgruppe der **Naturfreundejugend Bayreuth** seit Oktober 2015 regelmäßig Kletterkurse für Jugendliche mit und ohne Fluchterfahrungen an.[148] Auf der Grundlage eines speziellen pädagogischen Konzepts führen ausgebildete Trainer*innen die Anfänger*innen an die Welt des Kletterns heran.

---

146 Siehe unter: http://www.solidarigee.de/

147 Siehe unter: http://lindenau1848.de/category/bunte48er/

148 Siehe unter: http://www.fluechtlinge-werden-freunde.de/2015/12/08/klettern-mit-jungen-fluechtlingen-in-bayreuth/

- Unter dem Motto »Miteinander ackern, zusammen genießen« ist in Konstanz Anfang 2015 das Projekt »**GemeinsamGarten**« entstanden, das Menschen unterschiedlichen Alters und unterschiedlicher Herkunft, mit oder ohne Fluchterfahrungen, zusammenführt, die gemeinsam ein Gartengrundstück bestellen und pflegen.[149]

- In Frankfurt am Main hat der Verein **ShoutOutLoud e. V.** das Projekt »Integration geht durch den Magen« ins Leben gerufen, bei dem sich Geflüchtete und Menschen unterschiedlicher Herkunft monatlich zum gemeinsamen Kochen und Essen treffen.[150]

- Der Berliner Verein **Über den Tellerrand e. V.** organisiert ebenfalls »Koch-Begegnungen« für Menschen mit und ohne Fluchterfahrungen, hat bereits mehrere Kochbücher (z. B. »Rezepte für ein besseres Wir«) mit Lieblingsrezepten und persönlichen Geschichten der Geflüchteten veröffentlicht und Berlins erstes mobiles Pop-up-Restaurant mit Kapazitäten für 70 Gäste gegründet.[151]

- In Bremen sammelt die Initiative **Fahrräder für Flüchtlinge** gebrauchte Drahtesel, um sie an geflüchtete Menschen weiterzugeben und diese bei der selbstständigen Reparatur zu unterstützen. Die Initiative versteht sich gleichermaßen als Mobilitäts- und Kontaktförderung.[152]

- In Hamburg bringt der Verein **Hajusom e. V.** junge Geflüchtete mit Künstler*innen aus verschiedenen Bereichen zusammen. Dabei entstehen große Theater-Performances ebenso wie kleinere Formate, etwa Hörstücke, literarische Texte oder interaktive Kunstaktionen.[153]

---

149 Siehe unter: http://www.konstanz-fuer-fluechtlinge.de/Engagement/Organisationen/ GemeinsamGarten/; eine ähnliche Initiative gibt es auch in Berlin, siehe unter: http:// re-beirut.net/urban-refugees-urban-gardening/

150 Siehe unter: http://shoutoutloud.eu/

151 Siehe unter: https://ueberdentellerrandkochen.de/de/index/

152 Siehe unter: http://www.fahrraeder-fuer-fluechtlinge.de/; Initiativen dieser Art gibt es mittlerweile in vielen deutschen Städten, so z.B. in Berlin (http://rueckenwind. berlin/de/startseite/), Kiel (http://refugees.kiel-aktiv.de/wiki/Fahrradwerkstatt_der_ Willkommensinitiative_Friedrichsort_e.V.); Lüneburg (http://www.willkommens initiative.de/fahrrad.html); Standorte von Fahrradwerkstätten siehe unter: http:// itstartedwithafight.de/2015/09/04/fahrraeder-fuer-fluechtlinge/

153 Siehe unter: http://www.hajusom.de/deutsch/hajusom/

- In Münster betreibt der Verein **Bürgernetz e. V.** die Online-Plattform »Miteinander in Münster«, auf der Angebote zur Freizeitgestaltung mit und für geflüchtete(n) Menschen annonciert werden können, um Interessierte, Mitstreiter*innen und Unterstützende zu finden.[154]

- Das **Flüchtlingszentrum »FliehKraft«** in Köln bietet vielfältige Gesundheits-, Freizeit- und Sportangebote für geflüchtete Frauen an (so wöchentlich stattfindende kostenlose Lachyoga-Kurse) und ist Treffpunkt für Frauengruppen verschiedener Herkunftssprachen.[155] Daneben gibt es auch zahlreiche Angebote für geflüchtete Kinder und Jugendliche (Deutschförderung, Offenes Fußballangebot, Theater- und kunsttherapeutische Projekte).

> ▶ **Kommunikation mit geflüchteten Menschen**
>
> Sprechen Sie langsam, deutlich, in einfachen und kurzen Sätzen. Verwenden Sie einfache Hauptsätze und verzichten Sie auf Füllwörter. Wenn Sie etwas buchstabieren, dann lassen Sie die Vokale weg – sagen Sie beispielsweise »t« anstatt »te«.
>
> Bedenken Sie, dass auch ihr Gegenüber über unterschiedliche Sprachkompetenzen verfügt. Nutzen Sie dieses Potenzial für die Verständigung, indem Sie, sofern möglich, unbekannte deutsche Wörter auf Englisch oder Französisch benennen. Arbeiten Sie mit Bildwörterbüchern und Skizzen. Greifen Sie Interessen, Hobbys und Berufsfelder auf. Vermeiden Sie seltener gebrauchte Begriffe oder Redewendungen, die Ihrem Gegenüber noch Probleme bereiten können.[156].

4.2.6 Unterstützung bei Bildungs- und Qualifizierungsprozessen

Hier bieten sich verschiedene Wege an: Ein wichtiges Feld ist die Unterstützung beim Deutschlernen, etwa im Rahmen einer bereits existierenden Patenschaft – die bereits oben erwähnten Wörterbücher und Lernangebote (→ S. 147 ff.) können hier praktische Hilfen sein. Weitere Möglichkeiten sind,

---

154 Siehe unter: http://miteinander.blog.muenster.org/

155 Siehe unter: http://www.fluechtlingszentrum.de/aktuellesfrauen.html

156 Vgl. http://www.equal-sepa.de/material/Produkte/material/Praxishilfen_web.pdf; dort insbesondere Kapitel 2.1.

ein Sprachtandem zu bilden oder auch selbst Angebote zu entwickeln. Die folgenden Informationen sollen dazu als erste Richtschnur dienen:

• **Sprachtandems bilden:** Erwachsene Geflüchtete haben zunächst keinen Zugang zur staatlich finanzierten Sprachförderung (→ S. 102). Deshalb stellen selbstorganisierte Sprachtandems, in der die Beteiligten ihre eigenen Ausbilder*innen sind und sich gegenseitig helfen,[157] eine wichtige Alternative dar. In vielen größeren Städten gibt es mittlerweile Kontaktbörsen, in denen Interessierte ihr Profil hinterlassen, nach bestimmten Sprachtandem-Partner*innen suchen und die Tandems sich finden können. Neben der Verbesserung von Sprachkenntnissen kann es dabei z. B. auch um die Erörterung alltagspraktischer Fragen oder um Begleitung bei Behördengängen gehen. Informieren Sie sich bei lokalen Initiativen und Projekten.

• **Sprachklasse initiieren:** Wenn Sie eine (sprach-)pädagogische Vorbildung haben (insbesondere wenn Sie Deutschlehrer*in sind und möglicherweise sogar eine Zusatzqualifikation »Deutsch als Fremdsprache« besitzen), können Sie auch in einer Unterkunft oder in einer Schule eine Sprachklasse initiieren und einer Gruppe von Erwachsenen, Kindern oder auch Eltern und Kindern gemeinsam Deutschunterricht erteilen. In vielen Städten gibt es mittlerweile Initiativen, die solche ehrenamtlich geleiteten Deutschkurse organisieren, koordinieren und räumlich beherbergen.[158] Informieren Sie sich bei lokalen Beratungsstellen.

• **Bildungsbezogene Informationen an geflüchtete Menschen weitergeben:** Wenn Sie geflüchtete Menschen mit dem bundesdeutschen Schul- und Ausbildungssystem vertraut machen wollen, dann können Sie dafür auf entsprechende Beiträge im Online-Portal des Bundesamts für Migration und Flüchtlinge (BAMF) zurückgreifen.[159] Dort werden die Bereiche »Frühkindliche Bildung«, »Schulsystem«, »Berufsausbildung«, »Studium« und »Erwachsenenbildung« in vier Sprachen (Deutsch, Englisch, Russisch, Türkisch) erklärt.

---

157 Die Idee der Sprachtandems ist, dass sich zwei Menschen gegenseitig ihre jeweilige Muttersprache beibringen.

158 Vgl. exemplarisch die Dresdener »Deutschkurse Asyl Migration Flucht« (DAMF), siehe unter: http://damf.blogsport.de/

159 Vgl. http://www.bamf.de/DE/Willkommen/Bildung/bildung-node.html

- Wenn Sie sich speziell über **Rahmenbedingungen des Zugangs zu Bildungsangeboten** für Geflüchtete, Asylsuchende und Menschen mit Duldung informieren wollen, dann hilft die **Broschüre »Recht auf Bildung für Flüchtlinge«**,[160] die der Informationsverbund Asyl & Migration herausgegeben hat.

- Umfassende Informationen zu **Integrationskursen** (z. B. Formulare und Anträge, Inhalte und Ablauf, Teilnahme und Kosten, Rechte und Pflichten sowie Prüfung) finden Sie im **Online-Angebot des BAMF**.[161] Dort können Sie auch nach Kursträgern an Ihrem Wohnort suchen.[162] Die Informationen liegen auf Deutsch, Englisch, Russisch und Türkisch vor.

- Der **Anerkennungs-Finder**[163] des Bundesministeriums für Bildung und Forschung (BMBF) informiert darüber, wie und wo ausländische Berufsabschlüsse und -qualifikationen in Deutschland anerkannt werden. Ist eine vorliegende Qualifikation nicht ausreichend oder wird sie hierzulande nicht anerkannt, kann das **Förderprogramm »Integration durch Qualifizierung (IQ)«**[164] möglicherweise eine Hilfe sein.

- Hinweise und weiterführende Links zu **Aus- und Weiterbildungsmöglichkeiten für geflüchtete Menschen** – von generellen Informationen bis hin zu konkreten Projekten – finden sich auf der **Webseite www.weiterbildungsfinder.de**.[165]

- Das auf dem Deutschen Bildungsserver erschienene **Online-Dossier »Flüchtlinge in Deutschland – Bildungsaspekte im Fokus«**[166]

---

160 Vgl. http://www.asyl.net/arbeitshilfen-publikationen/arbeitshilfen-zum-sozialrecht-und-zum-arbeitserlaubnisrecht/recht-auf-bildung.html

161 Vgl. http://www.bamf.de/DE/Willkommen/DeutschLernen/Integrationskurse/integrationskurse-node.html

162 Vgl. http://www.bamf.de/DE/Willkommen/DeutschLernen/Integrationskurse/KurstraegerNaehe/kurstraegernaehe-node.html

163 Vgl. https://www.anerkennung-in-deutschland.de/html/de/

164 Vgl. http://www.netzwerk-iq.de/foerderprogramm-iq/programmbeschreibung.html

165 Vgl. http://weiterbildungsfinder.de/ausbildung-fuer-fluechtlinge/

166 Vgl. http://www.bildungsserver.de/Fluechtlinge-in-Deutschland-Bildungsaspekte-im-Fokus-11422.html

sammelt und kommentiert Links zu weiterführenden Informationen rund um Möglichkeiten für geflüchtete Menschen in den einzelnen Bildungsbereichen, zu grundlegenden Übersichten oder auch zu unterstützenden Materialien.

4.2.7 Patenschaften und Vormundschaften für unbegleitet geflüchtete Kinder und Jugendliche

Für den Fall, dass Sie unbegleitete, d. h. ohne Eltern und nahe Angehörige geflüchtete Kinder oder Jugendliche[167] unterstützen wollen, könnte eine Vormundschaft oder auch eine Paten- bzw. Mentorenschaft infrage kommen. Letztere werden von vielen lokalen Initiativen organisiert. Dabei kann es sich um ein Tandem mit einer einzelnen Person, die individuelle Unterstützung von Kindern oder Jugendlichen oder auch um Patenschaften für eine Familie handeln. Informieren Sie sich im Internet, bei lokalen Migrationsberatungsstellen, dem jeweiligen Landesflüchtlingsrat oder auch in Bildungseinrichtungen und Jugendämtern über Initiativen an Ihrem Wohnort.

- In Freiburg im Breisgau entstand 2011 die Initiative **Schlüsselmensch e. V.**,[168] die junge Menschen (zumeist Studierende) und geflüchtete Kinder und Jugendliche zusammenbringt. Ausgangspunkt war ein Freiburger Wohnheim für geflüchtete Familien, das in einem abgelegenen Gewerbegebiet der Stadt liegt, sodass seine Bewohner*innen kaum Chancen hatten, am Leben in der Stadt teilzunehmen und Kontakte zu knüpfen. Um den Bedürfnissen der Familien und insbesondere der Kinder individuell und besser gerecht werden zu können, vermittelt die Initiative Patenschaften, die auf wechselseitiger Anerkennung, Vertrauen und einer positiven persönlichen Beziehung beruhen. Dabei kann es um gemeinsame Freizeitunternehmungen, die Unterstützung in schulischen Belangen, Begleitung bei Behördengängen und Arztbesuchen oder um Hilfe beim Deutschlernen gehen. Seit ihrer Gründung hat die Initiative 70 Patenschaften vermittelt.

---

167 Vgl. zur Situation unbegleitet geflüchteter junger Menschen in Deutschland die Ausführungen in Kapitel 3.4., S. 103 ff.

168 Vgl. http://initiative-schluesselmensch.org/; siehe auch: http://www.engagement preis.de/124-laudatio-schluesselmensch

• Der Verein **münchner mentoren e. V.**,[169] ein freier Träger mit hoher asyl- und ausländerrechtlicher Kompetenz und einem Schwerpunkt in der Akquise und Schulung ehrenamtlicher Pat*innen und Vormund*innen, hat in Zusammenarbeit mit dem Jugendamt der Stadt München Konzepte entwickelt, um Jugendliche und Ehrenamtliche nicht nur zusammenzubringen, sondern auch fachkundig begleiten zu können.

• Mit dem Programm **»Aktion zusammen wachsen – Bildungspatenschaften stärken, Integration fördern«**[170] unterstützt das Bundesministerium für Familie, Senioren, Frauen und Jugend (BMFSFJ) seit 2008 gemeinsam mit der Beauftragten der Bundesregierung für Migration, Flüchtlinge und Integration die Vernetzung von Patenschafts- und Mentoringprojekten für Kinder und Jugendliche aus Familien mit Zuwanderungshintergrund: Auf der Webseite finden sich aktuelle Informationen rund um das Thema Patenschaften, Veranstaltungshinweise und Leseempfehlungen sowie Leitfäden und Handreichungen zur Gründung von Patenschaftsprojekten. Regelmäßig werden dort auch ausgewählte Projekte und Tandems vorgestellt. Eine **Online-Projektdatenbank**[171] mit mehr als 750 Einträgen ermöglicht Interessierten die Kontaktaufnahme mit konkreten Projekten vor Ort.

Bei einer Vormundschaft wiederum handelt es sich um die gesetzlich geregelte Fürsorge für ein Kind oder eine*n Jugendliche*n.[172] Die Aufgaben ergeben sich aus der Wahrnehmung der elterlichen Sorge gemäß § 1626 Bürgerliches Gesetzbuch (BGB) und umfassen die Vermögenssorge, die Personensorge sowie die gesetzliche Vertretung des Kindes bzw. der*s Jugendlichen in diesen Bereichen gegenüber Dritten. Die gesetzlichen Grundlagen werden geregelt durch §§ 1773–1895 BGB.

Geflüchtete Kinder und Jugendliche, die ohne Begleitung ihrer Eltern nach Deutschland gekommen sind, erhalten zunächst eine*n Amtsvormund*in. Grundsätzlich besteht auch die Möglichkeit, eine Privatperson als ehrenamtliche*n Einzelvormund*in einzusetzen. Angesichts der

---

169 Vgl. https://muenchner-mentoren.de/

170 Vgl. http://www.aktion-zusammen-wachsen.de/startseite.html

171 Vgl. http://www.aktion-zusammen-wachsen.de/no_cache/projekte/projektdatenbank.html

172 Vgl. http://www.bmfsfj.de/RedaktionBMFSFJ/Broschuerenstelle/Pdf-Anlagen/Dein-Vormund-vertritt-Dich-Brosch_C3_BCre,property=pdf,bereich=bmfsfj,sprache=de,rwb=true.pdf

hohen Zahl von unbegleitet eingereisten jungen Menschen – Schätzungen gehen davon aus, dass sich Anfang 2016 rund 60 000 unbegleitete Kinder und Jugendliche in Deutschland aufhielten[173] – greifen viele Kommunen immer häufiger auf Formen der ehrenamtlichen Vormundschaft zurück. An verschiedenen Orten suchen Jugendämter oder assoziierte freie Träger aktiv nach Menschen, die sich für die Übernahme einer Vormundschaft für einen Jugendlichen mit Fluchterfahrungen interessieren und bieten zur Vorbereitung auf diese Aufgabe Qualifizierungskurse und Beratungen an.

- Seit 2007 widmet sich das Projekt »**Do it!**«[174] an verschiedenen Orten in Zusammenarbeit mit lokalen Jugendämtern und/oder freien Trägern der Gewinnung, Qualifizierung und Begleitung ehrenamtlicher Einzelvormund*innen. »Do it!« ist auf Initiative der Diakonie Wuppertal entstanden. Dort werden an der Übernahme einer Vormundschaft Interessierte in mehreren Modulen auf ihre Aufgabe vorbereitet. Was sind die Gründe für eine Flucht? Wie ist das Asyl- und Aufenthaltsrecht in Deutschland geregelt? Was sind die Pflichten einer*s Vormund*in? – solche und ähnliche Fragen sind Thema der Qualifizierung. In Wuppertal haben bereits 107 Privatpersonen an den Schulungen teilgenommen, 78 von ihnen wurden vom Familiengericht zu Einzelvormund*innen bestellt. Unter dem Namen »**Do it! Transfer Plus**« wird der Ansatz mittlerweile in verschiedenen Städten durchgeführt, etwa in Aachen, Bochum, Dortmund, Frankfurt am Main und Köln.[175]

- In Bremen vermittelt, schult und unterstützt der Verein **Fluchtraum Bremen e. V.**[176] seit 2004 in Zusammenarbeit mit verschiedenen Netzwerkpartner*innen aus der lokalen und auch überregionalen Geflüchtetenhilfe Einzelvormund*innen für unbegleitet geflüchtete Jugendliche. Der Verein hat 150 Mitglieder, die selbst als Mentor*innen oder Vormund*innen aktiv sind; durch sein Engagement konnten bislang mehr als 350 Jugendliche eine individuelle Begleitung erhalten.

---

173 Vgl. http://www.b-umf.de/de/startseite/aktuelle-zahlen-zu-umf-bestand-verteilung-und-elternnachzug

174 Vgl. http://www.do-it-transfer.de/

175 Vgl. http://www.diakonie.de/do-it--ein-laecheln-fuer-rose-14116.html; http://www.do-it-transfer.de/

176 Vgl. http://www.fluchtraum-bremen.de/

Wenn Sie mehr über entsprechende Angebote und Ansprechpartner*innen an Ihrem Wohnort erfahren wollen, dann können Sie Ausschau halten in der Lokalpresse, sich an das lokale Jugendamt wenden, bei Beratungsstellen für geflüchtete Menschen nachfragen oder gezielt im Internet recherchieren. Weiterführende Materialien zum Thema sowie eine Liste von Vormundschaftsprojekten finden sich beispielsweise auf der **Webseite des Bundesfachverbands unbegleitete minderjährige Flüchtlinge (BumF)**.[177]

Übernehmen Sie eine Vormundschaft (bzw. werden Sie vom Familiengericht zum*r Vormund*in ernannt), dann sind Sie in der Regel für eine*n einzige*n Jugendliche*n zuständig, zu der*dem Sie eine vertrauensvolle Beziehung entwickeln und für den*die Sie sich einsetzen können – im Gegensatz zu Amtsvormund*innen, die oftmals mehr als 50 Kinder und Jugendliche gleichzeitig betreuen müssen. Die möglicherweise über Jahre hinweg bestehende Beziehung zwischen einer*m privaten Einzelvormund*in und einem geflüchteten Kind oder einer*m geflüchteten Jugendlichen kann deren Entwicklung in vielerlei Hinsicht positiv beeinflussen (vgl. Noske 2010).

4.2.8 »Gastfamilien« für unbegleitet geflüchtete Kinder und Jugendliche

Wenn Sie erwägen, einem unbegleitet geflüchteten jungen Menschen in Ihrer Familie ein neues Zuhause als Gastfamilie zu bieten, so können Sie sich dazu bei den örtlichen Jugendämtern erkundigen. Als »Gastfamilie« wird eine Pflegefamilie bezeichnet, die »Hilfen zur Erziehung« gemäß Kinder- und Jugendhilfegesetz (§27, §33 SGB VIII) für ein ohne Sorgeberechtigte eingereistes Kind oder eine*n geflüchtete*n Jugendliche*n leistet. Das Kind bzw. der*die Jugendliche nimmt dann wie ein Pflegekind an Ihrem Familienleben teil. Ihre Aufgabe ist es, den jungen Menschen bei der Gestaltung seiner Zukunft zu unterstützen und ihm in allen schulischen und Alltagsbelangen zur Seite zu stehen. Sie sind gegenüber dem Jugendamt rechenschaftspflichtig und müssen mit der*m zuständige*n Vormund*in zusammenarbeiten.

Die Betreuung und Unterbringung von unbegleitet geflüchteten Kindern und Jugendlichen in »Gastfamilien« wird von manchen Kommunen bereits seit Jahren und neben anderen Wohn- und Betreuungsformen der Kinder- und Jugendhilfe – wie etwa vollstationäre Angebote, betreutes

---

177 Vgl. http://www.b-umf.de/de/themen/vormundschaft

Einzelwohnen oder therapeutische Wohngruppen – genutzt. Eine erste Bestandsaufnahme – »Jugendliche Flüchtlinge in Gastfamilien« –, die das Kompetenz-Zentrum Pflegekinder e. V.[178] Anfang 2016 vorgelegt hat, verdeutlicht, dass für zahlreiche Kinder und Jugendliche familiäre Settings dieser Art bereits zu einer idealen Umgebung werden konnten, um Perspektiven in Deutschland aufzubauen. Parallel zum Anstieg der in der Bundesrepublik ankommenden unbegleitet geflüchteten Jugendlichen haben immer mehr Jugendämter begonnen, nach »Gastfamilien«, d. h. Pflegefamilien, für diese Zielgruppe zu suchen.[179]

Der Bundesfachverband unbegleitete minderjährige Flüchtlinge (BumF) unterstreicht, dass die Unterbringung von jungen Menschen in familiären Kontexten einerseits eine Vielzahl von Chancen eröffne, sie andererseits jedoch immer eine Reaktion auf den individuellen Bedarf des jungen Menschen darstellen müsse: »Eine kurzfristige Unterbringung in Gastfamilien für wenige Wochen und Monate wird weder den Familien noch den Minderjährigen gerecht. Die vielfältige Bereitschaft zur langfristigen Beziehungsarbeit in einem engen familiären Setting sollte stattdessen für langfristige Anschlussmaßnahmen genutzt werden. (...) Bei der Entscheidung, ob die Gastfamilie eine geeignete Unterbringungsform darstellt, müssen die Bedarfe der jungen Flüchtlinge immer im Vordergrund stehen. Dabei geht es keinesfalls nur um das Erlernen von Sprache und eine feste Tagesstruktur, sondern um eine emotionale und soziale Stabilität, um langfristige Perspektiven entwickeln zu können. Für Gastfamilien bedeutet das vielfach eine Verantwortung weit über die Minderjährigkeit hinaus«.[180]

---

178 Vgl. http://www.kompetenzzentrum-pflegekinder.de/; Bestandsaufnahme »Jugendliche Flüchtlinge in Gastfamilien« unter: http://www.kompetenzzentrum-pflege kinder.de/aktuelles/jetzt-zum-download-bereit-handreichung-zu-jugendliche-fluechtlinge-in-gastfamilien/

179 Vgl. für Aktivitäten in Nordrhein-Westfalen: http://www1.wdr.de/radio/wdr5/sendungen/neugier-genuegt/unbegleitete-fluechtlinge-102.html; ein Beispiel aus Cuxhaven: http://www.deutschlandfunk.de/gastfamilien-fuer-fluechtlinge-neues-zuhause-in-deutschland.1769.de.html?dram:article_id=346154; für Hinweise auf nach »Gastfamilien« suchenden Kommunen bundesweit siehe unter: http://www.moses-online.de/artikel/diese-oeffentlichen-freien-traeger-suchen-pflegefamilien-junge-fluechtlinge-junge-unbegleitete-auslaender; siehe auch das dort zu findende Dossier zum Thema (http://www.moses-online.de/artikel/pflegefamilien-junge-fluechtlinge-junge-unbegleitete-auslaender-gesucht).

180 Vgl. http://www.b-umf.de/images/Gastfamilien-_Hilfsbereitschaft_nutzen_oder_ausnutzen.pdf

4.2.9 Mobilitätsunterstützung

Viele Menschen sind bereits in Projekten und Aktionen engagiert, die hilfreich sind, um die Mobilität von geflüchteten Menschen zu erhöhen. Im Folgenden werden einige Beispiele für Möglichkeiten vorgestellt, die Mobilität von Geflüchteten zu verbessern.

- **Mitfahrgelegenheiten anbieten:** Vor allem in ländlichen Gegenden mit unzureichender Anbindung an den – überdies für viele Geflüchtete kostenmäßig unerschwinglichen – öffentlichen Bus- und Bahnverkehr können geflüchtete Menschen auf private Mitfahrgelegenheiten angewiesen sein, um Ärzt*innen oder Behörden oder wichtige Institutionen zu erreichen. Sollten Sie Mitnahmemöglichkeiten in Ihrem Pkw haben, so können Sie diese anbieten. Entsprechende Rubriken finden sich häufig in den oben bereits erwähnten **lokalen Bedarfslisten für Sachspenden** (→ S. 134 f.).

- **ÖPNV-Fahrscheine oder Zugtickets verschenken;**

- **Fahrräder spenden:** In vielen Kellern, Schuppen und Garagen stehen Zweitfahrräder oder Kinderfahrräder, die nicht mehr benötigt werden. Wollen Sie diese an geflüchtete Menschen verschenken, bedenken Sie bitte, dass für Fahrräder auch weiteres Equipment benötigt wird wie etwa Flicken, Schläuche, Luftpumpen oder auch Helme. Bei der Reparatur sollten fachkundige Helfer*innen unterstützen, damit die Fahrräder den Sicherheitsvorschriften entsprechen. Ob Fahrräder benötigt werden und wo diese abgegeben werden können, erfahren Sie ebenfalls über die **Webseiten lokaler Unterstützungsnetzwerke** (→ S. 134 u. S. 156). Auch Kinderwagen, Bollerwagen, Buggys, Laufräder und Roller stellen Mobilitätserleichterungen dar.

- **Mobilitätsinformationen weitergeben:** Bestimmte mittel- und großstädtische Bahnhöfe sind Stationen und Umsteigepunkte der Routen von Menschen, die sich auf der Flucht befinden. Dort können Sie unterstützen, indem Sie als Lots*in zum Ticketschalter, zum Gleis und ins richtige Abteil begleiten oder auch anfallende Wartezeiten verkürzen helfen. Die kostenlose **App »Wohin du willst«**[181] (in neun wählbaren Sprachen) umfasst eine deutschlandweite Fahrplanauskunft zu Bus-

---

181 Vgl. *https://wohin-du-willst.de/*

verbindungen, sämtlichen Regionalbahnen und zum Fernverkehr der Deutschen Bahn, zeigt Verspätungen an und bietet eine Weiterleitung zu Anruftaxis in der Nähe an.

- **Geflüchtete Menschen auf den Fluchtrouten unterstützen:** Wenn Sie an den Grenzen, auf der Balkanroute oder in den Lagern in Griechenland helfen wollen, dann finden Sie eine Übersicht mit ersten Anlaufstellen auf dem **Blog »Refugees Welcome Information«**.[182]

> ▶ Thema Fluchthilfe
>
> Im Spätsommer 2015 berichteten verschiedene deutsche Medien im Zuge der sich zuspitzenden Situation auf der Balkanroute von privaten Fluchthelfer*innen, die Flüchtende in Ungarn dabei unterstützten, über die Grenzen nach Österreich und Deutschland zu gelangen.[183]
>
> Fluchthilfe ist in der Europäischen Union nicht legal. In Deutschland ist es eine Straftat, Menschen illegal über die Grenze ins Land zu bringen. Informationen zu Risiken und zur konkreten Gesetzeslage in verschiedenen europäischen Ländern finden sich auf der **Webseite www.fluchthelfer.in**, weiterführende Links auf dem Infopad »**Refugees Welcome Information**«.[184]

4.2.10 Unterstützung geflüchteter Menschen bei der Durchsetzung ihrer Belange und Interessen

Es gibt verschiedene Möglichkeiten, die Anliegen und Forderungen geflüchteter Menschen sichtbar zu machen, zu thematisieren und zu verbreiten; auch auf diesem Feld können Sie mit unterschiedlichen Schwerpunkten aktiv werden.

---

182 Vgl. https://refugeeswelcomepad.wordpress.com/other-support/border-support/

183 So etwa die Wochenzeitung »Die Zeit« unter: http://www.zeit.de/gesellschaft/zeitgeschehen/2015-07/fluechtlinge-fluchthilfe-schengen-illegal-aktion/komplettansicht; der Deutschlandfunk unter: http://www.deutschlandfunk.de/private-fluchthilfe-mit-einem-taeuschungsmanoever-nach.1769.de.html?dram:article_id= 331036; die taz unter: http://www.taz.de/!5229517/; die Süddeutsche Zeitung unter: http://www.sueddeutsche.de/politik/fluchthilfe-ich-haette-nie-gedacht-dass-ich-mal-mit-einem-auto-politik-mache-1.2704178

184 Siehe unter: http://www.fluchthelfer.in/ und https://refugeeswelcomepad.wordpress.com/travel-information/

Missstände unmittelbar und anwaltschaftlich artikulieren: Wenn Sie von Missständen in der Versorgung oder im Umgang mit geflüchteten Menschen erfahren, beispielsweise in Heimen, Sammelunterkünften oder bei Behörden und Ämtern, oder diese selbst erlebt bzw. beobachtet haben, dann können Sie das direkt an die Verantwortlichen weitergeben.

An solidarischen Unterstützungsstrukturen teilnehmen: Sie können sich auch existierenden Initiativen und Vereinen, die sich die solidarische Unterstützung von geflüchteten Menschen zur Aufgabe gemacht haben, anschließen, um dort Ihre Ressourcen einzusetzen. Die im Folgenden vorgestellten ausgewählten Beispiele können nützliche Ausgangspunkte für weitere individuelle Recherchen sein.[185]

- Im Hamburger Karoviertel engagieren sich seit Sommer 2015 unzählige Menschen – mit und ohne Fluchterfahrungen – in der selbstorganisierten Initiative **Refugees Welcome Karoviertel**[186] für ein gutes Ankommen und Bleiben von geflüchteten Menschen. Verschiedene Arbeitsgruppen widmen sich unterschiedlichen Themen wie etwa Gesundheitsversorgung, Frauen, Sport, Kinder oder Medienarbeit und Kommunikation.

- Ebenfalls in Hamburg setzen sich die Initiative **Lampedusa in Hamburg**[187] (seit 2013) und das Bündnis **Recht auf Stadt – Never Mind The Papers**[188] (gegründet 2014) für ein bedingungsloses Bleiberecht, für Arbeitserlaubnisse und soziale Teilhabe von Geflüchteten ein. Sie werden dabei von einem breiten solidarischen Netzwerk unterstützt.

- Die Initiative **Women in Exile & Friends**,[189] die 2011 entstand, um das gemeinsame Engagement von Frauen mit und ohne Fluchterfahrungen abzubilden, macht auf die spezifische Situation geflüchteter Frauen aufmerksam und kämpft gegen Diskriminierungen, die sich aus der Verknüpfung von Rassismus und Sexismus ergeben.

---

185 Für weitere Initiativen und Organisationen vgl. https://refugeeswelcomepad.word press.com/refugee-movement-organizations/

186 Vgl. https://refugeeswelcome20357.wordpress.com/

187 Vgl. http://lampedusa-hamburg.info/de/

188 Vgl. https://nevermindthepapers.noblogs.org/

189 Vgl. https://www.women-in-exile.net/

- Am 2009 gegründeten Netzwerk **Afrique-Europe-Interact**[190] beteiligen sich Aktivist*innen aus verschiedenen afrikanischen und europäischen Staaten, unter ihnen selbstorganisierte Geflüchtete, Migrant*innen und Abgeschobene. Sie setzen sich für Bewegungsfreiheit, gleiche soziale Rechte für Geflüchtete in Fluchtzielländern sowie für sichere und selbstbestimmte Lebensbedingungen in afrikanischen Herkunftsländern ein.

- **Voix des Migrants**,[191] eine selbstorganisierte Initiative von geflüchteten Menschen aus der Subsahara, bietet Unterstützung im Alltag und klärt in Schulen und Bildungseinrichtungen über die Situation von Geflüchteten auf. Im Sommer 2016 besuchte die Gruppe im Rahmen ihrer »No Stress Tour« verschiedene Unterkünfte, um unter der Überschrift »Mit Geflüchteten reden – und nicht über sie« Geflüchtete und »Locals« zu Gesprächen und Kontakten zusammenzubringen.

- Das bundesweite Netzwerk **Karawane für die Rechte der Flüchtlinge und MigrantInnen**,[192] das aus Einzelpersonen, Gruppen und Organisationen von Menschen mit und ohne Fluchterfahrungen besteht, rückt über verschiedene Aktionen die Situation von Geflüchteten und Migrant*innen in Deutschland in den Mittelpunkt der Aufmerksamkeit. Der Slogan »Wir sind hier, weil ihr unsere Länder zerstört«, 1998 anlässlich der Gründung formuliert, ist weiterhin aktuell; es geht darum, gemeinsam gegen die Ursachen für Flucht zu kämpfen. Teil der Karawane ist die Schwesterorganisation **The Voice Refugee Forum** aus Jena,[193] deren Ausgangspunkt das Flüchtlingslager Jena-Forst und der Protest gegen die dortigen Lebensbedingungen war. Die Organisation kämpft gegen die Residenzpflicht, gegen Lager, Abschiebungen und Rassismus und ist vor allem in Ostdeutschland aktiv.

Viele Menschen sind von der Notwendigkeit einer Unterstützung Geflüchteter überzeugt, wissen aber häufig nicht, wie und wo sie den ersten Schritt

---

190 Vgl. https://afrique-europe-interact.net/

191 Vgl. http://www.voixdesmigrants.com/; siehe auch die Webseite von CISPM (Coalition of Sans-Papiers Migrants and Refugees) unter: https://cispmberlin.wordpress.com/

192 Vgl. http://thecaravan.org/

193 Vgl. http://thevoiceforum.org/

hin zu einem Engagement machen können. Da kann es helfen, mit bereits Tätigen ins Gespräch zu kommen und ein konkretes Gegenüber für Fragen und Bedenken zu haben. Deshalb: Sprechen Sie über Ihr Engagement und Ihre Erfahrungen. Dadurch nehmen Sie anderen Interessierten möglicherweise die Berührungsängste, initiieren einen Prozess der Sensibilisierung für Belange und Interessen von geflüchteten Menschen[194] und stiften zur Unterstützung an.

Sollten Sie Bedenken haben, dass Sie im Austausch mit anderen möglicherweise ungewollt in Situationen geraten, in denen Sie sich für ihr Engagement rechtfertigen müssen, so empfiehlt es sich, verschiedene Handreichungen und Leitfäden zu konsultieren, die für solche Situationen entwickelt wurden (vgl. dazu die Ausführungen und Empfehlungen zum Weiterlesen in den Kapiteln 5.4 und 5.5).

4.2.11 Raumangebote für geflüchtete Menschen

Treffpunkte für Zusammenkünfte
In Sammelunterkünften und Heimen leben Menschen oft in äußerst beengten Verhältnissen. Vielen fehlen Orte, um Ruhe zu finden, mit ihrer Familie zusammen zu sein oder Gäste zu empfangen.[195] Vereinsheime, Gemeindesäle oder andere für Zusammenkünfte geeignete Räume, die nicht kontinuierlich benötigt werden, können geeignete Räumlichkeiten sein, um Geflüchteten zeitlich begrenzt einen Treffpunkt zur Verfügung zu stellen. Für Nutzungsüberlegungen dieser Art empfiehlt sich eine Nachfrage bei Vereinen, der Gemeinde, lokalen Hilfsinitiativen oder dem jeweiligen Landesflüchtlingsrat.

Vermietung eines Zimmers in Privatwohnungen oder Wohngemeinschaften
Eine Studie der Robert-Bosch-Stiftung zur Praxis der Bundesländer und Kommunen bei der Unterbringung von geflüchteten Menschen (Aumüller/Daphi/Biesenkamp 2015[196]) kommt zu dem Schluss, dass »Enge und feh-

---

194 Siehe z. B. auch die Anregungen in der Arbeitshilfe der Bezirksjugendringe Oberbayern und Unterfranken zum ehrenamtlichen Engagement (»Auf der Flucht«), unter: http://jugend-oberbayern.de/wp-content/uploads/2015/07/Arbeitshilfe-AUF-DER-FLUCHT_komprimiert.pdf

195 Zur Unterbringungssituation von Geflüchteten siehe auch Kapitel 3, 94 f.

196 Siehe unter: http://www.bosch-stiftung.de/content/language1/downloads/Studie_Aufnahme_Fluechtlinge_2015.pdf

lende Privatsphäre sowie das erzwungene Zusammenleben mit Personen, die unter Verfolgungserfahrungen und Traumatisierungen leiden, (...) eine massive psychosoziale Belastung [erzeugen]« (ebd.: 35). Um die negativen Auswirkungen auf die körperliche und seelische Situation der Betroffenen zu reduzieren, empfehlen die Autor*innen eine langfristige dezentrale Unterbringung von geflüchteten Menschen in kleinen Wohneinheiten. Dies könne auch unterstützende Reaktionen der lokalen Bevölkerung fördern (Aumüller/Daphi/Biesenkamp 2015: 163).

Wollen Sie ein Zimmer an geflüchtete Menschen vermieten, dann sind verschiedene bürokratische Anforderungen zu klären bzw. sollten einige Voraussetzungen erfüllt sein: Ihr*e zukünftige*r Mitbewohner*in benötigt eine behördliche Erlaubnis, an Ihrem Wohnort wohnen zu dürfen und eine private Unterkunft zu beziehen.[197] Gegebenenfalls muss das zuständige Sozialamt bescheinigen, dass die Miete übernommen wird. Miete und Heizkosten werden bis zu einer gewissen Höhe von der Kommune übernommen, für alles andere müssen die geflüchteten Menschen selbst aufkommen. Erkundigen Sie sich beim zuständigen Sozialamt und, im Zweifelsfall, auch bei einer Beratungsstelle für geflüchtete Menschen in Ihrer Nähe. Die dortigen Expert*innen wissen Genaueres über die behördlichen Gepflogenheiten und etwaige Besonderheiten, die bedacht werden sollten.

Neben technisch-organisatorischen Fragen dieser Art sollten Sie im Vorfeld genau überlegen, ob Sie tatsächlich eine langfristige und stabile Lösung anbieten können. Nach Möglichkeit sollte es nicht nur darum gehen, für einen überschaubaren Zeitraum jemandem ein Dach über dem Kopf zu geben, sondern als gleichwertige Mitbewohner*innen zusammenzuleben. Da die Dauer eines individuellen Asylverfahrens oftmals nicht abzusehen ist, können mitunter längere Wartezeiten entstehen. Die Ungewissheit kann für die geflüchteten Menschen eine zusätzliche Belastung darstellen. Insofern: Diskutieren Sie die Überlegung, Wohnraum an geflüchtete Menschen zu vermieten, intensiv mit allen, die in der Wohngemeinschaft wohnen, und entscheiden Sie sich nur dann dafür, wenn alle gemeinsam ein gutes Gefühl mit der Entscheidung haben.[198]

---

197 Die entsprechenden Genehmigungen werden von Bundesland zu Bundesland unterschiedlich erteilt und sind in der Regel abhängig vom Aufenthaltstitel der betreffenden Geflüchteten.

198 Vgl. auch die Hinweise von Pro Asyl unter: http://www.proasyl.de/fileadmin/fm-dam/q_PUBLIKATIONEN/2014/Infopapier-Fluechtlinge_privat_aufnehmen-PROASYL-Nov-2014.pdf sowie http://www.taz.de/!5028077/

Sollten Sie Wohnraum zur Verfügung haben und es an Ihrem Wohnort generell möglich sein, geflüchtete Menschen privat aufzunehmen, dann gibt es mehrere Möglichkeiten, ihre*n neue*n Mitbewohner*in zu suchen: Sie können Ihren Wohnraum der in Ihrem Ort zuständigen Behörde anbieten und abwarten, was passiert. Es kann sein, dass Sie dann ohne Mitsprachemöglichkeiten eine Person zugeteilt bekommen – so zumindest die Praxis in einigen Kommunen. Sie können sich auch privat auf die Suche machen, etwa indem Sie in der Geflüchtetenhilfe aktive Menschen direkt ansprechen, einen (mehrsprachigen) Aushang an Orten machen, an denen geflüchtete Menschen sich aufhalten (Cafés und andere Begegnungsmöglichkeiten, Kleiderkammern[199]), oder direkt mit geflüchteten Menschen ins Gespräch kommen.[200]

Sie können sich auch an die Initiative **Flüchtlinge Willkommen**[201] wenden, die entstanden ist, um Wohnraumgebende und geflüchtete Menschen für ein privates Zusammenleben zusammenzubringen. Mehrere Hundert Studierende, Berufstätige, Familien oder Alleinstehende bieten über das Netzwerk freie Zimmer in ihren Wohnungen an. Bei Bedarf ist die Initiative auch bei der Sicherstellung der Finanzierung der Miete durch Fundraising behilflich. Seit ihrer Gründung im Herbst 2014 hat die Initiative 379 Menschen in Wohngemeinschaften vermittelt (Stand: März 2017), zudem existiert das Angebot mittlerweile in acht weiteren europäischen Ländern und Kanada, wo insgesamt bereits 918 Menschen in Wohngemeinschaften vermittelt wurden.[202]

Vermietung einer Einzelwohnung
Während einige Bundesländer geflüchtete Menschen vorrangig in Massenunterkünften unterbringen,[203] fördern manche Kommunen ausdrücklich die dezentrale Unterbringung in Einzelwohnungen, so etwa die Land-

---

199 Beachten Sie bitte, dass Aushänge in Massenunterkünften und Wohnheimen in der Regel nicht erlaubt sind.

200 Vgl. auch die Hinweise unter: http://wie-kann-ich-helfen.info/moechten-sie-fluecht linge-privat-aufnehmen/1574

201 http://www.fluechtlinge-willkommen.de/

202 Vgl. http://www.fluechtlinge-willkommen.de/ sowie http://www.refugees-welcome. net/; seit Januar 2016 nutzt mit der Konstanzer Initiative »83integriert« überdies erstmals ein lokaler Kooperationspartner die technische Infrastruktur von »Flüchtlinge Willkommen«, arbeitet ansonsten aber eigenständig; vgl. http://www.83integriert.de/

203 Vgl. https://www.proasyl.de/wp-content/uploads/2014/09/Laendervergleich_Unter bringung_2014-09-23_02.pdf

kreise Goslar[204] und Marburg-Biedenkopf,[205] die Städte Leverkusen (die dort seit 2002 praktizierte dezentrale Unterbringung von geflüchteten Menschen in Privatwohnungen wurde unter der Bezeichnung »Leverkusener Modell« bekannt[206]), Hildesheim,[207] Köln, wo im Rahmen eines behördlich initiierten »Auszugsmanagements«[208] lokale Hilfsinitiativen geflüchtete Menschen bei der Wohnungssuche unterstützen, oder Leipzig und Dresden, wo die Städte Vermieter*innen eine Prämie zahlen, wenn sie ihnen das Belegungsrecht auf fünf Jahre zusichern.[209]

Um sich über Gepflogenheiten und etwaige Besonderheiten bei der Vermietung von privatem Wohnraum an geflüchtete Menschen in Ihrem Wohnort zu informieren, erkundigen Sie sich am besten bei den zuständigen **Sozial- und/oder Wohnungsämtern**, bei einer **Beratungsstelle für geflüchtete Menschen** in Ihrer Nähe oder bei **lokalen Hilfsinitiativen**. Sie können sich auch an den **Landesflüchtlingsrat** in Ihrem Bundesland wenden (Webadressen → S. 120 ff.).

Wenn Sie geflüchtete Menschen privat bei sich aufnehmen oder ihnen Wohnraum vermieten möchten und auf Widerstand treffen oder behördliche Reaktionen ausbleiben, gibt es, darauf weist Birte Vogel hin, weitere Möglichkeiten: »Wissen Sie von anderen, denen es ähnlich geht? Schließen Sie sich zusammen und wenden Sie sich gemeinsam und persönlich an die Behörden. E-Mails gehen in der Masse unter – ein Anruf oder persönlicher Besuch (auch bei der*dem Bürgermeister*in, den Parteivorständen und der Opposition) bewirkt oft viel mehr. (...) Lassen Sie in Ihren Bemühungen nicht nach (...). Und wenn gar nichts mehr geht, wenden Sie sich

---

204 Vgl. http://regionalgoslar.de/landkreis-bevorzugt-dezentrale-unterbringung/

205 Vgl. http://www.marburg-biedenkopf.de/auslaender-migration/resolution/

206 Vgl. https://www.tagesschau.de/inland/leverkusener-modell-100.html; siehe auch unter: http://www.deutschlandfunk.de/leverkusener-modell-konzept-scheitert-an-hohen.1769.de.html?dram:article_id=321193

207 Vgl. http://www.nds-fluerat.org/wp-content/uploads/2014/08/HAZ_26_08_2014.pdf

208 Vgl. http://www.stadt-koeln.de/mediaasset/content/pdf56/auszugsmanagement_informationen.pdf

209 In Leipzig vernetzt zudem seit Herbst 2015 eine Online-Plattform wohnungssuchende Geflüchtete und wohnungsgebende Vermieter*innen, vgl. http://www.kontaktstelle-wohnen.de/de/index.html. Weitere Beispiele, wo und wie eine private Unterbringung gelingen kann, sammelt Birte Vogel in ihrem Blog in der Rubrik »Private Unterkunft«, siehe unter: http://wie-kann-ich-helfen.info/category/private-unterkunft

ruhig an Ihre Lokalzeitung. Auch hier gilt: je mehr Gastgeber*innen Sie sind, desto eher wird man Sie hören«.[210]

Und schließlich noch ein Tipp: Wenn es geklappt hat und Sie erfolgreich geflüchteten Menschen privaten Wohnraum zur Verfügung stellen konnten, dann teilen Sie Ihre Erfahrungen mit anderen! Das kann dazu beitragen, Berührungsängste abzubauen, und Nachahmer*innen anstiften.

---

210 Vgl. http://wie-kann-ich-helfen.info/moechten-sie-fluechtlinge-privat-aufnehmen/1574

»… und es kommen Menschen!« Von der Willkommenskultur zu einer Kultur der Anerkennung

Das Engagement für geflüchtete und mit geflüchteten Menschen hat viele Facetten. Bereits die Begegnung mit individuellen Schicksalen kann herausfordernd sein: Viele kommen aus Krisenregionen, haben zumeist eine monatelange Flucht hinter sich, sind erschöpft und oft traumatisiert. Asylverfahren sind kompliziert und langwierig, ihr Ausgang ungewiss. Die Unterbringung in Heimen oder dezentralen Unterkünften, die eingeschränkte oder fehlende Teilnahme am öffentlichen Leben, das lange Warten und die erzwungene Untätigkeit sind schwer zu ertragen. Hinzu kommen möglicherweise Sorgen um zurückgelassene Angehörige, Freund*innen, Bekannte oder die Trauer um verstorbene Menschen. Diese schwierigen Lebensbedingungen beeinflussen – in unterschiedlicher Intensität – die Alltagsgestaltung, die Kontakte und Beziehungen fluchterfahrener Menschen. All dies gilt es zu bewältigen.

Zudem sind geflüchtete Menschen mit Vorurteilen, Diskriminierung und offen oder verdeckt wirkendem Rassismus konfrontiert. In allen Bevölkerungsschichten kommt es vor, dass Menschen mit Ablehnung oder gar offener Gewalt gegenüber Geflüchteten reagieren.[1] Menschenfeindliche Einstellungen nehmen insgesamt zu (→ S. 181 ff.). Sie wirken sich auf das

---

[1] Der Journalist Marius Münstermann hat die Zunahme gewaltförmiger Übergriffe gegen geflüchtete Menschen analysiert und kommentiert. Nachzulesen online unter: http://www.mut-gegen-rechte-gewalt.de/news/reportagen/neue-dimension-der-gewalt-2016-06. Münstermann weist zudem auf die hohe Dunkelziffer hin: Viele Fälle kämen nie zur Anzeige, weil Betroffene Angst vor Polizei oder anderweitigen Konsequenzen hätten.

Zusammenleben aller aus und prägen auch die Kontexte von Unterstützung und Engagement.

Im Engagement für geflüchtete Menschen geht es daher um mehr als punktuelle Unterstützung oder Nothilfe: Es geht um Teilhabe aller sowie um ein gewaltfreies und menschenwürdiges Zusammenleben.[2] Ehrenamtliches Engagement bietet viele Chancen, einer Kultur des Misstrauens und der Abwertung etwas entgegenzusetzen. Wichtig ist deshalb das Verständnis dafür, wie Ungleichheitsverhältnisse und Diskriminierungen entstehen bzw. aufrechterhalten werden – nicht zuletzt auch in ehrenamtlichen Unterstützungskontexten. Denn: Auch Engagement ist nicht frei von Widersprüchen und Konflikten. Im besten Fall wird es von allen Beteiligten als hilfreich, unterstützend oder stärkend empfunden, andererseits können das »In-Beziehung-Treten« und die damit verbundenen Aktivitäten als abwertend, behindernd oder beschämend erlebt werden. Ein offener, selbstkritischer Blick auf diese Facetten kann den Umgang mit Irritationen oder Enttäuschungen erleichtern, sodass alternative Wege und Handlungsweisen sichtbar werden.

Deshalb rückt dieses Kapitel nicht nur die Mechanismen von Diskriminierung in den Mittelpunkt, es beleuchtet auch die Wahrnehmung von und den Umgang mit vorurteilsbehafteten und menschenfeindlichen Haltungen. Die zusammengetragenen Informationen sollen helfen zu verstehen, was menschenfeindliche Einstellungen sind, wie sie zustande kommen und wie jede*r Einzelne dazu beitragen kann, das Zusammenleben weniger diskriminierend zu gestalten.

5.1 Miteinander-in-Beziehung-Treten inmitten gesellschaftlicher Macht- und Ungleichheitsverhältnisse

Im Engagement für geflüchtete Menschen sollte es – wie in allen menschlichen Beziehungen – zur Normalität werden, dass Menschen einander als Gleichwertige begegnen und auf Augenhöhe miteinander in Beziehung treten. Es ist jedoch auch hier – wie in anderen sozialen Kontexten – wahrscheinlich, dass Begegnungen von Macht- und Ungleichheitsverhältnissen durchzogen sind. Diese wirken mal stärker, mal abgemildert in jede Form des Engagements hinein, Konflikte sind vorprogrammiert, (wechselsei-

---

2   Vgl. den »10 Punkte Plan« der Amadeu Antonio Stiftung, online verfügbar unter: http://www.amadeu-antonio-stiftung.de/w/files/pdfs/pressemitteilungen/aas_10 punkte_plan_willkommensoffensive.pdf.pdf

tige) Verletzungen können schnell geschehen. Wie eng gute Absicht und ausgrenzende Wirkung miteinander verzahnt sein können, haben bereits die in Kapitel 2 geschilderten Erfahrungen gezeigt. Daher kann es für jene, die sich für geflüchtete Menschen engagieren oder die über ein Engagement nachdenken, hilfreich sein, sich darüber bewusst zu werden, inwiefern (auch) hier Macht und Ungleichheit wirken und inwiefern diese im tagtäglichen Handeln – auch inmitten von engagiertem Tätigsein – gefestigt bzw. verändert werden können.

▶ Exkurs: Gesellschaftliche Ungleichheitsverhältnisse

Ausgrenzung und Abwertung, Benachteiligung und Diskriminierung, Privilegierung und Unterdrückung oder auch Armut und Reichtum: Begriffe wie diese verweisen auf gesellschaftliche Ungleichheitsverhältnisse. Damit sind gesellschaftlich verankerte Formen der Begünstigung und Privilegierung (Bevorteilung) einiger Menschen sowie der Benachteiligung und Diskriminierung anderer gemeint (vgl. Kreckel 2004: 15 f.). Von gesellschaftlichen Ungleichheitsverhältnissen ist vor allem dann die Rede, wenn Lebenschancen von Menschen dauerhaft (also über einen gewissen Zeitraum hinweg) beeinträchtigt sind oder wenn – im Gegenzug – Lebenschancen dauerhaft begünstigt werden (vgl. ebd.).

Macht- und Ungleichheitsverhältnisse wirken in alle menschlichen Beziehungen hinein. Sie entfalten sich auch im Feld der Unterstützung Geflüchteter und damit in Begegnungen zwischen geflüchteten Menschen und ehrenamtlich Engagierten. Eine wichtige Rolle spielen hier Vorstellungen von Normalität und Abweichung sowie Prozesse, die die Wahrnehmung eines »Wir« und eines »Anderen« hervorbringen (vgl. den Exkurs → S. 44 ff.). Durch einen bewussten Umgang mit Prozessen dieser Art ist es möglich, deren Auswirkungen abzufedern.

Es ist wichtig, sich zu vergegenwärtigen, dass Ungleichheitsverhältnisse keinesfalls naturgegeben oder »Schicksal« sind. Soziale Ungleichheit ist, wie der Soziologe Reinhard Kreckel betont, »eine von Menschen gemachte und somit auch von Menschen veränderbare Grundtatsache des heutigen gesellschaftlichen Lebens« (Kreckel 2004: 13). Ungleichheitsverhältnisse werden aktiv hergestellt und aufrechterhalten. Im Umkehrschluss bedeutet das, dass es möglich ist, gesellschaftliche Verhältnisse weniger ungleich, weniger ausgrenzend und weniger diskriminierend zu gestalten. Damit dies gelingen kann, ist es zunächst wichtig, ein annäherndes Verständnis zu erlangen für das komplexe Zusammenspiel gesellschaftlicher Ebenen, Akteur*innen und Interessen, das Ungleichheitsverhältnisse entstehen lässt.

Hilfestellung bietet das Modell der Erziehungswissenschaftlerin Christine Riegel, das Prozesse des »Anders-Machens« analysiert (vgl. Riegel 2016: 65 ff.). Riegel stützt sich dabei auf das Konzept der Intersektionalität.[3] Intersektionale Ansätze zielen darauf, eindimensionale Perspektiven auf soziale Ungleichheit zu überwinden. Sie gehen davon aus, dass soziale Kategorien (wie z. B. Geschlecht, Ethnizität, Herkunft, soziales Milieu oder Behinderung), Stereotypisierungen und Ausgrenzungen stets in wechselseitiger Abhängigkeit miteinander stehen. Deshalb können sich – je nach Konstellation – unterschiedliche Diskriminierungen, aber auch Privilegierungen ergeben. Entscheidend ist diese Erkenntnis: Soziale Ungleichheitsverhältnisse sind ein Zusammenspiel von »Geprägt-Sein« (z. B. durch bereits bestehende Strukturen und vorherrschende Meinungen) und »aktivem Mitgestalten und Herstellen« (durch alle Menschen, mal individuell, mal kollektiv). Das von Riegel entwickelte Modell (veranschaulicht in der Grafik → S. 179), ermöglicht es, dieses komplexe Zusammenspiel zu durchdringen (vgl. ebd.: 64 f.).

Das Modell unterscheidet drei Ebenen: die der gesellschaftliche Bedingungen, die der sozialen Diskurse und Praktiken sowie die des subjektives Handeln. Die Ebenen sind voneinander abhängig und tragen in ihrem Zusammenspiel dazu bei, Ungleichheitsverhältnisse ent- oder bestehen zu lassen. Die **Ebene der gesellschaftlichen Bedingungen** umfasst Strukturen wie politische und ökonomische Verhältnisse (national wie international), Gesetze, Organisationen und Institutionen. Hier werden Zugänge zu Ressourcen (z. B. Geld, Wohnen, Infrastruktur), Teilhabechancen (z. B. Mitbestimmungsmöglichkeiten, Wahlrecht, auch Zulassung zu einem Sprachkurs) oder Zugehörigkeiten (z. B. Staatsangehörigkeit, Freizügigkeit, Status der Legalität/Illegalität) geregelt. Obgleich diese Ebene von und durch Menschen »gemacht« wird, haben nicht alle gleichermaßen die Möglichkeit, dabei mitzuwirken. Zu berücksichtigen ist gleichwohl, dass die auf dieser Ebene entstehenden Ungleichheitsverhältnisse nicht immer absichtsvoll hergestellt werden; sie können auch unbeabsichtigte Folge von Entscheidungen, Gesetzen oder institutionellen Verfahrensweisen sein – was ihrer benachteiligenden, ausgrenzenden oder diskriminierenden Wirkung jedoch keinen Abbruch tut. Sowohl die Ebene sozialer Diskurse als auch jene des subjektiven Handelns wirken in die Ebene der gesellschaftlichen Bedingungen hinein, prägen sie bzw. halten den Status quo aufrecht.

---

3 Eine ausführliche Darstellung der Entwicklungsgeschichte sowie der theoretischen Annahmen intersektionaler Ansätze siehe unter: http://portal-intersektionalitaet.de/startseite/

Ungleichheitsverhältnisse im Zusammenspiel unterschiedlicher Ebenen

Ebene gesellschaftlicher Bedingungen
regelt Zugänge zu Ressourcen,
Teilhabechancen und Zugehörigkeit

Ungleichheitsverhältnisse
(mit-)prägend

Lebensverhältnisse

geprägt durch
Ungleichheitsverhältnisse

Ebene subjektiven Handelns
im Spannungsfeld von Geprägt-Sein
und aktivem Mitgestalten / Herstellen

Ebene sozialer Diskurse und Praktiken
prägt Normalitäts- und
Wirklichkeitsvorstellungen

(Grafik: eigene Darstellung nach Christine Riegel: Bildung-Intersektionalität-Othering. Pädagogisches Handeln in widersprüchlichen Verhältnissen, Bielefeld: transcript Verlag 2016, S. 65. Wiederabgedruckt mit Genehmigung durch den transcript Verlag.)

Die **Ebene sozialer Diskurse und Praktiken** umfasst die (oft unbewussten) Vorstellungen von Normalität und Abweichung, die unsere Wahrnehmung leiten und auf die wir uns in unserem Denken und Handeln stützen: Wie nehmen wir einander wahr? Von welchem Wissen, welchen Bildern und Vorstellungen lassen wir uns leiten? Wie bezeichnen wir uns und unsere Mitmenschen, in welche »Schubladen« sortieren wir einander? Was gilt als normal, als selbstverständlich? Was als abweichend und fremd? Zur Ebene sozialer Diskurse und Praktiken zählen beispielsweise Regeln und Routinen des Alltags, aber auch sozial vorherrschende Werte und Normen. Soziale Diskurse und Praktiken manifestieren sich in Ideologien und (Menschen-)Bildern, in Vorurteilen und Stereotypen, in Sprech- und Verhaltensweisen (z. B. in stigmatisierenden Bezeichnungen von Menschen, in abfälligen Blicken oder abwertenden Gesten), sie wirken wie eine unsichtbare Richtschnur: Sie erzeugen Wirklichkeit, prägen Lebensverhältnisse, stellen Prozesse der Ein- und Ausgrenzung bzw.

der Auf- und Abwertung her und halten diese aufrecht (vgl. Riegel 2016: 68 f.), und zwar in enger Wechselwirkung mit der Ebene gesellschaftlicher Bedingungen und der Ebene subjektiven Handelns. Dabei sind Normalitätsvorstellungen (vgl. den Exkurs → S. 39 ff.) und Differenzkonstruktionen bedeutsam. Eine zentrale Rolle spielen hier Massenmedien wie beispielsweise Printmedien oder Fernsehtalkshows, die soziale Diskurse häufig lautstark transportieren und so dazu beitragen, gesellschaftliche Ungleichheitsverhältnisse zu bestätigen.

Auch die **Ebene subjektiven Handelns** hängt untrennbar mit den anderen beiden Ebenen zusammen. Auf der einen Seite lässt sich hier in den Blick nehmen, dass und wie Menschen eine bestimmte Position in der Gesellschaft zugewiesen wird. Das muss keineswegs eine immer gleiche Position sein: Eine Frau z. B. kann in einem bestimmten Kontext – etwa als Journalistin, die ein Fußballspiel kommentiert – diskriminiert und massiv abgelehnt werden, da ihr unterstellt wird, als Frau nicht informiert über diese Sportart berichten zu können. In einer anderen Situation kann die gleiche Person anderen gegenüber im Vorteil und damit privilegiert sein, etwa wenn sie um einen Kredit bei einer Bank nachsucht und gute Chancen auf eine Bewilligung hat, da sie als festangestellte Journalistin bei einem renommierten Sender über ein sicheres Einkommen verfügt.

Deutlich wird: Dieselbe Person kann in unterschiedlichen Situationen und Kontexten sozial unterschiedlich positioniert werden, was wiederum Vor- oder auch Nachteile mit sich bringen kann. Zudem besteht die Möglichkeit, mit dem eigenen Handeln dazu beizutragen, bestehende Ungleichheitsverhältnisse und Diskriminierungen zu hinterfragen, sich ihnen zu widersetzen und – auch gemeinsam mit anderen – alternative Handlungsmöglichkeiten auszuloten sowie Gegenentwürfe aktiv mitzugestalten (vgl. Riegel 2016: 72). Wie immer Menschen handeln – den Status quo bestätigend oder ihn hinterfragend –, stets beeinflusst die Ebene des subjektiven Handelns die beiden anderen Ebenen und gestaltet so Lebensverhältnisse mit.

Sich über die hier skizzierten Wechselwirkungen unterschiedlicher Ebenen bei der Entstehung von Ungleichheitsverhältnissen bewusst zu werden, ist ein Schritt dahin, die eigene gesellschaftliche Positionierung ebenso wie die eines Gegenübers differenzierter wahrnehmen zu können. Auf dieser Grundlage lassen sich im Feld der Unterstützung geflüchteter Menschen Gestaltungsspielräume und Handlungsmöglichkeiten bestimmen, die – im Wissen um bestehende Ungleichheitsverhältnisse – ein diskriminierungssensible(re)s Miteinander ermöglichen.

→ Weiterlesen und Vertiefen

- Das **Online-Dossier »Soziale Ungleichheit – Eine Gesellschaft rückt auseinander«**[4] der Bundeszentrale für politische Bildung erläutert zentrale Begriffe der Ungleichheitsforschung und stellt weiterführende Materialien (z. B. Statistiken) bereit.

- Das **»Portal Intersektionalität. Forschungsplattform und Praxisforum für Intersektionalität und Interdependenzen«**[5] der Wissenschaftlerinnen Katharina Walgenbach und Friederike Reher bietet eine virtuelle Plattform, die Wissen und Diskussionen zum Themenfeld Intersektionalität (d. h. zu den Wechselbeziehungen unterschiedlicher Dimensionen sozialer Ungleichheit) bündelt. Eine laufend ergänzte Datenbank ermöglicht Einblicke in Praxisprojekte, im »Methodenpool« finden sich Erfahrungsberichte zur praktischen Anwendung intersektionaler Zugänge.

5.2 Die Abwertung Anderer: Gruppenbezogene Menschenfeindlichkeit und Vorurteile

In diesem Unterkapitel stehen zwei theoretische Ansätze im Fokus, die ein tieferes Verständnis gegenwärtiger gesellschaftlicher Entwicklungen im Feld von Migration, Flucht und Asyl ermöglichen: die sozialpsychologischen Konzepte »Gruppenbezogene Menschenfeindlichkeit« und »Vorurteile«. Aus beiden lassen sich Ansatzpunkte für ein diskriminierungssensible(re)s Handeln im Alltag ableiten. Wie dringlich Letzteres geworden ist, zeigen jüngste Entwicklungen: Ob in den Sozialen Medien, auf Kundgebungen oder Versammlungen vor Unterkünften, in denen geflüchtete Menschen leben – Hetze, Bedrohungen und Gewalt gegen geflüchtete Menschen oder gegen Menschen, denen eine »Andersartigkeit« zugeschrieben wird, sind an vielen Orten allgegenwärtig. »Offensiv vertretene völkisch-nationale Positionen« werden in einigen Milieus »als genauso akzeptabel angesehen wie Gewalt als Mittel der politischen Auseinandersetzung« (Decker/Brähler 2016: 8). Mit der »Abwertung vermeintlich Fremder« werden Ausgrenzung, Diskriminierung und auch Verfolgung legitimiert – mit zunehmender Tendenz.

---

4   Vgl. https://www.bpb.de/politik/grundfragen/deutsche-verhaeltnisse-eine-sozial kunde/138379/soziale-ungleichheit

5   Vgl. http://portal-intersektionalitaet.de/startseite/

Oft wird – im politischen ebenso wie im öffentlich-medialen Diskurs – der Eindruck geweckt, dies seien Auswüchse eines rechten Randes der Gesellschaft, eines rechtsextremen Spektrums, das weit von der sogenannten Mitte der Gesellschaft entfernt sei. Doch die Wirklichkeit offenbart ein anderes Bild: Die Abwertung geflüchteter Menschen ist keine gesellschaftliche Randerscheinung, wie der Sozialpsychologe Andreas Zick erläutert: »Zehn Jahre haben wir das Forschungsprojekt Gruppenbezogene Menschenfeindlichkeit durchgeführt. (...) Wir haben die Gruppenbezogene Menschenfeindlichkeit und ihre Ursachen beleuchtet. (...) Wir mussten feststellen, wie zuletzt die sogenannten ›Bürgerlichen‹ islamfeindlicher und antisemitischer werden und immer stärker auf ihre vermeintlich angestammten Vorrechte als Deutsche pochen und schwachen Gruppen Solidarität vorenthalten. Wir konnten beobachten, dass unsere tradierten und einfachen Thesen zur Erklärung nicht ausreichen. Es sind weder nur die ›Extremisten‹ noch die ökonomisch Frustrierten, die andere abwerten, um sich selbst aufzuwerten. Es sind nicht allein die jungen gewaltbereiten Männer, sondern auch die Alten und Frauen, die menschenfeindlichen Meinungen zustimmen. Es entwickelt sich eine gesellschaftliche Mitte, die ihre Toleranznormen in Krisenzeiten aufgibt, Gleichwertigkeit zur Disposition stellt und Machtansprüche durch Abwertungen der Schwächsten in der Gesellschaft durchsetzt« (Zick 2011: 5).

Nicht nur an den sogenannten Stammtischen und in den Sozialen Medien, sondern auf Schulhöfen ebenso wie am Arbeitsplatz, in der Nachbarschaft oder im Familienkreis ist es vielerorts zur Normalität geworden, menschenfeindliche Einstellungen zu äußern; sie sind auch dort verbreitet, wo viele sie vielleicht nicht vermuten: unter akademisch gebildeten, finanziell verhältnismäßig abgesicherten Menschen. Andreas Zick hält dazu fest: »Unsere Untersuchungen zeigen, dass keine Gruppe davor geschützt ist, Vorurteile zu haben. Wir müssen aber feststellen, dass die Anfälligkeit für menschenfeindliche Einstellungen gerade in jenen Gruppen angestiegen bzw. weiter verbreitet ist, von denen gemeinhin angenommen wird, sie seien eine solide Stütze der Demokratie. Das betrifft vor allem ökonomisch Bessergestellte, häufig mit höheren Bildungsabschlüssen« (Zick 2014: 34).

Die Abwertung anderer Menschen resultiert aus einer bestimmten Haltung. Zick hat hierfür gemeinsam mit den Kolleg*innen seiner Forschungsgruppe den Begriff »Gruppenbezogene Menschenfeindlichkeit« entwickelt: »Menschenfeindlichkeit ist eine *soziale* Haltung. Sie ist eine Haltung, die Gruppen gegenüber Gruppen einnehmen« (Zick/Küpper/Hövermann 2011: 197 f., Kursivierung i. Orig.). Menschen, die diese Haltung einnehmen, vertreten »abwertende Einstellungen und Vorurteile gegenüber solchen Gruppen (...), die als ›anders‹, ›fremd‹ oder ›unnormal‹ definiert werden und denen ein untergeordneter sozialer Status zugewiesen wird« (ebd.: 1).

▶ Exkurs: Gruppenbezogene Menschenfeindlichkeit (GMF)

Am Institut für interdisziplinäre Konflikt- und Gewaltforschung (IKG) der Universität Bielefeld wurde 2002 von dem damaligen Institutsleiter und Pädagogikprofessor Wilhelm Heitmeyer die Langzeitstudie »Gruppenbezogene Menschenfeindlichkeit in Deutschland« mit einer Laufzeit von zehn Jahren ins Leben gerufen. Die Studie untersuchte – gestützt auf jährliche Umfragen unter der bundesdeutschen Bevölkerung – das Ausmaß menschenfeindlicher Einstellungen in der Bevölkerung und deren Einbettung in aktuelle gesellschaftliche und politische Entwicklungen. Seit 2013 führen die Mitarbeiter*innen des IKG die von Wilhelm Heitmeyer und Kolleg*innen etablierten Forschungsschwerpunkte zu Diskriminierungen, Gewalt, Menschenfeindlichkeit und Vorurteilen weiter, nun unter Leitung von Andreas Zick, Professor für Sozialphilosophie und Konfliktforschung.

Der profunde Wissensschatz, der in der 2012 abgeschlossenen Langzeitstudie erarbeitet wurde, ermöglicht es, Ausmaß und Entwicklung menschenfeindlicher Einstellungen aus sozialpsychologischer und soziologischer Perspektive zu erklären.[6] Die Studie bietet eine Grundlage, Anfeindungen, Hetze und Gewalt (auch) gegen geflüchtete Menschen besser zu verstehen und Gegenstrategien zu entwickeln. Im Mittelpunkt der Untersuchungen steht das Phänomen der »Gruppenbezogenen Menschenfeindlichkeit« (GMF), die sich aus mehreren Elementen zusammensetzt (veranschaulicht in der Grafik → S. 184). Die Auflistung ist nicht abgeschlossen, weitere Elemente können hinzukommen oder auch aus dem Tableau herausfallen. Die vorliegenden Studien lassen jedoch darauf schließen, dass sich menschenfeindliche Einstellungen mehr oder weniger zeit- und kulturübergreifend oft gegen gleiche bzw. ähnliche Adressatengruppen richten.[7]

Die an der Langzeitstudie des IKG beteiligten Wissenschaftler*innen unterstreichen, dass die einzelnen Elemente Gruppenbezogener Menschenfeindlichkeit eng miteinander zusammenhängen. Sie teilen einen gemeinsamen Kern:

---

6   Vgl. http://www.uni-bielefeld.de/ikg/projekte/GMF_Survey.html

7   Vgl. http://www.bpb.de/politik/extremismus/rechtsextremismus/214192/gruppen
    bezogene-menschenfeindlichkeit

Elemente Gruppenbezogener Menschenfeindlichkeit

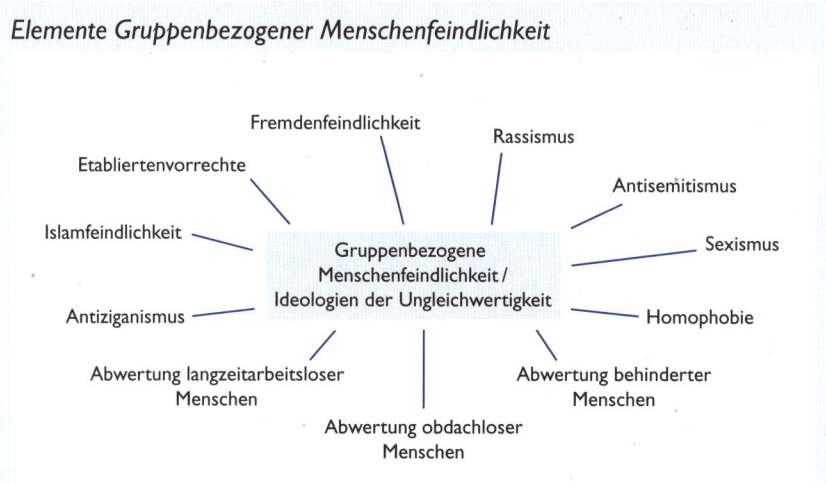

(Grafik: eigene Darstellung nach Heitmeyer 2012: 17. Mit freundlicher Genehmigung Suhrkamp Verlag, Berlin.)

die **Ideologie der Ungleichwertigkeit**. Mit diesem Begriff wird in den Sozialwissenschaften die Idee bezeichet, dass einige Menschen weniger wert seien als andere. Eine solche Idee ist keinesfalls harmlos. Sie widerspricht dem Grundverständnis demokratischen Miteinanders.

Zwar führen bestimmte Haltungen nicht zwangsläufig zu entsprechenden Verhaltensweisen. Wer einer Aussage wie »Es gibt zu viele Ausländer in Deutschland«[8] zustimmt, übt deshalb nicht unbedingt einen Brandanschlag auf eine Unterkunft für geflüchtete Menschen aus. Er unterstützt damit aber die Verbreitung der Ideologie der Ungleichwertigkeit. Andreas Zick und seine Kollegin Beate Küpper erläutern den Zusammenhang zwischen sozialen Normen und Verhalten wie folgt: »Einstellungen werden leichter in Verhalten übertragen, wenn Individuen den Eindruck haben, dass andere, die ihnen wichtig sind, ihre Einstellungen teilen. Dies macht es so wichtig, jene zustimmend

---

8   Diese Aussage ist eine von vielen, die die Forscher*innen des Bielefelder Instituts den Teilnehmer*innen der fünften »Mitte-Studie«, einer repräsentativen Befragung im Auftrag der Friedrich-Ebert-Stiftung, vorgelegt haben. In diese Studie wurde das oben vorgestellte Analysemodell der Gruppenbezogenen Menschenfeindlichkeit integriert und auf dessen Grundlage »die gesellschaftlichen Bruchstellen einer fragilen Mitte« herausgearbeitet (vgl. Zick/Klein 2014).

zu bestärken, die sich engagieren, und umgekehrt laut und deutlich Protest gegen die Abwertung von Flüchtlingen zu äußern, im öffentlichen wie im privaten Raum« (Küpper/Zick 2016: 21 f.). Menschenfeindliche Einstellungen können also sehr wohl Folgen für das Handeln haben. Mit Bezug auf Einwanderer*innen wurde dies untersucht und belegt: »Diejenigen, die schwache Gruppen abwerten, sprechen sich mit größerer Wahrscheinlichkeit gegen die Integration von Einwanderer/innen aus, verweigern ihnen eher eine gleichberechtigte politische Teilhabe und sind eher bereit, Einwanderer/innen zu diskriminieren und ihnen mit Gewalt zu begegnen« (Zick/Küpper/Hövermann 2011: 15).

Eine weitere Erkenntnis des IKG gibt ebenfalls zu denken: Denjenigen, die andere Menschen abwerten, geht es in erster Linie darum, soziale Hierarchien herzustellen bzw. aufrechtzuerhalten. Wer also Hierarchien zwischen sozialen Gruppen befürwortet, tendiert mit einer höheren Wahrscheinlichkeit zur Abwertung bestimmter Gruppen von Menschen (vgl. Küpper/Zick 2015).

Nimmt man eine globale Perspektive auf Flucht und Migration ein, dann werden unter anderem die Rechte, der Wohlstand und die damit verbundenen Privilegien sichtbar, die für viele Bürgerinnen Europas zur Selbstverständlichkeit geworden sind. Hier haben sich soziale Hierarchien herausgebildet, vor deren Hintergrund »die Einen« – Bürger*innen Europas – als legitime Nutznießer*innen dieser Privilegien erscheinen, während »die Anderen« dauerhaft davon ausgeschlossen bleiben. Werden nun die mit Wohlstand und Sicherheit verbundenen Privilegien nicht nur verteidigt, sondern an einen bestimmten sozialen Gruppenstatus gekoppelt, dann wird damit zugleich Ideologien der Ungleichwertigkeit Vorschub geleistet.

Die Sozialpsychologie bezeichnet abwertende Einstellungen gegenüber Gruppen bzw. Personen aufgrund ihrer Gruppenzugehörigkeit als Vorurteile. Diese können sich in Hass, stereotyper Wahrnehmung oder diskriminierendem Verhalten zeigen.

Vorurteile tragen dazu bei, die Ideologie der Ungleichwertigkeit von Menschen zu stützen und zu zementieren (vgl. Zick/Küpper/Hövermann 2011: 193). Sie ermöglichen es denjenigen, die Vorurteile ausbilden, »Selbstwert, Vertrauen und Identität zu stiften, (...), Kontroll- und Machtmotive zu bedienen und scheinbar komplexe gesellschaftliche Prozesse zu erklären. Diesbezüglich ist die Wirkung von Vorurteilen simpel und effektiv«. Vorurteile sind darüber hinaus sehr wirkmächtig: Sie wirken selbst dann, wenn Menschen zu den Gruppen oder Personen, die sie abwerten, überhaupt keinen Kontakt haben. Vorurteile entbehren oftmals jeglicher Erfahrung. Sie sind emotional begründet, knüpfen an Gefühle tief in unserem Innersten an und sind sachlichen Argumentationen kaum zugänglich (vgl. Abels 2009: 246 ff.). Deshalb sind Vorurteile sehr resistent gegen Widerlegungen (vgl. ebd.) und halten sich hartnäckig (vgl. Zick/Küpper/ Hövermann 2011: 187, 190). Überdies sind unterschiedliche Vorurteile miteinander verbunden. Das heißt: Menschen, die eine abwertende Haltung gegenüber einer bestimmten Gruppe (z. B. geflüchteten Menschen) einnehmen, werten mit hoher Wahrscheinlichkeit auch andere Gruppen ab (vgl. ebd.: 15).

▶ **»Drei Schritte zum Vorurteil«**

Die Sozialpsychologin Beate Küpper erläutert die Entstehung von Vorurteilen kurz und prägnant: »Die Entstehung von Vorurteilen lässt sich in drei Schritten beschreiben. Zunächst werden Menschen in zwei Gruppen eingeteilt, nämlich die ›Wir‹-Gruppe und die Gruppe der ›Anderen‹. Diese Einteilung erfolgt nach verschiedenen Kriterien wie etwa Herkunft oder Religion (Kategorisierung). Im zweiten Schritt werden die gebildeten Kategorien mit bestimmten Eigenschaften verbunden, die für alle Mitglieder der Gruppe gleichsam gelten (Stereotypisierung). Im letzten Schritt werden diese Eigenschaften mit Wertungen verknüpft (Bewertung). Viele Elemente gruppenbezogener Menschenfeindlichkeit basieren auf historisch überlieferten Stereotypen und Mythen, die Teil unseres kulturellen Narrativs sind« (Küpper 2014: 17).

Die Erkenntnisse aus der Bielefelder Langzeitstudie zur Gruppenbezogenen Menschenfeindlichkeit (→ S. 183 ff.) sowie aus der Vorurteilsforschung zeigen: Es ist möglich, menschenfeindliche, vorurteilsgeprägte Einstellungen zu »verlernen« und aus Ideologien der Ungleichwertigkeit auszusteigen (vgl. Zick 2014: 34). Dies lässt sich besonders gut im Austausch miteinander realisieren, und es kann jederzeit damit begonnen werden: im Kontext pädagogischer Angebote ebenso wie in der politischen Bildung, in privaten, engagementbezogenen oder beruflichen Alltagsgesprächen und auch im Rahmen öffentlicher Diskurse. Laut Andreas Zick müssen »Menschen dazu gebracht werden (...), darüber nachzudenken, *warum* – nicht ob – es Ungleichwertigkeit gibt und was eigentlich hinter Ungleichwertigkeitsideologien steckt. Sie müssen dazu angeregt werden, sich selbst zu fragen: Warum glaube ich das? Welche Funktion haben Vorurteile? Wie entstehen sie? Bringt man Menschen dazu, selbstkritisch zu hinterfragen, warum sie in bestimmten Situationen Ungleichwertigkeit akzeptieren (...), und immer wieder über diese Hintergründe nachzudenken, dann kann das ein wirksamer Schutz vor menschenfeindlichen Ideologien und Vorurteilen sein. Diese funktionieren vornehmlich auf einer ›abstrakten‹, einer verallgemeinernden Ebene. Bewährt hat sich deshalb auch die bewusste Schaffung von Begegnungsräumen, in denen Menschen in direkten Kontakt miteinander treten. Infolge solcher Begegnungen greifen negative Haltungen und Einstellungen oft nicht mehr und können entsprechend überprüft werden« (ebd.).

Die Anregung, Anlässe, Orte und Möglichkeiten der Begegnung und des wechselseitigen Austauschs zu schaffen, wird auch durch die Erkenntnisse der Vorurteilsforschung gestützt. Als wirkmächtigsten Faktor gegen Ungleichheitsideologien bezeichnen die Forscher*innen der Bielefelder Langzeitstudie das Erleben von gegenseitiger Anerkennung.

→ Weiterlesen und Vertiefen

- Im **Online-Dossier »Rechtsextremismus«** der Bundeszentrale für politische Bildung beschäftigt sich ein Kapitel (geschrieben von Beate Küpper und Andreas Zick) mit **»Gruppenbezogener Menschenfeindlichkeit«**.[9]

- Auf der Webseite des Bielefelder Instituts für interdisziplinäre Konflikt- und Gewaltforschung (IGK) findet sich eine Zusammenfassung der zentralen Ergebnisse der **Langzeitstudie »Gruppenbezogene Menschenfeindlichkeit in Deutschland«**[10] sowie eine Vielzahl weiterführender Links zu Publikationen der beteiligten Forscher*innen.[11]

- Das Kompetenzzentrum für Rechtsextremismus- und Demokratieforschung der Universität Leipzig führt seit 2002 die **»Leipziger Mitte-Studien«** durch. Weiterführende Informationen sowie Links zu Publikationen finden sich auf der Webseite der Forschungsgruppe.[12]

---

9   Vgl. http://www.bpb.de/politik/extremismus/rechtsextremismus/214192/gruppen bezogene-menschenfeindlichkeit

10 Vgl. https://www.uni-bielefeld.de/ikg/projekte/GMF/Gruppenbezogene_Menschen feindlichkeit_Zusammenfassung.pdf

11 Vgl. http://www.uni-bielefeld.de/ikg/projekte/GMF_Survey.html

12 Vgl. https://www.kredo.uni-leipzig.de/die-leipziger-mitte-studien/

- Die Amadeu Antonio Stiftung hat unter anderem die **Online-Übersicht »Was ist Gruppenbezogene Menschenfeindlichkeit?«**[13] und die **Broschüre »pro menschenrechte. contra vorurteile. Fakten und Argumente zur Debatte über Flüchtlinge in Deutschland und Europa«** veröffentlicht.[14]

- In ihrer Reihe **»Informationen zur politischen Bildung«** hat die Bundeszentrale für politische Bildung das **Heft »Vorurteile«** (Nr. 271) veröffentlicht, das sich gut als Einstieg in das Thema eignet.[15]

- Der Soziologe Heinz Abels widmet dem Thema Vorurteile drei Kapitel seines **Lehrbuchs »Wirklichkeit. Über Wissen und andere Definitionen der Wirklichkeit, über uns und Andere, Fremde und Vorurteile«**.[16] Leser*innen erhalten Einblicke in die Geschichte des Begriffs »Vorurteil« und lernen sowohl soziologische als auch psychoanalytische Erklärungsweisen der Mechanismen, Funktionen und Wirkungsweisen von Vorurteilen kennen.

5.3 Rassismus – (k)ein Thema im Feld der Unterstützung geflüchteter Menschen!?

Sobald der Begriff »Rassismus« in einem Gespräch oder in einer Diskussion fällt, läuten »gleich alle Alarmglocken«, wie Anne Chebu schreibt, Journalistin und Aktivistin in der Initiative Schwarze Menschen in Deutschland e. V. (Chebu 2014: 13). Die Reaktionen gehen oft weit auseinander: Von erschrockenem Aufhorchen über eigene Betroffenheit bis hin zu Abwehr und Leugnung (vgl. auch Sow 2009: 17). Anetta Kahane, Vorsitzende der Amadeu Antonio Stiftung, unterstreicht den letztgenannten Zusammenhang: »Rassismus ist, fragt man die Leute auf der Straße, ausschließlich ein Problem in den USA. (...) Selbstverständlich gibt es Rassismus in Deutschland. Wie auch nicht nach Shoah und Kolonialgeschichte?

---

13   Vgl. http://www.amadeu-antonio-stiftung.de/die-stiftung-aktiv/themen/gegen-gmf/definitiongmf/

14   Vgl. https://www.proasyl.de/thema/rassismus/fakten-gegen-vorurteile/

15   Vgl. http://www.bpb.de/izpb/9677/vorurteile

16   Heinz Abels (2009): Wirklichkeit. Über Wissen und andere Definitionen der Wirklichkeit, über uns und Andere, Fremde und Vorurteile, Wiesbaden: Springer VS.

Wieso sollte er ausgerechnet in Deutschland verschwunden sein? Weil er immer geleugnet wurde? Genau wie der Antisemitismus? Beides, so unterschiedlich es in Erscheinung und Funktion auch sein mag, war in Deutschland nie überwunden. Dazu hätte es Gegenstand einer ernsthaften Debatte der politischen und gesellschaftlichen Eliten sein müssen; doch das geschah nur punktuell und nicht systematisch. Eine solche Debatte hätte die Frage danach aufgeworfen, was deutsche Identität bedeutet, ob sie sich an der Farbe von Haut und Haaren festmacht oder an der Treue zum Grundgesetz. Mit anderen Worten: keine Debatte, keine Folgen, so einfach ist das«.[17]

Die Allgegenwärtigkeit von Rassismus (vgl. Arndt 2012: 13) erfahren tagtäglich viele Menschen, in Deutschland und weltweit. Rassismus betrifft auch geflüchtete Menschen: Sie können Opfer rassistisch motivierter Diskriminierung und Gewalt werden, müssen mit (begründeten) Ängsten vor Übergriffen leben und sind in alltäglichen Situationen mit unterschiedlichen, oftmals auch unbewussten oder verdeckten Rassismen konfrontiert (vgl. Sow 2009; Chebu 2014).

Im Engagement für und mit geflüchtete(n) Menschen kann es hilfreich sein, sich mit diesem Phänomen und der eigenen Verwobenheit darin auseinanderzusetzen. Das mag zunächst unbequem erscheinen. Doch durch Ausblenden wird Rassismus nicht weniger wirkmächtig. Noah Sow zieht folgenden Vergleich: »Nein, es ist keine Lösung, darauf zu verweisen, dass anderswo angeblich alles viel schlimmer sei, und zu hoffen, dass damit das Thema für Deutschland vom Tisch ist. Wenn ich jemandem den Arm gebrochen habe, kann ich die Konsequenzen auch nicht durch die Tatsache abwenden, dass mein Cousin jemandem ein Bein gebrochen hat. Nein, wir müssen hinsehen« (Sow 2009: 17).

Menschen, die sich seit Jahren für eine rassismuskritische Wirklichkeit einsetzen, weisen mit Nachdruck darauf hin (vgl. etwa Goltz 2015: 53; Chebu 2014; Sow 2009), dass es nicht entscheidend sei, ob jemand »absichtlich« rassistisch bzw. diskriminierend handele; entscheidend sei vielmehr die Wirkung. Menschen erfühen Rassismus, auch wenn ihre Gegenüber keine »Rassist*innen« seien, und auch, wenn eine rassistische Äußerung oder eine Handlung »eigentlich« gar nicht so gemeint seien.[18]

---

17 Zit. nach http://www.mut-gegen-rechte-gewalt.de/debatte/kommentar/klar-schaffen-wir-das-wieso-auch-nicht-2016-09

18 Alle drei Autorinnen führen in den genannten Veröffentlichungen zahlreiche Beispiele an, die das Spannungsverhältnis von rassistischer Wirkung und »nicht so gemeinter« Handlung konkretisieren.

▶ Exkurs: Rassismus und was dagegen getan werden kann

Eine einheitliche Definition von Rassismus existiert nicht. Viele Deutungen stehen nebeneinander. Wird Rassismus ausschließlich auf Verhalten bezogen? Müssen auch Strukturen und historische Entwicklungen einbezogen werden? In der Migrationspädagogik ist eine Definition verbreitet, die verschiedene Dimensionen und Ebenen umfasst, die auch im Feld des Engagements für geflüchtete Menschen relevant werden (können). Diese Definition unterfüttern die folgenden Ausführungen.

Die Journalistin Anne Chebu beschreibt Rassismus mithilfe einer Netz-Metapher, was bereits darauf verweist, dass es um ein komplexes Phänomen geht: »Für mich ist Rassismus wie ein großes Netz, das aus vielen kleinen und größeren Knoten besteht. Diese sind miteinander verbunden. Dieses Netz ist größer, als man sich es vorstellt. Denn es beginnt mit komischen Fragen auf Partys, geht über sogenannte No-Go-Areas im Osten bis hin zu immer wieder produzierten Bildern in Medien, Schulbüchern und der Politik und schließt sogar Mord mit ein« (Chebu 2014: 14).

Der Migrationspädagoge Paul Mecheril regt an, die Idee des »Netzes« wie folgt zu füllen: Rassismus wirke und entfalte sich immer dann,

- wenn – erstens – Menschen aufgrund bestimmter *Merkmale* voneinander unterschieden und diese Merkmale einer bestimmten »natio-ethno-kulturellen« Herkunft zugeschrieben werden (»Du bist *anders* als xy und das liegt in deiner nationalen, ethnischen oder kulturellen *Herkunft* begründet«);

- wenn – zweitens – diese als »anders« definierten Merkmale mit einer unterstellten *kollektiven* »*Mentalität*« der als anders definierten Menschen verbunden werden (»*Alle* Menschen, die aus Afrika kommen, *sind so und so*«);

- wenn – drittens – die Menschen, die als »anders« definiert werden, *abgewertet* werden und im gleichen Zuge *das Eigene* (»Wir«) *als überlegene Norm* definiert wird (»Die Menschen aus xy [beliebige Herkunft einfügen] sind *weniger aufgeklärt*, gebildet, zivilisiert usw. *als* ›*Wir*‹, die wir aufgrund unserer Kultur *aufgeklärter*, gebildeter, zivilisierter usw. sind«);

- wenn – viertens – einige Menschen die *Macht* bzw. das Vorrecht haben, diese Ausgrenzungspraxen gesellschaftlich durchzusetzen und als *legitime* (und natürliche) Form der Differenzierung anzusehen (»*Weil wir wissen, was richtig ist*, weil wir schon länger hier leben (usw.) *ist es legitim*, den »Anderen« nicht die gleichen Rechte zuzusprechen, wie wir sie uns zusprechen« (vgl. Mecheril 2004: 193 f., Kursivierung i. Orig.).

Die Autorin Noah Sow hingegen argumentiert, dass Rassismus auch ohne die Behauptung von Höher- oder Minderwertigkeit funktioniere. Sie schlägt folgende Definition vor: »Rassismus ist (…) die Theorie, dass es verschiedene Menschen-›Rassen‹ gebe, die über bestimmte Veranlagungen verfügen, beispielsweise des Temperaments, des Charakters oder biologischer und intellektueller Fähigkeiten. Um es kurz zu sagen: Rassismus ist nicht erst die negative *Reaktion* auf einen angeblichen Unterschied, sondern bereits die *Behauptung* eines Unterschieds« (Sow 2009: 78, Kursivierung i. Orig.).

Die Sozialwissenschaftlerin Jutta Goltz wiederum arbeitet verschiedene Ebenen heraus, auf denen Rassismus wirken und erfahren werden kann: »Von Rassismuserfahrungen sprechen wir also, wenn Menschen, die von der gesellschaftlichen Mehrheit als Teil einer ›anderen‹ (ethnischen, kulturellen etc.) Gruppe gesehen werden,

- direkt angegriffen oder missachtend behandelt werden **(direkter Rassismus)**;

- erfahren, dass sie von den Institutionen ihrer Gesellschaft nicht ebenso behandelt, gefördert und geschützt werden und sie somit nicht die gleichen Chancen auf Teilhabe haben wie die Mehrheit **(institutioneller Rassismus)**;

- erleben, wie andere Menschen, die dieser Gruppe zugerechnet werden, diese Erfahrung machen **(kollektive Rassismuserfahrung)**;

- damit rechnen müssen, dass ihnen dies auch passieren kann **(antizipierter Rassismus)**;

- erleben, wie in der Öffentlichkeit rassistische Bilder transportiert werden **(medialer Rassismus)**;

- die Ignoranz und Gleichgültigkeit gegenüber ihren Erfahrungen von Nachbarn und Arbeitskollegen/-innen erfahren **(subtiler Rassismus)**« (vgl. Goltz 2015: 52f., Hervorhebung d. Verf.).

Rassismus ist zwar allgegenwärtig, aber dennoch keine – scheinbar unabänderliche, quasi natürliche – Zwangsläufigkeit. Rassismus ist »wie alles, was der Mensch erfunden hat, vergänglich. Er wird aber nicht von alleine verschwinden« (Arndt 2012: 155). Alles beginnt damit, Rassismus und rassistische Ausgrenzung zu thematisieren und nicht zu leugnen. Drei Schritte können hier hilfreich sein:[19]

---

19 Die Aufzählung im Folgenden orientiert sich an einem Flyer der Amadeu Antonio Stiftung: »Rassismus. Was ist das? Was geht mich das an? Was kann ich dagegen tun?«, online verfügbar unter: http://aas18.wegewerk.org/w/files/pdfs/rassismus.pdf

- **Rassismus erkennen:** Das bedeutet, sich kritisch mit sich selbst und dem eigenen Verhalten, den möglicherweise zur Routine gewordenen Selbstverständlichkeiten auseinanderzusetzen und sich mit Fragen zu beschäftigen wie beispielsweise: »Wie teile ich Menschen in Gruppen ein, und warum? Was bringt mir das? Wann verwende ich Worte, die andere – vielleicht, ohne, dass ich es will – verletzen und ausgrenzen?«[20] Mit Noah Sow gesprochen (die sich an Menschen wendet, die zur weißen Mehrheitsbevölkerung zählen): »Sie müssen begreifen, dass Sie den Schuh, den Sie sich nicht anziehen wollen, bereits tragen. Erst dann können Sie ihn wieder loswerden« (Sow 2009: 272).

- **Rassismus benennen:** Es ist wichtig, Rassismus da, wo er wirkt, beim Namen zu nennen, im privaten Alltag wie auf politischer Ebene. Rassismus zu benennen, kann andere Menschen dafür sensibilisieren, ebenfalls genauer hinzuschauen und ihr Verhalten zu ändern; es kann dazu führen, gemeinsam mit anderen Menschen rassistische Strukturen (wie etwa Gesetze oder institutionelle Praktiken z.B. in Schulen und Behörden) zu problematisieren und Veränderungen einzufordern. Noah Sow dazu: »Seien Sie politisch! (...) Schreiben Sie ruhig mal eine Mail an Ihre regionalen PolitikerInnen und auch an die auf Bundesebene, dass das für Sie ein wichtiges Thema ist und Sie von ihnen fordern, es engagiert anzupacken. (...) Fahren Sie zu Demos an Orten, wo Nazis marschieren (...). Fahren Sie an Orte, an denen rassistische Überfälle stattfanden, und *zeigen Sie Gesicht*. Rufen Sie: ›Ich will das nicht!‹ Überlegen Sie sich was. Denken Sie mit. (...) Schreiben Sie nach rassistischer Berichterstattung einen Leserbrief oder eine Mail an das betreffende Medium. (...) Üben Sie Druck aus auf eine Art, die Ihnen liegt« (ebd.: 276, Kursivierung i. Orig.).

- **Rassistische Verhältnisse bekämpfen und verändern:** Dies lässt sich überall und jederzeit tun. Auch hier gibt es bereits viele Menschen, die Worten Taten folgen lassen.[21] Seien Sie aufmerksam, schauen und hören Sie in Ihrem Umfeld, Ihrer Umgebung genau hin und schließen Sie sich Menschen an, die Rassismus entgegentreten. Noah Sow plädiert in diesem Kontext für mehr Intoleranz: »Ja, Sie lesen richtig. ›Toleranz‹ beschreibt nämlich die Fähigkeit, etwas zu ertragen. In der Tat: Ertragen muss man Beleidigungen,

---

20 Vgl. http://www.netz-gegen-nazis.de/lexikontext/was-ist-rassismus-0; vgl. auch den Exkurs »Reflexion« in Kapitel 2, S. 25 ff.

21 Viele Beispiele dafür finden sich in der weiter unten genannten Literatur bzw. den dort aufgeführten Webseiten.

Schläge, ein System, in dem man unterdrückt wird, lachende Gaffer bei einer öffentlichen Demütigung oder Gleichgültigkeit. (…) Zeigen Sie also Intoleranz gegen Rassismus, Intoleranz gegen Übergriffe und auch Intoleranz gegenüber dem Betragen von Leuten, die sich als naturgegebene Überlegene aufspielen, denn ihr persönliches Verhalten ist keine bloße Privatangelegenheit« (Sow 2009: 271).

→ Weiterlesen und Vertiefen

- In der Online-Mediathek der Bundeszentrale für politische Bildung findet sich ein knapp zweiminütiges, erklärendes **Video** mit dem Titel **»Rassismus, was ist das?«**.[22]

Verschiedene Webseiten bieten Informationen zu Definition und Erkennen von Rassismus sowie weiterführende Hinweise zum Umgang mit rassistischem Verhalten, beispielsweise:

- der **Beitrag »Was ist Rassismus?«** auf dem Online-Portal »Netz-gegen-Nazis.de«;[23]

- der **Flyer »Rassismus. Was ist das? Was geht mich das an? Was kann ich dagegen tun?«** der Amadeu Antonio Stiftung;[24]

- die **»Stellungnahme zur Rassenfrage«**, die von den Teilnehmer*innen einer wissenschaftlichen Arbeitsgruppe der internationalen UNESCO-Konferenz »Gegen Rassismus, Gewalt und Diskriminierung« 1995 erarbeitet wurde.[25]

---

22 Vgl. http://www.bpb.de/mediathek/182878/rassismus-was-ist-das-kurz-erklaert-auf-bpb-de

23 Vgl. http://www.netz-gegen-nazis.de/lexikontext/was-ist-rassismus-0

24 Vgl. http://aas18.wegewerk.org/w/files/pdfs/rassismus.pdf; auf der Webseite der Stiftung findet sich überdies eine Sammlung weiterer Online-Publikationen zum Thema Rassismus, vgl. https://www.amadeu-antonio-stiftung.de/publikationen/#Rassismus

25 Vgl. http://www.staff.uni-oldenburg.de/ulrich.kattmann/download/Res_deutsch.pdf

- Susan Arndts Buch **»Die 101 wichtigsten Fragen: Rassismus«**[26] ist ein umfangreiches Nachschlagewerk zum Themenfeld Rassismus; es gewährt geschichtliche Einblicke (etwa zum Zusammenhang von Aufklärung, Kolonialismus und gegenwärtigem Rassismus), diskutiert und hinterfragt Begriffe wie »Hautfarbe« oder »Fremdenfeindlichkeit« und thematisiert Auswirkungen, Widerstand und Aufarbeitung von Rassismus mit einem Fokus auf Deutschland.

- Die von Anne Chebu vorgelegte **»Anleitung zum Schwarz sein«**,[27] ist vor allem als Empowerment-Lektüre für (junge) Schwarze Deutsche gedacht. Die afrodeutsche Autorin und Journalistin wirft einen Blick auf die Geschichte Afrodeutscher, geht der Frage nach, was Schwarzsein in Deutschland bedeutet, zeigt Stereotype und Alltagsrassismus auf und formuliert Vorschläge, wie Schwarze Deutsche mit diesen Erfahrungen umgehen können.

- Noah Sow thematisiert in ihrem Buch **»Deutschland Schwarz Weiß. Der alltägliche Rassismus«**[28] die Selbstverständlichkeiten, Stolperfallen und Folgen des alltäglichen Rassismus, greift dafür auf eigene Erfahrungen in der Antirassismus-Arbeit zurück und appelliert an die Lesenden, sich mit der eigenen Verwobenheit in Rassismen auseinanderzusetzen, um so Veränderungen im Denken anzustoßen.

5.4 »Noch nie war so viel Hass im Netz unterwegs« Hate Speech – Hassrede und ihre Wirkungen

Das Internet birgt viele Möglichkeiten, die Unterstützung geflüchteter Menschen zu befördern und zu erleichtern. Informationen können bereitgestellt und weitergeleitet werden, Austausch miteinander gepflegt sowie Aufrufe, Termine und neueste Entwicklungen in kurzer Zeit geteilt werden. Das ist die eine Seite der Medaille. Zugleich – und dies ist die Kehrseite – dient das Web 2.0 auch als Plattform, über die abwertende und menschenfeindliche Meinungen verbreitet werden können. Anetta Kahane

---

26 Susan Arndt (2012): Die 101 wichtigsten Fragen: Rassismus, München: C.H.Beck.

27 Anne Chebu (2014): Anleitung zum Schwarz sein, Münster: Unrast.

28 Noah Sow (2009): Deutschland Schwarz Weiß. Der alltägliche Rassismus, München: Goldmann.

und Julia Schramm[29] von der Amadeu Antonio Stiftung weisen darauf hin, dass insbesondere rechtsradikale Organisationen davon gezielt Gebrauch machen: Bei »[a]ll den über Facebook organisierten ›Nein zum Heim‹-Gruppen[,] (…) Mahnwachen und Sitzblockaden ist ein Bezug zu den rechten Parteien NPD und AfD erkennbar. Kameradschaften mit klaren NS-Bezügen und rechtsextremer Ideologie nutzen die Sozialen Medien, um die bisher unbescholtenen Bürger und Bürgerinnen für ihre Zwecke zu gewinnen. (…) Und während in den Sozialen Medien getrommelt wird, steigen die Zahlen von Gewalt und Übergriffen täglich an« (Kahane/Schramm 2016: 103 f.).

Wenn Menschen abgewertet, beschimpft oder verunglimpft werden, dann spricht man von »Hate Speech« oder auch von »Hassrede«. Menschenfeindliche Meinungen und das dazu gehörende abwertende Sprechen verbreiten sich keinesfalls nur im Internet, etwa in den Kommentarseiten von Online-Medien, sondern gehen oftmals Hand in Hand mit Entwicklungen und Gewalttaten in der Realität. So wurden beispielsweise die fremdenfeindlichen Proteste und Übergriffe auf geflüchtete Menschen in den sächsischen Kleinstädten Freital (Frühjahr und Sommer 2015) und Heidenau (August/September 2015) über das Internet organisiert.[30]

Fragen danach, in welcher Gesellschaft wir leben, an welchen Werten wir uns orientieren und welche wir miteinander teilen wollen, stellen sich gleichermaßen online wie offline (vgl. Kahane/Schramm 2016: 102), im Kontext des Engagements für geflüchtete Menschen ebenso wie in allen anderen gesellschaftlichen und privaten Feldern.

▶ Exkurs: Hate Speech/Hassrede

Eindeutigkeit darüber, was mit den Begriffen »Hassrede« oder »Hate Speech« genau gemeint ist, gibt es nicht. Der Europarat hat bereits 1997 eine Definition vorgeschlagen, die mittlerweile weit verbreitet ist: Hassrede umfasst demnach »jegliche Ausdrucksformen, welche Rassenhass, Fremdenfeindlichkeit, Antisemitismus oder andere Formen von Hass, die auf Intoleranz gründen, propagieren, dazu anstiften, sie fördern oder rechtfertigen; einschließlich der Intoleranz, die sich in Form eines aggressiven Nationalismus und Ethnozentrismus, einer Diskriminierung

---

29   Von ihnen stammt auch das Zitat in der Überschrift, siehe Kahane/Schramm 2016: 99.

30   Dies geschah unter anderem über die von Menschen mit rechtsextremer Einstellung koordinierten Facebook-Gruppen »Nein zum Heim«, vgl. Amadeu Antonio Stiftung/Lola für Demokratie in Mecklenburg-Vorpommern e. V. 2016: 11.

und Feindseligkeit gegenüber Minderheiten, Einwandern und der Einwanderung entstammenden Personen ausdrückt« (Ministerkomitee des Europarats 1997: 2).

Der Sprachwissenschaftler Anatol Stefanowitsch differenziert folgendermaßen: Auch wenn sich Hate Speech auf unterschiedliche Weise zeige, so werde dabei immer auf eine bereits bestehende Diskriminierung von Gruppen zurückgegriffen, etwa aufgrund von Hautfarbe, Gender, Sexualität, ethnischem Hintergrund oder Religion. Er erläutert: »Hate Speech funktioniert nur, wenn sie eine kollektiv verankerte Abwertung anspricht und in Einklang mit gesellschaftlicher Diskriminierung steht. Rassismus gegen Weiße zum Beispiel kann situativ stattfinden, hat jedoch keine gesellschaftliche Dimension. Entsprechend fallen abwertende Aussagen über Weiße (z. B. ›Kartoffel‹) nicht unter Hate Speech, da ihnen schlicht die gesellschaftlichen Konsequenzen fehlen. Denn wem wird die Wohnung nicht gegeben, weil er oder sie weiß ist? (...) Grundsätzlich gilt zu fragen: Wie wird eine Bezeichnung benutzt? Wird das Wort ›schwarz‹ abwertend verwendet mit Bezug auf Schwarze Menschen? Wird ›Mädchen‹ als Beleidigung benutzt, weil ein Verständnis vorliegt, demzufolge ›Mädchen‹ minderwertig seien?«[31]

Deutlich wird: Es kommt auf den Kontext an, in dem eine geschriebene oder gesprochene Aussage zu Hate Speech wird. Außerdem kann sich Hassrede unterschiedlich äußern: mal hoch emotional mit einem hohen Grad an Erregung, mal vermeintlich scherzhaft und als »Witz« gedacht, mal kühl, nüchtern und scheinbar sachlich. Insbesondere die letztgenannte Form ist gefährlich, denn sie verbreitet sich nachhaltig: Indem menschenfeindliche Behauptungen und Forderungen in einen Mantel scheinbar logischer Argumentationen und rationaler Fakten gekleidet werden, legitimieren sie rassistische, sexistische oder antisemitische Gewalt auf eine besonders wirkmächtige Art.[32]

Aktuelle Entwicklungen mahnen jedoch verstärkte Wachsamkeit und konsequente(re)s Eintreten gegen Hate Speech an: Seit 2014 ist das Aufkommen von Hass im Netz sprunghaft angestiegen (vgl. ebd.: 99).[33] Angesichts zunehmender menschenfeindlicher Äußerungen hilft es nicht weiter, das

---

31 Zit. nach http://www.amadeu-antonio-stiftung.de/hatespeech/wie-erkenne-ich-hate-speech/
32 Vgl. ebd.
33 Vgl. auch http://www.zeit.de/politik/deutschland/2015-10/bka-fluechtlinge-rechte-gewalt-warnung

Internet – bzw. bestimmte soziale Netzwerke und Plattformen – zu verurteilen und Verbote zu fordern: »Nicht Google und Facebook sind schuld an der Entwicklung, sondern diejenigen, die den Hass im Netz verbreiten und diejenigen, die ihn dann auf die Straße tragen« (Kahane/Schramm 2016: 102).

Allen Menschen, die Hate Speech produzieren und verbreiten, gilt es, ein unmissverständliches »So nicht!« entgegenzustellen. Nicht im Stillen, sondern lautstark, öffentlich sichtbar und im allerbesten Falle zahlreich. Die Amadeu Antonio Stiftung ruft überdies zu einer Debattenkultur auf, in der auch bei kontroversen Themen ein respektvoller Umgang miteinander gesucht wird. Demokratische Gegenrede ist eine Möglichkeit zum Umgang mit Hate Speech, eine andere, den Opfern von Hassrede beizustehen.

→ Weiterlesen und Vertiefen

Die Amadeu Antonio Stiftung hat eine Reihe von Broschüren und Handreichungen zum Thema entwickelt, die auf ihrer Webseite – ebenso wie weiteres, laufend aktualisiertes Informationsmaterial – zum Download bereitstehen:

- Konkrete Handlungsempfehlungen für den Umgang mit Hate Speech im Netz enthält die **Broschüre »Hetze gegen Flüchtlinge in Sozialen Medien – Handlungsempfehlungen«.**[34] Erläutert wird etwa, wie und wo Hate Speech gemeldet und wie Strafanzeige gestellt werden kann oder wie Gegenrede möglich ist.

- Die **Broschüre »»Geh sterben!‹ Umgang mit Hate Speech und Kommentaren im Internet«**[35] gibt Tipps und Hinweise zu Fragen wie »Hate Speech – was ist das?«, »Wie erkenne ich Hate Speech?«, »Welche Gegenstrategien gibt es zum Umgang mit Hassrede im Internet?« oder »Wie lässt sich Hate Speech rechtlich einordnen?«. Überdies enthält die Publikation konkrete Beispiele und Erfahrungsberichte, unter anderem aus dem Redaktionsalltag von Online-Journalist*innen sowie einen Bericht von Betroffenen.

---

34 Vgl. http://www.amadeu-antonio-stiftung.de/onlinehetze/. Im Kapitel »Empowerment« führt die Broschüre Projekte und Strategien zur (Selbst-)Stärkung für von Hassrede Betroffenen auf; vgl. https://www.amadeu-antonio-stiftung.de/w/files/pdfs/hetze-internet-1.pdf

35 Vgl. https://www.amadeu-antonio-stiftung.de/w/files/pdfs/hatespeech.pdf

- Die **Broschüre »Viraler Hass. Rechtsextreme Kommunikations-
  strategien im Web 2.0«**[36] erläutert unter anderem Strategien von Neonazis und Rechtsextremen im Netz, wie sich rechtsextreme Themen ent-
  larven lassen oder was sich rechtsextremer Rhetorik entgegensetzen lässt.

- Das **Online-Portal »Netz-gegen-Nazis.de«**, ebenfalls ein Projekt
  der Amadeu Antonio Stiftung in Kooperation mit anderen Partnern
  wie z. B. der Wochenzeitung »Die Zeit«, hält laufend aktualisierte Entwicklungen im Bereich Hate Speech bereit. Unter anderem gibt es
  Monatsüberblicke, in denen etwa über aktuelle Gerichtsverfahren und
  Verurteilungen wegen Hate Speech berichtet wird, auf mediale Debatten zum Thema verlinkt wird sowie Linktipps für Gegenargumente zu
  flüchtlingsfeindlichen Diskursen gegeben werden.[37]

5.5 Vorurteilen, Hetze und Gewalt die Stirn bieten – aber wie?

Angesichts des Anstiegs menschenfeindlicher Gewalt liegt es auf der Hand:
Es ist nicht nur sinnvoll, sondern notwendig, entschieden gegen diese Entwicklungen einzutreten. Die Autor*innen der Handreichung »Was tun,
damit's nicht brennt?« (BAG Kirche & Rechtsextremismus u. a. 2014) stellen fest: »Überzeugte Rassist_innen lassen sich durch Argumente nicht
umstimmen. Dagegen lassen sich bei Personen, die nicht über ein geschlos-
senes Weltbild verfügen, mitunter Widersprüche aufzeigen, die zum Abbau
rassistischer Einstellungen führen können« (ebd.: 9 f.).

Es beginnt im eigenen Umfeld: Jedes Argument, jedes Beispiel, das menschenfeindliche Einstellungen und rechte Parolen widerlegt, kann andere
Menschen zum Nach- und Weiterdenken anregen. Der berühmte Tropfen
höhlt den Stein – es gilt, einfach anzufangen. Doch wie kann es gelingen,
Diskriminierungen wie z. B. Alltagsrassismen oder rechtspopulistischen
Äußerungen effektiv entgegenzutreten? Wo gibt es Tipps für das Argumen-
tieren in Diskussionen, die von Vorurteilen und menschenfeindlichen Einstellungen geprägt sind? Auf was kann bzw. sollte dabei geachtet werden?

Im Internet ist mittlerweile eine Vielzahl von Materialien verfügbar,
die sich mit Fragen dieser Art beschäftigen. Viele Initiativen, Bündnisse

36 Vgl. http://www.netz-gegen-nazis.de/files/Viraler-Hass-Final.pdf
37 Vgl. http://www.netz-gegen-nazis.de/category/lexikon/hate-speech

und Organisationen haben Beispiele gesammelt und stellen konkrete Praxistipps bereit. Die folgende Zusammenstellung stellt eine Auswahl dar, die aber dennoch eine möglichst große Bandbreite an Informationsquellen sichtbar machen soll.

Vorurteilen mit Fakten begegnen

- Konkrete Argumente und Informationen, die dabei helfen können, das eigene Wissen zu unterfüttern und Vorurteilen, Gerüchten und Falschmeldungen selbstsicher entgegenzutreten, bietet (neben dem oben genannten Online-Portal »Netz-gegen-Nazis.de«) die **Webseite des Projektes »ON | OFF gegen Rassismus«** des DGB-Bildungswerks Thüringen e. V.[38]

- Die Initiative HOAXmap. Neues aus der Gerüchteküche[39] sammelt Gerüchte über Asylsuchende und Geflüchtete (so etwa über angeblich begangene Straftaten), die in Medien verbreitet werden, und widerlegt diese mittels intensiver eigener Medienrecherchen; die **Webseite hoaxmap.org** wird laufend aktualisiert.[40]

- Einen kritischen Blick auf verbreitete Vorurteile in der aktuellen Flüchtlings- und Migrationspolitik wirft die von der Rosa-Luxemburg-Stiftung herausgegebene **Broschüre »Gegenhalten. Flüchtlinge willkommen – immer noch! Mythen und Fakten zur Migrations- und Flüchtlingspolitik«.**[41]

- Die Bundeszentrale für politische Bildung bietet in ihrem **Dossier »Antisemitismus«** unter der Überschrift **»Argumente gegen rechte Vorurteile«**[42] Argumentationshilfen in der Auseinandersetzung mit rechtsextremistischem Gedankengut und historisch tradierten Vorurteilen.

---

38 Vgl. https://www.fakten-gegen-vorurteile.de/

39 Vgl. http://www.hoaxmap.org/

40 Aktuelle Zahlen und Statistiken zum Themenfeld Flucht und Migration, Informationen zu rechtlichen Grundlagen, weiterführende Links zu Analysen, Studien, Berichten und Reportagen finden sich auch auf der Webseite des Bundesamts für Migration und Flüchtlinge (BAMF), vgl. http://www.bamf.de/DE/Infothek/infothek-node.html

41 Vgl. https://www.rosalux.de/publication/40329/gegenhalten-fluechtlinge-willkommen-immer-noch.html

42 Vgl. http://www.bpb.de/politik/extremismus/antisemitismus/37986/argumente-gegen-rechte-vorurteile

Gegen rechte Parolen und rechte Gewalt eintreten

- Das **Online-Portal »Mut gegen rechte Gewalt«** des Magazins »stern« in Kooperation mit der Amadeu Antonio Stiftung bietet eine Fülle an Informationen, Argumenten und Strategien zum Umgang mit rechten Parolen und rechter Gewalt, so z B. fünf konkrete Praxistipps, wie etwa »Parolen parieren – mit guten Argumenten« oder auch »Neonazis? Nicht in meiner Gaststätte!« und »Was tun wenn Rechtsextreme im Landtag sitzen?«.[43]

- Das Projekt »Perspektivwechsel Plus« der Zentralwohlfahrtsstelle für Juden in Deutschland leistet präventive Bildungsarbeit gegen Antisemitismus und Rassismus. Auf der **Webseite zwst-perspektivwechsel.de** stehen zahlreiche Informationen und Broschüren mit Tipps für die Praxis zum Download bereit.[44]

- Tipps und Praxisbeispiele zur Frage, wie rassistischer Mobilisierung effektiv entgegengetreten werden kann, enthält auch die **Broschüre »Was tun, damit's nicht brennt? Leitfaden zur Vermeidung von rassistisch aufgeladenen Konflikten im Umfeld von Sammelunterkünften für Flüchtlinge«,**[45] herausgegeben von der Bundesarbeitsgemeinschaft Kirche & Rechtsextremismus, der Evangelischen Akademie zu Berlin und der Mobilen Beratung gegen Rechtsextremismus Berlin.

- Eine **Übersicht über aktuelle Kampagnen gegen rechte Gewalt** (Rechtsextremismus, Antisemitismus, Rassismus) bietet die **Webseite der Amadeu Antonio Stiftung**. Sie stellt überdies Informationen bereit zur Initiierung eigener Kampagnen, über Finanzierungs- und andere Fördermöglichkeiten.[46]

- Auch das Online-Portal der Bundeszentrale für politische Bildung hält hilfreiche Informationen bereit: Im **»Dossier Rechtsextremismus«**[47]

---

43 Vgl. http://www.mut-gegen-rechte-gewalt.de/projekte/praxistipps

44 Vgl. http://www.zwst-perspektivwechsel.de/

45 Vgl. http://www.mbr-berlin.de/wp-content/uploads/2014/03/wastun_online.pdf

46 Vgl. https://www.amadeu-antonio-stiftung.de/die-stiftung-aktiv/kampagnen/

47 Vgl. http://www.bpb.de/politik/extremismus/rechtsextremismus/41934/initiativen-gegen-rechtsextremismus

findet sich unter anderem eine Datenbank, in der nach Initiativen gegen Rechtsextremismus recherchiert werden kann, sowie der »**Initiativen-blog Erinnern – Helfen – Aktiv sein. Mitmachen gegen die extreme Rechte**«,[48] der konkrete Praxisprojekte und Strategien einzelner Initiativen gegen Rechts vorstellt.

Zivilcourage zeigen – rassistische und menschenfeindliche Vorfälle öffentlich machen

Als erste Anlaufstellen bei Fragen zu und Erfahrungen mit Diskriminierung, Rassismus und menschenfeindlich motivierter Gewalt eignen sich Antidiskriminierungsstellen.

- Die **Webseite der Antidiskriminierungsstelle des Bundes**[49] stellt beispielsweise Informationsmaterialien, weiterführende Links, Adressen und Kontaktdaten von Beratungsstellen in Ländern und Kommunen zur Verfügung.

- Über die **Webseite internet-beschwerdestelle.de**,[50] ein gemeinsames Projekt der Freiwilligen Selbstkontrolle Multimedia-Diensteanbieter e. V. (FSM) und des Verbandes der deutschen Internetwirtschaft – eco, können im Internet zu findende rassistische, menschenfeindliche oder diskriminierende Inhalte (wie etwa Webseiten, Diskussionsforen, E-Mails, Facebook-Einträge) gemeldet werden. Mitarbeiter*innen der Beschwerdestelle prüfen daraufhin, ob diese Inhalte strafrechtlich verfolgt werden können.

Erfahrungen, Handlungsansätze und Projektbeispiele aus der Praxis:
- Praxisprojekte aus dem gesamten Bundesgebiet, die sich für ein solidarisches Miteinander engagieren, präsentiert die im Rahmen des Bundesprogramms »Demokratie leben!« entwickelte **Broschüre »Willkommenskultur vs. Rechtsextremismus. Handlungsansätze aus der Arbeit vor Ort«**.[51]

---

48 Vgl. http://www.bpb.de/politik/extremismus/rechtsextremismus/165168/initiativenblog

49 Vgl. http://www.antidiskriminierungsstelle.de/DE/Home/home_node.html

50 Vgl. https://internet-beschwerdestelle.de/de/index.html

51 Als PDF verfügbar unter: https://www.demokratie-leben.de/fileadmin/content/ PDF-DOC-XLS/Sonstiges/ba_Handreichung_Willkommenskultur_vs._Rechts extremismus.pdf

- Mehrere Informationsbroschüren zu konkreten Handlungsmöglichkeiten gegen rechtsextreme Übergriffe und Hilfestellung für Flüchtlinge stehen unter der Überschrift **»Was tun und wie? Wir geben Antworten«** zum Download auf der **Webseite der Mobilen Beratung gegen Rechtsextremismus Berlin** bereit.[52]

- Die **Broschüre »Refugees Welcome. Gemeinsam Willkommenskultur gestalten«**,[53] herausgegeben von der Amadeu Antonio Stiftung und Pro Asyl e. V., enthält ebenfalls Einschätzungen, Tipps und konkrete Beispiele für solidarisches Handeln.

- Die **»Vielfalt-Mediathek«**[54] bietet eine Fülle an Bildungsmaterialien gegen Rechtsextremismus, Menschenfeindlichkeit und Gewalt. Sie ist ein Gemeinschaftsprojekt des Informations- und Dokumentationszentrums für Antirassismusarbeit e. V. (IDA) und des Bildungswerks des Deutschen Gewerkschaftsbunds (DGB). Zielgruppe dieses Projekts sind Multiplikator*innen der schulischen und außerschulischen Bildungsarbeit wie auch engagierte Menschen, die Informationen suchen zu den Themenfeldern Migration, Flucht und Asyl, religiöser Fundamentalismus, Rechtsextremismus, Rassismus, Antisemitismus und weiterer Diskriminierungsformen.

- Die vom Institut für Sozialarbeit und Sozialpädagogik e. V. (ISS), Frankfurt a. M., herausgegebene **Expertise »Wie kann Integration von Flüchtlingen gelingen, damit die Stimmung nicht kippt?«** zeigt unter anderem Handlungsaspekte auf kommunaler Ebene auf, um einer flüchtlingsfeindlichen Stimmung bei den Bürger*innen vorzubeugen.[55]

---

52 Vgl. http://www.mbr-berlin.de/aktuelles/was-tun-und-wie-wir-geben-antworten/

53 Als PDF verfügbar unter: https://www.amadeu-antonio-stiftung.de/w/files/pdfs/broschuere_willkommen.pdf

54 Vgl. https://www.vielfalt-mediathek.de/

55 Vgl. http://fluechtlingsrat-hessen.de/files/Dokumente%20hfr/Informationsmaterialien/Studien%20und%20aehnliches/2015_Expertise%20Wie%20kann%20Integration%20von%20Fluechtlingen%20gelingen%20damit%20die%20Stimmung%20nicht%20kippt_Beratungsnetzwerk%20Hessen.pdf

5.6 Hilfe, Engagement und Unterstützung – grenzenlos? Herausforderungen im Feld des Engagements für und mit geflüchtete(n) Menschen

Neben bereichernden Erfahrungen kann die Arbeit mit geflüchteten Menschen auch unerwartete Herausforderungen und Belastungen mit sich bringen. Sie kann für die Beteiligten zu einem Balanceakt zwischen Erwartungen, Möglichkeiten und Grenzen des eigenen Engagements werden.

Wir, die Verfasserinnen, sind überzeugt, dass diejenigen, die sich im Feld der Unterstützung geflüchteter Menschen bewegen, dies umso sicherer und routinierter tun können, je mehr sie sich über ihre eigenen Grenzen sowie über gesellschaftlich vermittelte bzw. bedingte Hürden und Begrenzungen im Klaren sind.

Was genau ist nun auszubalancieren, welche Herausforderungen stellen sich im Feld der Unterstützung geflüchteter Menschen, und wie lässt sich diesen begegnen? Eva Hollmach, die sich in einem Willkommensbündnis in Berlin engagiert und ihre Erfahrungen in einem größeren Kontext zu verorten versucht, schreibt dazu: »Ehrenamtliche in der Flüchtlingsarbeit sehen sich konfrontiert mit Menschen jeden Alters aus vielen verschiedenen Ländern und Erdteilen und unterschiedlichster sozialer Herkunft. Mangelnde Sprachkenntnisse schränken die Kommunikation ein. (…) Viele Freiwillige (…) bringen (…) oft auch eine hohe berufliche Qualifikation mit, aber nicht immer haben sie Erfahrung im Umgang mit Menschen anderer Kulturen, Religionen und anderer sozialer Herkunft. (…) Im Kontakt mit den Asylsuchenden gilt als oberstes Gebot: Mein Gegenüber sagt mir, welche Hilfe er oder sie benötigt. Entscheidend ist nicht, was man selbst als Hilfe für angebracht hält. Das kann manchmal auseinandergehen und führt zu Missverständnissen, Abbrüchen und Enttäuschungen« (Hollmach 2016: 115 f.).

Neben den Belastungen, die durch Unmittelbarkeit, Nähe, Empathie und möglicherweise auch Überidentifikation mit den Erlebnissen und Erfahrungen Geflüchteter entstehen können, bringt auch die Erfahrung, dass das eigene Engagement (noch immer) alternativlos zu sein scheint, Herausforderungen mit sich: Freiwillig Unterstützende übernehmen oftmals (notgedrungen) existenzsichernde Aufgaben. Sie wenden viel Zeit dafür auf, originär (sozial)staatliche Aufgaben dort zu kompensieren, wo Behörden oder in deren Auftrag tätige Institutionen und Akteur*innen mit aktuellen Entwicklungen nicht Schritt halten können oder wollen:

»Der größte Anteil ehrenamtlicher Arbeit wird investiert, wo Behörden versagen, angemessene Kommunikation und Umgang mit Asylbewerbern und Flüchtlingen zu ermöglichen. Dass in vielen Fällen Bürger zwischen Flüchtlingen und Behörden vermitteln müssen, weist darauf hin, dass es Behörden nicht gelungen ist, ihre Dienstleistungen für die Betroffenen angemessen bereit zu stellen« (Karakayalı/Kleist 2015: 4 f.).

Freiwilliges Engagement fungiert in solchen Fällen als Lückenbüßer, weil staatliche Unterstützung für geflüchtete Menschen unzureichend ist, ausbleibt oder versagt wird.[56] Der Migrationssoziologe Serhat Karakayalı problematisiert diese Situation, die viele Engagierte an ihre Grenzen bringen kann. Er sieht Ämter und Behörden in der Pflicht, daran etwas zu ändern: »Ein Großteil der wöchentlichen Stundenzahl wird für Aktivitäten aufgewandt, die eigentlich nicht in den typischen Bereich ehrenamtlichen Engagements gehören – etwa für Behördengänge und für die Unterstützung der Kontakte zwischen Behörden und Flüchtlingen (...). Dass Ehrenamtliche eine solch zentrale Rolle in der Beziehung zwischen Behörden und Flüchtlingen spielen, verweist auf strukturelle Defizite. Behörden sind nicht ausreichend auf den Umgang mit Flüchtlingen eingestellt. (...) Oftmals agieren die Ehrenamtlichen auch als ›Anwält/innen‹ der Geflüchteten und erkämpfen Leistungen, die Behördenmitarbeiter/innen verweigern oder die Geflüchteten gar nicht erst angeboten werden« (Karakayalı 2016: 5).

Weitere Herausforderungen können aus dem Spannungsfeld zwischen solidarischer Unterstützung und staatlich-bürokratischen Eigenlogiken entstehen. Rechtliche und politische Regelungen können im Widerspruch stehen zu den von Unterstützer*innen geteilten oder anvisierten Werten und Normen. Manche Aktive, so Karakayalı in seinen »Handlungsempfehlungen zur Unterstützung ehrenamtlicher Flüchtlingsarbeit«, bringe »die Parteinahme für die Sache der Flüchtlinge in eine kritische Haltung gegenüber der geltenden Rechtslage und der damit verbundenen Flüchtlingspolitik der verschiedenen Landesregierungen« (ebd.: 4).

Die Sozialforscherin Jutta Aumüller und ihre Kolleginnen betonen in ihrer Studie zur »Aufnahme von Flüchtlingen in den Bundesländern und

---

56 Nachzulesen beispielsweise im Protokoll des Fachgesprächs »Aktuelle Herausforderungen und Probleme von zivilgesellschaftlichen Organisationen und Initiativen bei der ehrenamtlichen Flüchtlingsbetreuung in den Kommunen«, das im November 2015 vom Ausschuss für Familie, Senioren, Frauen und Jugend (Unterausschuss »Bürgerschaftliches Engagement«) des Deutschen Bundestags geführt wurde (vgl. Deutscher Bundestag 2015e).

Kommunen« (Aumüller/Daphi/Biesenkamp 2015): »Das zivilgesellschaftliche Engagement für Flüchtlinge bewegt sich in einem besonderen Spannungsfeld: Es gründet auf dem persönlichen Kontakt und der Empathie zwischen Asylsuchenden und einheimischer Bevölkerung, doch müssen Unterstützer häufig die Erfahrung machen, wie asylsuchende Menschen in der Verfügungsgewalt von Verwaltung stehen. Wehren sich Bürger beispielsweise gegen die Abschiebung von Asylbewerbern oder Geduldeten, dann erscheint Bürgerbeteiligung in der Verwaltungslogik als lästig« (ebd.: 99).

Neben den Erfahrungen, dass seitens der zuständigen Behörden nicht jedes Engagement erwünscht zu sein scheint, sind viele Engagierte mit, unklaren Zuständigkeiten und extrem ausgelasteten, manchmal überlasteten Fachkräften in Ämtern und Behörden konfrontiert (vgl. Deutscher Bundestag 2015e: 10). Lange Wartezeiten auf existenzsichernde Bescheide oder Bewilligungen können ebenso zu Frustration und Enttäuschungen führen wie die Erfahrung, dass manche Unterstützungsleistung privat finanziert werden muss (z. B. Fahrt- oder Portokosten; vgl. ebd.).

Thomas Gebauer, Geschäftsführer von medico international, hat in einem Vortrag 2016 an der Universität Tübingen ausgeführt, dass Hilfe und Unterstützung – so einfach und selbstverständlich sie auch scheinen mögen – von vielen Umständen beeinflusst sind: »Es sind viele, mitunter unbewusste Umstände, die in die Beziehung zwischen Helfenden und Hilfeempfangenden einfließen und diese belasten können: so z. B. zu hoch gesteckte Ziele, sich widersprechende Erwartungen, Rettungsphantasien, Selbstüberschätzungen, unbewusste Projektionen, ambivalente Haltungen und nicht zuletzt jene Komplikationen, die aus der Abhängigkeit, die zwischen den Helfenden und den Hilfeempfangenden bestehen können, resultieren. Gelingt es nicht, solche Umstände zu reflektieren, sind Enttäuschungen kaum zu vermeiden, und viel zu oft geht dann die Grundlage für eine vertrauensvolle Beziehung verloren. Helferinnen und Helfer, die sich gerade noch engagiert für Flüchtlinge eingesetzt haben, fangen an zu zweifeln, ziehen sich zurück; andere reagieren mit Zynismus«.[57]

Engagement für geflüchtete Menschen spielt sich in komplexen Kontexten ab. Eva Hollmach, die sich, wie bereits erwähnt, in einem Berliner Willkommensbündnis für Flüchtlinge engagiert, empfiehlt deshalb ein systematisches Nachdenken und Reflektieren. Sie listet hierzu

---

[57] Der Vortrag von Thomas Gebauer ist nachzuhören und nachzulesen unter: http://www.rassismuskritik-bw.de/was-heisst-denn-hier-hilfe-vortragstext-und-podcast/

eine Reihe von Fragen auf, mit denen sich jede*r vor Beginn, aber auch während einer freiwilligen Unterstützungsarbeit beschäftigen sollte (vgl. Hollmach 2016: 116f.):

▶ **Engagiert für geflüchtete Menschen – Fragen zur Selbstreflexion**

• Was ist meine persönliche Motivation?

• Sind meine Erwartungen zu den Erfolgsaussichten meiner Unterstützungsarbeit realistisch?

• Kann ich mit den Erfahrungen von Not und belastenden persönlichen Schicksalen, die mir in der Arbeit mit Asylsuchenden möglicherweise begegnen werden, so umgehen, dass mein privates Leben davon nicht negativ beeinflusst wird? Welche Möglichkeiten habe ich, das Erlebte zu reflektieren?

• Kann ich Menschen mit ausreichend Sensibilität und Respekt begegnen?

• Für Menschen ist es wichtig, so angenommen zu werden, wie sie sind. Kann ich die eigene Lebensart aufzeigen, ohne die andere zu bewerten?

• Wie gut kenne ich meine Vorurteile? Bin ich zum Beispiel bereit, mich mit den Irritationen auseinanderzusetzen, die eine verschleierte Frau oder Erziehungsmethoden, die von meinen Überzeugungen abweichen, bei mir auslösen?

• Kann ich mich auf die oft angespannte Situation in den Unterkünften einlassen, die durch das Zusammenleben vieler verschiedener Menschen auf engem Raum entstehen kann?

• Kenne ich meine Grenzen? Bin ich mir darüber im Klaren, dass eine Weiterleitung an professionelle Hilfen ein Zeichen von Kompetenz sein kann?

Angesichts dieser Dimensionen von Engagement und Unterstützung ist es erwartbar, dass sich Unsicherheiten, Irritationen, Frustrationserlebnisse oder Ratlosigkeit einstellen. Deshalb gilt: **Auch Helfer*innen und Unterstützer*innen brauchen Hilfe und Unterstützung!** Wann immer also Fragen bei Ihnen auftauchen: Treten Sie in Kontakt mit Menschen, die sich ebenfalls engagieren. Suchen Sie nach Gleichgesinnten und vernetzen Sie sich. Tauschen Sie sich über Ihre Erfahrungen und Strategien aus. Mittlerweile werden an vielen Orten Veranstaltungen, Qualifizierungen und Beratungen für ehrenamtlich Engagierte angeboten. Halten Sie aktiv Ausschau nach solchen

Angeboten. »Nobody's perfect« – dies trifft auch auf das Feld der Unterstützung geflüchteter Menschen zu. Und: Gemeinsam lässt sich Vieles, das sich vielleicht zunächst schwer und unlösbar anfühlt, angehen und wenden.

5.7 »… und es kommen Menschen!« – Ausblicke

Flucht und Migration betreffen uns alle: Weiterhin fliehen Millionen Menschen vor Krieg und Gewalt, vor Ausbeutung, Verfolgung und wirtschaftlicher Not. Sie begeben sich auf meist lebensgefährliche Fluchtwege in der Hoffnung und Erwartung, andernorts Sicherheit und neue Lebensperspektiven zu finden. Damit verantwortungsbewusst und menschenfreundlich umzugehen, ist die derzeit vielleicht drängendste gesellschaftliche Aufgabe, unabhängig davon, ob das Leid flüchtender Menschen vor der eigenen Haustür sichtbar wird oder Tausende Kilometer entfernt.

Die Entstehung dieser Publikation hat ein Leitmotiv geprägt und begleitet: »… und es kommen Menschen!«[58] Diese Feststellung ist gleichermaßen schlicht und radikal, und es gilt, sie als Tatsache anzuerkennen; ebenso wie die Tatsache, dass Flucht und Migration eine Normalität gegenwärtiger Gesellschaften darstellen (vgl. Castro Varela/Mecheril 2010: 23). Sich dies zu vergegenwärtigen, auch und gerade in historischer und globaler(er) Perspektive (vgl. Kapitel 3.1), kann helfen, den aktuellen Entwicklungen mit größerer Gelassenheit und Weitsicht zu begegnen.

Einander als Gleichwertige anerkennen und sich zugleich als einzigartige Individuen respektieren – dies wäre Herausforderung und konkrete Handlungsaufforderung zugleich, nicht nur im Feld der Unterstützung geflüchteter Menschen, sondern auch darüber hinaus. Vor diesem Hintergrund sollen – ausblickend, nicht abschließend – am Ende dieser Handreichung zwei Fluchtpunkte markiert werden, an denen sich Engagement für und mit geflüchtete(n) Menschen ausrichten kann:
- Gleichwertigkeit anerkennen und zugleich einander als einzigartige, voneinander verschiedene Menschen erkennen und bestätigen.

---

58 Dieses Zitat geht zurück auf Max Frisch. Der Schweizer Schriftsteller hielt angesichts der Ängste vor »den Fremden«, die sich aus seiner Sicht an der Anwesenheit von italienischen Arbeitsmigrant*innen in der Schweiz konkretisierten, im Vorwort eines 1965 erschienenen Buches (Alexander J. Seiler, »Siamo italiani – Die Italiener: Gespräche mit italienischen Arbeitern in der Schweiz«) fest: »Ein kleines Herrenvolk sieht sich in Gefahr: man hat Arbeitskräfte gerufen, und es kommen Menschen«; vgl. http://www.zeit.de/2014/07/schweiz-volksabstimmung-masseneinwanderung-max-frisch

- Einander auf Augenhöhe begegnen – wissend, dass Ungleichheitsverhältnisse wirken und sehr machtvoll sein können.

Wie dies gelingen kann? Die Handreichung hat versucht, Wege aufzuzeigen. Doch gibt es in diesem Feld keine einfachen und eindeutigen Antworten, keine Patentrezepte und keine allgemeingültigen Wahrheiten. Das ist vermutlich gut so, denn Eindeutigkeiten können Vieles verschließen, was lebendig, wandelbar und vielfältig ist.

Auf jeden Fall lassen sich jedoch im Nachdenken, im Austausch und in der Diskussion mit Anderen neue, alternative Wege erkennen und begreifen. Nicht zu unterschätzen ist zudem die öffnende Wirkung von Fragen: Sie können immer und jederzeit gestellt werden – oftmals ist bereits mit der Formulierung einer Frage der Weg geebnet für eine alternative Sichtweise, eine Handlungsoption oder eine neue Idee. So, wie es beispielsweise die Migrationspädagog*innen Astrid Messerschmidt und Paul Mecheril empfehlen: »Wie kann ermöglicht werden, dass (…) eine Solidarität unter einander Unvertrauten (…) für Menschen sinnvoller wird und möglich ist? Solidarität heißt: Den und die Andere als Subjekt anerkennen und ermöglichen. Und diese Anerkennung ist wohl eine der größten Schwierigkeiten, die weltgesellschaftlich gegeben ist, weil sie damit einhergeht, von sich selbst Abstand zu nehmen und nehmen zu können in einem sehr grundlegenden Sinne. Wer die Andere hört, muss zunächst einmal still sein, um zuhören zu können, und zwar jenen, deren Stimmen bisher für die Öffentlichkeit irrelevant erschienen« (Mecheril/Messerschmidt 2016: 156).

Auf Fragen können Antworten folgen, so wie hier der Appell, (geflüchteten) Menschen zuzuhören. Hier gilt ganz besonders: Achtsam und hartnäckig zugleich daran mitzuwirken, die Stimmen, Sichtweisen und Standpunkte geflüchteter Menschen in Erfahrung zu bringen und sichtbar zu machen. Allzu häufig wird *über*, statt *mit* Menschen gesprochen. Allzu häufig wird *für Menschen* geredet und gehandelt, anstatt anzuerkennen, dass sie *für sich selbst* sprechen, entscheiden und handeln können.

Wir, die Verfasserinnen, wollen deshalb zwei Fragen an den Schluss stellen, die sich im Zuge der Auseinandersetzung mit dem Feld der Unterstützung geflüchteter Menschen in unseren Köpfen festgesetzt haben; nun wollen wir sie in dieses Feld zurückspielen: Wie kann es gelingen, nicht *über* und nicht *für*, sondern *mit* geflüchteten Menschen für verbesserte und gerechte(re), weniger diskriminierende Lebensbedingungen einzutreten? Wie kann dies auf eine Weise geschehen, die die Bedürfnisse, Interessen, Forderungen und Lebensziele geflüchteter Menschen als gleich*berechtigt* anerkennt, respektiert und achtet?

→ Weiterlesen und Vertiefen

- Die Aktivist*innen von The Voice Refugee Forum Germany, ein selbst-organisierter Zusammenschluss geflüchteter Menschen, veröffentlichen auf ihrer **Webseite thevoiceforum.org** aktuelle Kommentare und Forderungen zum Thema Flüchtlinge und Asyl in Deutschland.[59] Dies ermöglicht Einblicke in die Lebenswirklichkeiten Geflüchteter, ihre Anliegen und Interessen.

- Das Netzwerk Karawane für die Rechte der Flüchtlinge und Mi-grantInnen ist ein bundesweiter Zusammenschluss von Einzelpersonen, Bündnissen und Gruppen, bestehend aus Geflüchteten, Migrant*innen und Deutschen. Auf der **Webseite thecaravan.org** finden sich State-ments zu gesellschaftlichen, politischen und rechtlichen Entwicklungen sowie Links zu weiteren selbstorganisierten Bündnissen und Aktionen geflüchteter Menschen.[60]

- Die Amadeu Antonio Stiftung und der Verein Lola für Demokratie in Mecklenburg-Vorpommern e. V. haben die (online verfügbare) **Bro-schüre »Hier zu leben, hat mich sehr wachsen lassen«** herausge-geben, in der einheimische und geflüchtete Muslim*innen aus Meck-lenburg-Vorpommern ihre Lebenssituationen beschreiben.[61]

- Der Bornaer Verein Bon Courage e. V. hat die **Infobroschüre »Von Außen sieht es nicht so schlimm aus – aber das ist nur ein Trick«** zur Lebenssituation von Asylsuchenden im Leipziger Umland erarbei-tet, in der geflüchtete Menschen selbst zu Wort kommen. Die Publi-kation zielt darauf, Vorurteile anzugehen und zu widerlegen. Sie kann über die Webseite des Vereins kostenfrei bestellt werden.[62]

- Geflüchtete Menschen, die im thüringischen Eisenberg leben, haben gemeinsam mit Bürger*innen der Stadt das Projekt **»Yalla Connect«** ins Leben gerufen. Im Rahmen des Projektes haben sie Gedanken,

---

59   Vgl. http://www.thevoiceforum.org/

60   Vgl. http://thecaravan.org/

61   Vgl. http://www.amadeu-antonio-stiftung.de/w/files/pdfs/lebenssituationen-von-muslim_innen-in-mv.pdf

62   Vgl. https://boncourage.de/angebote

Erfahrungen und Forderungen von Geflüchteten in Wort, Ton und Bild dokumentiert und durch Medien aufgezeichnet, um so einen Beitrag zu leisten, die Lebensrealitäten geflüchteter Menschen in den öffentlichen Fokus zu rücken.[63]

- Die Regisseurin Mehrandokht Feizi, selbst Geflüchtete, hat 2012 einen Dokumentarfilm über ein Flüchtlingsheim im nordrhein-westfälischen Velbert gedreht und damit eine Möglichkeit der Veröffentlichung oftmals tabuisierter Lebensrealitäten geschaffen. Der **Film »H‹ wie ›Heimat«‹** kann über das Wuppertaler Büro des Netzwerks Karawane für die Rechte der Flüchtlinge und MigrantInnen bezogen werden.[64]

- Der Filmemacher Christian Suhr lässt in seinem Projekt **»Just People«** Menschen mit und ohne Fluchterfahrungen zu Wort kommen, um so Vorurteile und Ängste abzubauen.[65]

- Der **Dokumentarfilm »Can't be silent«** thematisiert die Wohn- und Lebensbedingungen junger, nach Deutschland geflüchteter Musiker*innen. Auf der Webseite gleichen Namens finden sich Hintergrundinformationen sowie ein Link zur (kostenpflichtigen) Bestellung des Films.[66]

---

63   Vgl. https://heimatkunde.boell.de/2016/03/03/geht-doch-ehrenamtliche-initiativen-der-fluechtlingsarbeit

64   Vgl. http://thecaravan.org/node/3165

65   Vgl. https://www.facebook.com/justpeople2016 und https://twitter.com/JustPeople 2016

66   Vgl. http://www.cant-be-silent.de/home

Quellenverzeichnis

In dieses Verzeichnis aufgenommen sind alle im Fließtext und/oder in den Fußnoten in Belegklammern angegebenen Quellen. Bei in Fußnoten bereits aufgelösten Internetquellen wurde von einer zusätzlichen Aufnahme abgesehen.
Alle genannten Internetquellen wurden zuletzt im April 2017 aufgerufen.

Abels, Heinz (2009): Wirklichkeit. Über Wissen und andere Definitionen der Wirklichkeit, über uns und Andere, Fremde und Vorurteile. Wiesbaden: Springer VS

Amadeu Antonio Stiftung/Lola für Demokratie in Mecklenburg-Vorpommern e. V. (Hrsg.) (2016): Hier zu leben, hat mich sehr wachsen lassen. Lebenssituation von einheimischen und geflüchteten Muslim_innen aus Mecklenburg-Vorpommern. Unter: https://www.amadeu-antonio-stiftung.de/w/files/pdfs/lebenssituationen-von-muslim_innen-in-mv.pdf

Amnesty International (2016): Leben in Unsicherheit. Wie Deutschland die Opfer rassistischer Gewalt im Stich lässt. Unter: https://www.amnesty.de/files/Amnesty-Bericht-Rassistische-Gewalt-in-Deutschland-Juni2016.pdf

Arendt, Hannah (1964): Was bleibt? Es bleibt die Muttersprache. Günter Gaus im Gespräch mit Hannah Arendt. Sendung vom 28.10.1964. Transkript. Unter: http://www.rbb-online.de/zurperson/interview_archiv/arendt_hannah.html

Arndt, Susan (2012): Die 101 wichtigsten Fragen: Rassismus. München: C.H.Beck

Aumüller, Jutta / Daphi, Priska / Biesenkamp, Celine (2015): Die Aufnahme von Flüchtlingen in den Bundesländern und Kommunen. Behördliche Praxis und zivilgesellschaftliches Engagement. Expertise gefördert und herausgegeben von der Robert Bosch Stiftung. Stuttgart: Robert Bosch Stiftung

Autorengruppe Bildungsberichterstattung (Hrsg.) (2016): Bildung in Deutschland 2016. Ein indikatorengestützter Bericht mit einer Analyse zu Bildung und Migration, Bielefeld: W. Bertelsmann Verlag

Bade, Klaus / Oltmer, Jochen (Hrsg.) (2004): Normalfall Migration. Bonn: Bundeszentrale für politische Bildung

BafF e. V. – Bundesweite Arbeitsgemeinschaft der Psychosozialen Zentren für Flüchtlinge und Folteropfer (2016a): Versorgungsbericht. Zur psychosozialen Versorgung von Flüchtlingen und Folteropfern in Deutschland. 3. aktualisierte Auflage. Unter: http://www.baff-zentren.org/wp-content/uploads/2017/02/Versorgungsbericht_3-Auflage_BAfF.pdf

BafF e. V. – Bundesweite Arbeitsgemeinschaft der Psychosozialen Zentren für Flüchtlinge und Folteropfer (2016b): Flüchtlinge in unserer Praxis. Informationen für ÄrztInnen und PsychotherapeutInnen. Unter: http://www.baff-zentren.org/wp-content/uploads/2016/03/BAfF-Fluechtlinge_in_unserer_Praxis.pdf

BAG (Bundesarbeitsgemeinschaft) Kirche & Rechtsextremismus / Evangelische Akademie zu Berlin / Mobile Beratung gegen Rechtsextremismus Berlin (Hrsg.) (2014): Was tun, damit's nicht brennt? Leitfaden zur Vermeidung von rassistisch aufgeladenen Konflikten im Umfeld von Sammelunterkünften für Flüchtlinge. Unter: http://www.mbr-berlin.de/wp-content/uploads/2014/03/wastun_online.pdf

BAMF – Bundesamt für Migration und Flüchtlinge (Hrsg.) (2017): Das Bundesamt in Zahlen. Asyl. Unter: http://www.bamf.de/SharedDocs/Anlagen/DE/Publikationen/Broschueren/bundesamt-in-zahlen-2016-asyl.pdf?__blob=publicationFile

BAMF – Bundesamt für Migration und Flüchtlinge (Hrsg.) (2016a): Das Bundesamt in Zahlen. Asyl, Migration und Integration. Unter: https://www.bamf.de/SharedDocs/Anlagen/DE/Publikationen/Broschueren/bundesamt-in-zahlen-2015.pdf?__blob=publicationFile

BAMF – Bundesamt für Migration und Flüchtlinge (Hrsg.) (2016b): Aktuelle Zahlen zu Asyl. Ausgabe: Dezember 2016. Unter: http://www.bamf.de/SharedDocs/Anlagen/DE/Downloads/Infothek/Statistik/Asyl/aktuelle-zahlen-zu-asyl-dezember-2016.pdf?__blob=publicationFile

Bauer, Wolfgang (2014): Über das Meer. Mit Syrern auf der Flucht nach Europa. Eine Reportage. Berlin: Suhrkamp

Baumann, Mechthild (2014): Frontex und das Grenzregime der EU. Kurzdossier »focus MIGRATION«, Nr. 25, Februar 2014. Unter: https://www.bpb.de/gesellschaft/migration/kurzdossiers/179671/frontex-und-das-grenzregime-der-eu

BMI – Bundesministerium des Innern (Hrsg.) (2016): Migrationsbericht des Bundesamtes für Migration und Flüchtlinge im Auftrag der Bundesregierung. Migrationsbericht 2014. Unter: https://www.bamf.de/SharedDocs/Anlagen/DE/Publikationen/Migrationsberichte/migrationsbericht-2014.pdf?__blob=publicationFile

BpB – Bundeszentrale für politische Bildung (2016): Bevölkerung mit Migrationshintergrund I. Unter: http://www.bpb.de/nachschlagen/zahlen-und-fakten/soziale-situation-in-deutschland/61646/migrationshintergrund-i

Breyer, Insa (2015): Irreguläre Migration und bürgerschaftliches Engagement. In: Newsletter für Engagement und Partizipation in Europa 4/2015. Unter: http://www.b-b-e.de/fileadmin/inhalte/aktuelles/2015/05/enl04_gastbeitrag_breyer.pdf

Bulling, Paula (2012): Im Land der Frühaufsteher. Berlin: avant

BumF – Bundesfachverband unbegleitete minderjährige Flüchtlinge e. V. / UNICEF (2016): Factfinding zur Situation von Kindern und Jugendlichen in Erstaufnahmeeinrichtungen und Notunterkünften. Zusammenfassender Bericht. November 2015 – Januar 2016. Unter: http://www.b-umf.de/images/UNICEF_BUMF_FactFinding_Fl%C3%BCchtlingskinder.pdf

BumF – Bundesfachverband unbegleitete minderjährige Flüchtlinge e. V. (2015): Inobhutnahmen von unbegleiteten Minderjährigen im Jahr

2014. Auswertung der Erhebung des Bundesfachverbandes UMF. Unter: http://www.b-umf.de/images/inobhutnahmen-2015-web.pdf

Castro Varela, María do Mar / Mecheril, Paul (2010): Grenze und Bewegung. Migrationswissenschaftliche Klärungen. In: Paul Mecheril u. a. (Hrsg.): Migrationspädagogik. Weinheim/Basel: Beltz, S. 23–53

Chebu, Anne (2014): Anleitung zum Schwarz sein. Münster: Unrast

Decker, Oliver / Brähler, Elmar (2016): Autoritäre Dynamiken: Ergebnisse der bisherigen »Mitte«-Studien und Fragestellung. In: Oliver Decker, Johannes Kiess, Elmar Brähler (Hrsg.): Die enthemmte Mitte. Autoritäre und rechtsextreme Einstellung in Deutschland. Die Leipziger »Mitte«-Studie 2016. 2. Auflage. Gießen: Psychosozial-Verlag, S. 11–21

Destatis – Statistisches Bundesamt / WZB – Wissenschaftszentrum Berlin für Sozialforschung (Hrsg.) (2016): Datenreport 2016. Ein Sozialbericht für die Bundesrepublik Deutschland. Bonn: Bundeszentrale für politische Bildung

Deutscher Bundestag (2016a): Antwort der Bundesregierung auf die Kleine Anfrage der Abgeordneten Beate Walter-Rosenheimer, Luise Amtsberg, Dr. Franziska Brantner, weiterer Abgeordneter und der Fraktion BÜNDNIS 90/DIE GRÜNEN – Drucksache 18/7470 – Beteiligung, Förderung und Schutz von unbegleiteten minderjährigen Flüchtlingen durch die Kinder- und Jugendhilfe. BT-Drucksache 18/7621, 22.02.2016

Deutscher Bundestag (2016b): Antwort der Bundesregierung auf die Kleine Anfrage der Abgeordneten Luise Amtsberg, Beate Walter-Rosenheimer, Dr. Franziska Brantner, weiterer Abgeordneter und der Fraktion BÜNDNIS 90/DIE GRÜNEN – Drucksache 18/9136 – Unbegleitete minderjährige Flüchtlinge im Asylverfahren. BT-Drucksache 18/9273, 25.07.2016

Deutscher Bundestag (2016c): Antwort der Bundesregierung auf die Kleine Anfrage der Abgeordneten Beate Walter-Rosenheimer, Luise Amtsberg, Dr. Franziska Brantner, weiterer Abgeordneter und der Fraktion BÜNDNIS 90/DIE GRÜNEN – Drucksache 18/9452 – Zugangszahlen und Entwicklungen bei unbegleiteten minderjährigen Flüchtlingen. BT-Drucksache 18/9615, 12.09.2016

Deutscher Bundestag (2015a): Antwort der Bundesregierung auf die Große Anfrage der Abgeordneten Luise Amtsberg, Beate Walter-Rosenheimer, Dr. Franziska Brantner, weiterer Abgeordneter und der Fraktion BÜNDNIS 90/DIE GRÜNEN – Drucksache 18/2999 – Situation unbegleiteter minderjähriger Flüchtlinge in Deutschland. BT-Drucksache 18/5564, 15.07.2015

Deutscher Bundestag (2015b): Gesetzentwurf der Bundesregierung. Entwurf eines Gesetzes zur Verbesserung der Unterbringung, Versorgung und Betreuung ausländischer Kinder und Jugendlicher. BT-Drucksache 18/5921, 07.09.2015

Deutscher Bundestag (2015c): Unterrichtung durch die Bundesregierung. Entwurf eines Gesetzes zur Verbesserung der Unterbringung, Versorgung und Betreuung ausländischer Kinder und Jugendlicher – Drucksache 18/5921 – Stellungnahme des Bundesrates und Gegenäußerung der Bundesregierung. BT-Drucksache 18/6289, 08.10.2015

Deutscher Bundestag (2015d): Beschlussempfehlung und Bericht des Ausschusses für Familie, Senioren, Frauen und Jugend (13. Ausschuss) a) zu dem Gesetzentwurf der Bundesregierung – Drucksachen 18/5921, 18/6289 – Entwurf eines Gesetzes zur Verbesserung der Unterbringung, Versorgung und Betreuung ausländischer Kinder und Jugendlicher; b) zu dem Antrag der Abgeordneten Norbert Müller (Potsdam), Ulla Jelpke, Sigrid Hupach, weiterer Abgeordneter und der Fraktion DIE LINKE – Drucksache 18/4185 – Unbegleitete minderjährige Flüchtlinge mit einer starken Jugendhilfe aufnehmen; c) zu dem Antrag der Abgeordneten Beate Walter-Rosenheimer, Luise Amtsberg, Dr. Franziska Brantner, weiterer Abgeordneter und der Fraktion BÜNDNIS 90/DIE GRÜNEN – Drucksache 18/5932 – Das Kindeswohl bei der Versorgung unbegleiteter minderjähriger Flüchtlinge absichern. BT-Drucksache 18/6392, 14.10.2015

Deutscher Bundestag, Ausschuss für Familie, Senioren, Frauen und Jugend, Unterausschuss »Bürgerschaftliches Engagement« (2015e): Kurzprotokoll der 18. Sitzung. Unterausschuss »Bürgerschaftliches Engagement«, 11.11.2015. Unter: https://www.bundestag.de/blob/398048/8baf6fb000ce23093eb12a7a354da78d/18_sitzung_kurprotokoll_oeff-data.pdf

Espenhorst, Niels/Noske, Barbara (2015): »Ein Tag mit meinen Eltern ist besser als ein Jahr hier«. Unbegleitete minderjährige Flüchtlinge zwischen Aufenthaltsrecht und Jugendhilfe. In: ZJJ – Zeitschrift für Jugend-kriminalrecht und Jugendhilfe, 3/2015, S. 281–285

Eurostat (2016): Statistiken über Asyl. Unter: http://ec.europa.eu/eurostat/statistics-explained/index.php/Asylum_statistics/de

Flüchtlingsrat Schleswig-Holstein e.V. (Hrsg.) (2015): Flüchtlingshilfe konkret. Hinweise und Wissenswertes für die ehren- und hauptamtliche Unterstützung von Flüchtlingen. Flüchtlinge in Europa, Asylverfahren in Deutschland, Unterbringung, soziale Rechte, Traumatisierung. Sprach-kurse und mehr. Unter: http://www.frsh.de/fileadmin/pdf/Material-Publikationen/handreichung-fluechtlingshilfe-final-2015-l-15.pdf

Förderverein Pro Asyl e.V./Amadeu Antonio Stiftung (Hrsg.) (2014): Refugees Welcome. Gemeinsam Willkommenskultur gestalten. Unter: https://www.amadeu-antonio-stiftung.de/w/files/pdfs/broschuere_will kommen.pdf

Förderverein Pro Asyl e.V./Amadeu Antonio Stiftung/IG Metall Vor-stand (Hrsg.) (2015): Pro Menschenrechte. Contra Vorurteile. Fakten und Argumente zur Debatte über Flüchtlinge in Deutschland und Europa, 2., aktualisierte Auflage. Unter: https://www.proasyl.de/wp-content/up loads/2015/12/Pro_Contra_2015_web.pdf

Gatti, Fabrizio (2011): Bilal. Als Illegaler auf dem Weg nach Europa, Reinbek bei Hamburg: Rowohlt

Gerson, Oliver (2015): Schutz von Freiheit, Sicherheit und Recht? Frontex und die europäischen Außengrenzen. In: APuZ – Aus Politik und Zeitge-schichte, 25/2015, S. 43–49

Giesinger, Johannes (2006): Paternalismus und Erziehung. Zur Recht-fertigung pädagogischer Eingriffe. In: Zeitschrift für Pädagogik, 52/2, S. 265–284

Goltz, Jutta (2015): Die Frage der Augenhöhe. Eine Arbeitshilfe zur Ko-operation mit Migrantenorganisationen und Schlüsselpersonen im Feld der Sozialen Arbeit. Herausgegeben von Aktion Jugendschutz Landesar-beitsstelle Baden-Württemberg. Stuttgart: Eigenverlag

Hall, Stuart (1994): Rassismus und kulturelle Identität. Ausgewählte Schriften 2. Hamburg: Argument

Hamann, Ulrike/Karakayalı, Serhat/Wallis, Mira/Höfler, Leif Jannis (2016): Koordinationsmodelle und Herausforderungen ehrenamtlicher Flüchtlingshilfe in den Kommunen. Qualitative Studie des Berliner Instituts für empirische Integrations- und Migrationsforschung. Gütersloh: Verlag Bertelsmann Stiftung

Han-Broich, Misun (2015): Engagement in der Flüchtlingshilfe – eine Erfolg versprechende Integrationshilfe. In APuZ – Aus Politik und Zeitgeschichte, 14–15/2015, S. 43–49

Han-Broich, Misun (2012): Ehrenamt und Integration. Die Bedeutung sozialen Engagements in der (Flüchtlings-)Sozialarbeit. Wiesbaden: Springer VS

Heitmeyer, Wilhelm (2012): Gruppenbezogene Menschenfeindlichkeit (GMF) in einem entsicherten Jahrzehnt. In: Wilhelm Heitmeyer (Hrsg.): Deutsche Zustände. Folge 10. Berlin: Suhrkamp, S. 15–41

Hinterland-Magazin (2015): Ehrenamt: »Einfluss und Macht können ein Motiv sein«. Gespräch mit Horst Heidbrink. In: Hinterland. Schwerpunkt: »Was tun?!«, Ausgabe Nr. 28, S. 28–29

Hinterland-Magazin (2012): »In der Attitüde des Helfens ist eine Hierarchie eingebaut«. Gespräch mit Stephan Dünnwald. In: Hinterland. Schwerpunkt: »Ich weiß, was gut für dich ist«, Ausgabe Nr. 20, S. 18–22

Hirseland, Katrin (2015): Flucht und Asyl: Aktuelle Zahlen und Entwicklungen. In: APuZ – Aus Politik und Zeitgeschichte, 25/2015, S. 17–25

Hörich, Carsten (2015): Aufnahmeverfahren und Lebensbedingungen von Geflüchteten in Deutschland: die rechtlichen Rahmenbedingungen. In: Archiv für Wissenschaft und Praxis der sozialen Arbeit, Nr. 4/2015, S. 4–14

Hollmach, Eva (2016): Freiwillig in der Flüchtlingsarbeit – ein Erfahrungsbericht. In: Widersprüche – Zeitschrift für sozialistische Politik im Bildungs-, Gesundheits- und Sozialbereich, Heft 141, September 2016, S. 111–119

IQ Netzwerk Baden-Württemberg (2016): Unterstützungsarbeit. Auf Augenhöhe mit Geflüchteten?! – ein Reflexionsvideo. Unter: http://www.netzwerk-iq-bw.de/de/assets/files/Begleittext_Unterstuetzungsarbeit_A4-2.pdf

Jakob, Christian (2016): Die Bleibenden. Wie Flüchtlinge Deutschland seit 20 Jahren verändern. Berlin: Christoph Links

Kahane, Anetta / Schramm, Julia (2016): Der Hass im Netz. Mehr Minderheitenrechte versus Hass gegen Minderheiten. In: DEMOKRATIE gegen Menschenfeindlichkeit – Zeitschrift für Wissenschaft und Praxis. »Gute Flüchtlinge, schlechte Flüchtlinge?!«, Heft 1/2016, S. 99–106

Kalkmann, Michael (2015): Wichtige Neuerungen durch das Asylverfahrensbeschleunigungsgesetz. In: ASYLMAGAZIN, 11/2015, S. 365–366

Karakayalı, Serhat (2016): Willkommensgesellschaft stärken. Handlungsempfehlungen zur Unterstützung ehrenamtlicher Flüchtlingsarbeit. böll. brief #2. Herausgegeben von der Heinrich-Böll-Stiftung. Unter: https://www.boell.de/sites/default/files/2016-06-boell-brief-willkommensgesellschaft.pdf

Karakayalı, Serhat / Kleist, J. Olaf (2016): EFA-Studie 2. Strukturen und Motive der ehrenamtlichen Flüchtlingsarbeit (EFA) in Deutschland. 2. Forschungsbericht. Ergebnisse einer explorativen Umfrage vom November/Dezember 2015. Berliner Institut für empirische Integrations- und Migrationsforschung. Unter: https://www.bim.hu-berlin.de/media/Studie_EFA2_BIM_11082016_V%C3%96.pdf

Karakayalı, Serhat / Kleist, J. Olaf (2015): EFA-Studie. Strukturen und Motive der ehrenamtlichen Flüchtlingsarbeit (EFA) in Deutschland. 1. Forschungsbericht. Ergebnisse einer explorativen Umfrage vom November/Dezember 2014. Berliner Institut für empirische Integrations- und Migrationsforschung. Unter: https://www.bim.hu-berlin.de/media/2015-05-16_EFA-Forschungsbericht_Endfassung.pdf

Kasparek, Bernd (2013): Von Schengen nach Lampedusa, Ceuta und Piräus: Grenzpolitiken der Europäischen Union. In: APuZ – Aus Politik und Zeitgeschichte, 47/2013, S. 39–46

Kasparek, Bernd/Speer, Marc (2015): Of Hope. Ungarn und der lange Sommer der Migration. Unter: http://bordermonitoring.eu/ungarn/2015/09/of-hope/

Kingsley, Patrick (2016): Die neue Odyssee. Eine Geschichte der europäischen Flüchtlingskrise. München: C.H.Beck

Kleist, Reinhard (2015): Der Traum von Olympia. Die Geschichte von Samia Yusuf Omar. Hamburg: Carlsen

Kreckel, Reinhard (2004): Politische Soziologie der sozialen Ungleichheit. Frankfurt/Main: Campus

Küpper, Beate (2014): Drei Schritte zum Vorurteil. In: Amadeu Antonio Stiftung (Hrsg.),»Läuft bei dir!«. Konzepte, Instrumente und Ansätze der antisemitismus- und rassismuskritischen Jugendarbeit. Unter: https://www.amadeu-antonio-stiftung.de/w/files/pdfs/ju_an_laeuft_bei_dir.pdf

Küpper, Beate/Zick, Andreas (2016): Zwischen Willkommen und Hass. Einstellung der deutschen Mehrheitsbevölkerung zu Geflüchteten. In: Demokratie gegen Menschenfeindlichkeit, Heft 1/2016: »Gute Flüchtlinge, schlechte Flüchtlinge?!«, S. 13 – 32

Küpper, Beate / Zick, Andreas (2015): Gruppenbezogene Menschenfeindlichkeit. In: Bundeszentrale für politische Bildung, Dossier Rechtsextremismus. Unter: http://www.bpb.de/politik/extremismus/rechtsextremismus/214192/gruppenbezogene-menschenfeindlichkeit

Mecheril, Paul (2010): Migrationspädagogik. Hinführung zu einer Perspektive. In: Paul Mecheril u. a. (Hrsg.), Migrationspädagogik. Weinheim/Basel: Beltz. S. 7–22

Mecheril, Paul (2004): Einführung in die Migrationspädagogik. Weinheim/Basel: Beltz

Mecheril, Paul/Castro Varela, María do Mar/Dirim, İnci/Kalpaka, Annita/Melter, Claus (Hrsg.) (2010): Migrationspädagogik. Weinheim / Basel: Beltz

Mecheril, Paul / Messerschmidt, Astrid (2016): Die Sexualisierung der Anderen – globale Kontexte und Perspektiven solidarischer Bildung. In: Widersprüche – Zeitschrift für sozialistische Politik im Bildungs-, Gesundheits- und Sozialbereich, Heft 141, September 2016, S. 147–158

Meysen, Thomas / González Méndez de Vigo, Nerea (2015): Beteiligung – mehr als ein Lippenbekenntnis. In: DJI Impulse, Heft 3, S. 18–20

Ministerkomitee des Europarats (1997): Empfehlung Nr. R (97) 20 des Ministerkomitees an die Mitgliedsstaaten über die »Hassrede«, angenommen vom Ministerkomitee am 30. Oktober 1997, anlässlich der 607. Sitzung der Ministerdelegierten. Unter: http://www.egmr.org/minkom/ch/rec1997-20.pdf

Mutz, Gerd u. a. (2015): Engagement für Flüchtlinge in München. Ergebnisse eines Forschungsprojekts an der Hochschule München in Kooperation mit dem Münchner Forschungsinstitut miss. Unter: https://mahara.hm.edu/artefact/file/download.php?file=51977&view=9440

Neue deutsche Medienmacher e. V. (Hrsg.) (2016): Glossar der Neuen deutschen Medienmacher. Formulierungshilfen für die Berichterstattung im Einwanderungsland. Stand: 1. November 2016, 5. Auflage. Unter: http://www.neuemedienmacher.de/wp-content/uploads/2014/05/Glossar_Nov2016_web.pdf

Noske, Barbara (2010): Herausforderungen und Chancen. Vormundschaften für unbegleitete minderjährige Flüchtlinge in Deutschland. München: Bundesfachverband Unbegleitete Minderjährige Flüchtlinge e. V.

Oltmer, Jochen (2016a): Globale Migration. Geschichte und Gegenwart. 2., überarbeitete und aktualisierte Auflage. München: C.H. Beck

Oltmer, Jochen (2016b): Kleine Globalgeschichte der Flucht im 20. Jahrhundert. In: APuZ – Aus Politik und Zeitgeschichte, 26-27/2016, S. 18–25

Pro Asyl (2016): Asylpaket II in Kraft: Überblick über die geltenden asylrechtlichen Änderungen. Unter: https://www.proasyl.de/hintergrund/asylpaket-ii-in-kraft-ueberblick-ueber-die-geltenden-asylrechtlichen-aenderungen/

Riegel, Christine (2016): Bildung – Intersektionalität – Othering. Pädagogisches Handeln in widersprüchlichen Verhältnissen. Münster: transcript

Schirilla, Nausikaa (2016): Migration und Flucht. Orientierungswissen für die Soziale Arbeit. Stuttgart: Kohlhammer

Schloenhardt, Andreas (2015a): Samariter, Schlepper, Straftäter: Fluchthilfe und Migrantenschmuggel im 21. Jahrhundert. In: APuZ – Aus Politik und Zeitgeschichte, 25/2015, S. 38–43

Schloenhardt, Andreas (2015b): Flucht, Schlepperei und Fluchthilfe entlang der West-Balkan Route: Lösungen finden statt Festungen bauen. Herausgegeben von der Friedrich-Ebert-Stiftung, Büro Budapest. Unter: http://library.fes.de/pdf-files/bueros/budapest/12071.pdf

Seifert, Wolfgang (2012): Migration. Vom Gastarbeiter zum Menschen mit Migrationshintergrund. In: Stefan Hradil (Hrsg.): Deutsche Verhältnisse. Eine Sozialkunde. Bonn: Bundeszentrale für politische Bildung, S. 67–94

Smessaert, Angela (2015): Bundesregierung beschließt Entwurf eines Gesetzes zur Verbesserung der Unterbringung, Versorgung und Betreuung ausländischer Kinder- und Jugendlicher – Ein Überblick sowie eine erste vorsichtige Einschätzung. In: ZJJ – Zeitschrift für Jugendkriminalrecht und Jugendhilfe, 3/2015, S. 286–287

Sow, Noah (2009): Deutschland Schwarz Weiß. Der alltägliche Rassismus. München: Goldmann

UN – United Nations (Hrsg.) (2016): International Migration Report 2015. Highlights. Unter: http://www.un.org/en/development/desa/population/migration/publications/migrationreport/docs/MigrationReport 2015_Highlights.pdf

UNHCR – United Nations High Commissioner for Refugees (2016): Global Trends. Forced Displacement in 2015. Genf: Eigenverlag

UNHCR – United Nations High Commissioner for Refugees (2015): World at War. Global Trends. Forced Displacement in 2014. Genf: Eigenverlag

UNICEF Deutschland (o.J.): Konvention über die Rechte des Kindes. Köln: Eigenverlag

Vogel, Dita (2015): Update report Germany. Estimated number of irregular foreign residents in Germany (2014). Database on Irregular Migration. Unter: http://irregular-migration.net/fileadmin/irregular-migration/dateien/4.Background_Information/4.5.Update_Reports/Vogel_2015_Update_report_Germany_2014_fin-.pdf

Wilmes, Maren (2013): Kommunaler Umgang mit Menschen ohne Papiere. In: APuZ – Aus Politik und Zeitgeschichte, 47/2013, S. 33–39

Wirtgen, Waltraut (2009): Traumatisierte Flüchtlinge: Psychische Probleme bleiben meist unerkannt. In: Deutsches Ärzteblatt, Heft 49, S. 2463–2465

Zick, Andreas (2014): »Theorie meets Praxis?« Ungleichwertigkeitsideologien in der Forschung und im Bildungsbereich. In: Amadeu Antonio Stiftung (Hrsg.): »Läuft bei Dir!«. Konzepte, Instrumente und Ansätze der antisemitismus- und rassismuskritischen Jugendarbeit. Unter: https://www.amadeu-antonio-stiftung.de/w/files/pdfs/ju_an_laeuft_bei_dir.pdf

Zick, Andreas (2011): Ein Vorwort – in Anerkennung misslungen. In: Amadeu Antonio Stiftung (Hrsg.), Die Theorie in der Praxis. Projekte gegen gruppenbezogene Menschenfeindlichkeit. Unter: https://www.amadeu-antonio-stiftung.de/w/files/pdfs/die-theorie-in-der-praxis-projekte-gegen-gmf.pdf

Zick, Andreas / Klein, Anna (2014): Fragile Mitte – Feindselige Zustände. Rechtsextreme Einstellungen in Deutschland 2014. Herausgegeben für die Friedrich-Ebert-Stiftung von Ralf Melzer. Bonn: Dietz

Zick, Andreas / Küpper, Beate / Hövermann, Andreas (2011): Die Abwertung der Anderen. Eine europäische Zustandsbeschreibung zu Intoleranz, Vorurteilen und Diskriminierung. Herausgegeben von Nora Langebacher, Friedrich-Ebert-Stiftung. Unter: http://library.fes.de/pdf-files/do/07905-20110311.pdf